정치가 바뀌면
세상이 바뀐다

프롤로그

나는 평생을 공직자로 살아왔다.

정부에서 35년 정치권에서 15년, '헌신·봉사·절제'의 자세로 국민을 섬겼다. 많은 분들의 도움 덕분에 중요한 직책에서 국가 발전과 국민행복을 위해 원 없이 일했던 가슴 벅찬 기간이었다. 힘들 때도 많았지만 우리 사회를 위해 일할 수 있다는 것 자체가 내겐 큰 기쁨이고 보람이었다.

광주광역시장을 끝으로 공직에서 물러나 평범한 시민으로 보낸 지난 1년여는 내 평생 가장 여유로운 '휴식'의 시간이었다. 하지만 마음 한편은 몹시 무겁고 불편했던 날들이었다. 주제넘게도 나라 걱정 때문이다. 제왕적 대통령의 독단적 국정운영과 거대 양당의 극한 대립의 정치가 사회적 분열과 갈등을 조장하고 대한민국의 발전을 가로막고 있기 때문이다. 국민들의 역동성과 기업가들의 도전정신이 가져온 놀라운 경제적 성취를 정치가 끌어내리기에 이르렀다. 과거에도 우리 정치는 혼란스러웠고 국민적 불신의 대상이 되고는 했지만 이정도 막장 드라마는 아니었다.

이 책을 출간하는 데에는 많은 용기가 필요했다.

내 뜻과 달리 내년 총선을 앞두고 여러 오해를 일으킬 수 있다는 생각에 여러 번 주저해야만 했다. 그럼에도 출간하기로 결심한 것은 다음 세대에게 미래를 기약할 수 없는 '후진정치'를 물려주어서는 안된다는 일종의 사회적 책임감 때문이다. 대한민국의 가장 시급한 개혁과제인 정치개혁에 힘을 보태는 것이 그동안 사회로부터 입은 큰 은혜에 보답하는 길이라고 생각했다.

정치개혁이 곧 국가개조의 길이다.

나는 우리정치가 정의롭지 못하고 끝없이 추락하는 원인은 정치인의 자질부족 영향도 크지만 저질정치를 부추기는 정치제도와 시스템이 더 큰 문제라고 생각한다. 사람은 제도와 시스템의 틀 안에서 사고하고 행동하기 때문에 정치제도가 잘못되면 좋은 정치를 기대하기 어렵다. 따라서 한국사회가 더욱 발전하기 위해서는 제왕적 단임 대통령제와 국회의원 소선거구제를 비롯한 정치제도와 시스템 혁신, 국회와 정당 혁신 등을 골자로 하는 정치개혁을 통해 나라의 기본과 사회정의를 바로 세워야 한다. 지금처럼 정치가 계속 사회 곳곳의 갈등을 조장하고 국민의 역동성을 끌어내린다면 대한민국의 발전은 여기까지이다.

이 책에서 나는 그동안 보고 듣고 느꼈던 체험과 지식들을 바탕으로 한국정치의 문제점과 이를 해결할 수 있는 해법들을 제시하였다.

1부에서는 권력구조, 국회의원 선거제도, 국회와 정당에 대한 개혁 방향과 전략 및 대안을 제시하였다. 정치개혁에 관한 많은 분들의 책과 글 중에서 공감하는 부분들을 대거 포함시켰다. 좋은 글감을 주신 분들께 감사드린다. 2부에서는 정치와 밀접한 관련이 있는 지방정부의 개혁사례로 광주광역시장 시절에 이룬 혁신성과들을 정리하였다. 3부에서는 '조세법률주의'에 따라 정치권의 영향을 많이 받을 수밖에 없는 조세정책에 관한 혁신 이야기를 담았다.

「정치가 바뀌면 세상이 바뀐다」가 완성되기까지 많은 분들이 도움을 주셨다. 그 분들께 깊은 감사를 드리면서, 이 책이 한국정치 선진화와 대한민국 발전에 조금이나마 역할을 할 수 있길 바라는 마음, 간절하다.

행정고시 합격 50주년이 되는 2023년 11월 5일
이 용 섭

1부

정치개혁 없이
선진한국 없다

대한민국의 가장 시급한
개혁과제는 정치

(1) 왜 정치개혁인가?

나는 정치가 바뀌어야 세상이 바뀐다는 믿음을 가지고 있다. 2008년에 30여년의 공직생활을 마감하고 18대 총선 출마를 통해 정치를 시작한 것도 정치만이 세상을 바꿀 수 있고, 내 평생의 꿈인 '정의롭고 풍요로운 사회'를 이룰 수 있다고 생각했기 때문이다.

국가는 정치·경제·사회·문화·교육·외교·안보 등이 상호 유기적인 작용을 하면서 진보하고 발전한다. 그 중에서도 정치의 영향력은 다른 분야와 비교할 수 없을 정도로 막강하다. 국가 각 분야의 운용 방향과 규칙들이 정치권의 합의를 통해 정해지고, 우리의 일상은 모두 정치와 직간접적으로 연결되어 있기 때문이다. 우리는 아침에 일어나서 저녁에 잠자리에 들 때까지 국회에서 만들어진 법률과 이에 근거한 각종 규정에 맞추어 생각하고 행동한다. 이처럼 정치는 우리 사회의 가장 큰 틀이고 그릇이라 정치가 흔들리면 국가의 모든 분야가 흔들리고 결국은 온 나라가 위태롭게 된다.

특히 정치란 정의를 실현하기 위한 수단이다. 공자의 말씀처럼 '정치란 바로 잡는 것, 바르게 하는 것(政者正也)'이다[1]. 어렵고 힘든 사람들의 눈물을 닦아주고, 목소리를 낼 수 없는 분들의 목소리를 담아내는 것이 바로 정치이다. "능력을 가진 사람은 자신의 능력을 최대한 발휘할 수 있고, 가난하거나 능력이 없는 사람은 사회로부터 가장 많은 혜택을 받는 사회가 정의로운 사회"[2]이다. 정치는 이런 사회를 만들기 위해 존재한다.

이처럼 정치는 정의 실현의 수단임에도 불구하고 현실 정치는 두 개의 얼굴을 지닌 야누스와도 같다. 때로는 어려운 사람들의 눈물을 닦아 주는 천사의 얼굴을 하지만, 어떤 때는 온갖 야합과 반칙을 통해 정직하고 힘없는 사람들을 구렁텅이에 빠뜨리는 악마의 모습으로 다가오기도 한다. 김대중 전)대통령의 말씀과 같이 '정치란 심산유곡에서 피는 순결한 백합화가 아니라 진흙탕 속에서 피어나는 연꽃과 같다'. 어떤 주인(국민)과 제도를 만나

---

1) 논어(論語) 위정편(爲政篇)

2) 존 롤즈(John Rawls)

느냐에 따라 정치는 천사가 되기도 하고 악마가 되기도 한다. 국민이 선거제도에 따라서 정치인들을 뽑기 때문이다.

우리 정치 현실은 어떠한가?

최근 정치권의 공방을 보면 목불인견(目不忍見)이고 점입가경(漸入佳境)이다. 과거에도 정치는 혼란스러웠고 국민적 불신의 대상이 되고는 했지만 이 정도로 막장 드라마는 아니었다. 거대 양당의 패거리 정치와 증오의 정치가 도를 넘었다. 국가발전이나 대의를 실현하기 위한 협치는 찾아보기 어렵고, 자기 당이나 계파의 이해관계에만 매몰되어 있다. 정치란 국가 자원과 사회적 가치를 우선 순위에 따라 공정하게 배분하는 행위이다.[3] 그러나 이를 담당하는 국회가 공정한 배분 기준에 대해 합의를 이루지 못하고, 각 정당 논리에 따라 자기 진영과 지지층 중심으로 왜곡된 배분이 이루어지고 있다.

정치권은 사회적 갈등을 해결하는 주체인데 오히려 갈등을 증폭시키는 역할을 하고 있다. 우리 앞에는 사회적 양극화와 이중구조, 저출산 고령화, 기후위기, 교육, 안보 등 사회적 합의를 이루어 해결해야 할 과제들이 산더미처럼 쌓여 있다. 앞으로 갈등은 더욱 빈번해지고 복잡해지며 격렬해질 것이다. 갈등은 어떻게 관리하느냐에 따라 분열과 폭력의 도화선일 수도 있고, 발전과 통합의 씨앗이 될 수도 있다. 문제는 사회적 갈등을 해소하는 데 앞장서야 할 정치권이 오히려 갈등을 양산하고 있고, 갈등관리 능력은 최악이란 점이다. 지금 우리 정치권에 가장 필요한 것

---

3) 데이비드 이스턴(David Easton)은 정치를 가치의 권위적 배분이라고 정의한다.

은 갈등을 성장에너지로 전환하는 '합의의 기술'이다.

정치가 국민을 걱정해야 하는데, 정치가 국민 스트레스의 원천이 되고 있다. 여야는 국정운영의 동반자임에도 '공존의 길'이 아니라 서로를 적으로 몰아붙이는 '공멸의 길'을 가고 있다. 정치가 혐오의 대상으로 추락하면서 국민들은 자존감을 잃어가고 있고, 우리 사회는 황폐화되어 가고 있다. 지금 우리 사회가 혼돈에 빠지고 분열과 갈등이 고조되고 있는 것도 따지고 보면 정치가 정도에서 벗어나 왜곡된 길을 가고 있기 때문이다. 학교와 가정의 인성교육이 예전 같지 않은 현실에서, 우리 아이들이 매일 언론에 보도되고 SNS에 떠도는 막말과 증오 정치를 보면서 무엇을 보고 듣고 배우겠는가?

따라서 우리 사회의 가장 시급한 개혁과제는 단연코 정치개혁이다.[4] 정치불신이 국가발전과 사회개혁의 걸림돌이 되고 있다. 정치가 바로 서지 못하면서 사회 각 분야가 모두 동요하고 있고, 결국은 나라발전의 장애물이 되고 있다.[5] 이런 점에서 윤석열정

---

4) 경향신문이 2022년 12월 30~31일 실시한 신년 여론조사를 보면 '개혁이 가장 시급한 분야'를 묻는 항목에서 국민 43.4%가 정치개혁을 꼽았다. 다음이 경제(20.6%)이고 윤석열정부가 제기한 노동개혁은 14.2%, 교육과 연금개혁이 각각 8.8%였다. 정치가 정부 3대 개혁과제를 합친 것보다도 훨씬 큰 비중이다.

5) 엘빈 토플러는 2006년에 출간한 '부의 미래'에서 지금 세계가 직면한 위기 상황은 경제 발전의 속도를 제도와 정책이 뒷받침해주지 못하기 때문이라고 지적했다. 그는 미국 주요 기관들의 변화 속도를 고속도로를 달리는 차량에 비유했다. 기업은 시속 100마일, 시민단체와 가족은 시속 90마일과 60마일로 각각 변화하는 속도의 흐름을 따라가고 있다는 것이다. 그 뒤를 노조(30마일), 정부조직(25마일), 학교(10마일)와 국제기구(5마일)가 잇고 있다. 정치조직은 고작 '시속 3마일'의 속도로 거북이걸음을 하고 있다고 비유하면서, 변화의 흐름을 따라가지 못하는 최하위 조직이 바로 정치조직이라고 지목하였는데, 지금의 한국정치상황에 딱 맞는 얘기다.

부가 내건 3대 개혁(연금·노동·교육)보다 정치개혁이 훨씬 더 시급한 과제이다. 지금처럼 정부여당과 거대야당이 극단적으로 대립하고 갈등하는 상황에서는 정치적 합의가 어려워 어떤 개혁 입법도 성공하기 어렵기 때문이다.

우리는 2022년 말에도 국회에서 여야 정치권이 내내 힘겨루기 하다가 여론에 밀려 막판 흥정을 통해 12월 23일 부랴부랴 짜깁기 예산과 누더기 법인세율을 통과시키는 과정을 여실히 지켜봤다. 매년 반복되는 예산안 부실 처리는 정치개혁의 필요성을 단적으로 보여주는 하나의 사례다. 정치개혁이 이루어지지 않으면 국회는 앞으로도 중요 안건들을 계속 이런 식으로 부실하게 처리할 것이다.

결론적으로 한국사회가 양적 질적으로 더욱 발전하기 위해서는 선거제도를 비롯한 정치제도와 시스템 개혁, 국회와 정당혁신, 정치인의 자질향상 등을 골자로 하는 정치개혁을 통해 국가의 기본과 사회 정의를 바로 세워야 한다. 정치개혁이 곧 국가개조의 길이다.

(2) 3류 후진정치의 원인 :
정치인의 자질 부족보다 제도와 시스템이 더 큰 문제

우리 정치는 왜 정의롭지 못하고 이렇게 끝없이 추락하는 것일까?[6]

---

6) "Justice alone sustains society"(오직 정의만이 사회를 지탱한다), 미국 법무부에 새겨진

사람(정치인의 자질부족과 유권자의 잘못된 선택)의 영향도 크지만 본질적인 원인은 저질정치를 부추기는 제도와 시스템이다. 사람은 제도의 틀 안에서 사고하고 행동하기 때문에 정치제도가 잘못되면 좋은 정치를 기대하기 어렵다. 도덕적이고 유능한 정치인이라도 잘못된 제도의 틀 안에서는 정치를 바르게 하기가 쉽지 않다.

각 당은 선거 때가 되면 표심을 자극하기 위해 평판 좋은 제법 괜찮은 사람들을 영입한다. 하지만 그들마저도 일단 정치권에 들어가면 국민은 안중에도 없고 당과 계파에 충성하기에 바쁘다. 왜 갈수록 소명의식을 갖고 정도를 걷는 정치인은 찾아보기 어렵고, 생계형·생활형 정치인과 직업형 정치인만 난무할까?

그 이유는 명료하다. 막말도 서슴지 않으면서 자기 진영논리를 강하게 대변해야 중요 당직을 맡을 수 있고, 다음 공천을 받아 당선될 수 있는 기형적인 정치구조 때문이다. 현실정치에서 사악하고 비정상적인 일들이 비일비재하게 일어나는 것도 정치인들의 사적 이익을 중시하는 이기적인 심성과 편향성을 제어하지 못하는 제도와 시스템 때문이다. 따라서 정치혁신의 핵심은 우선적으로 현실 정치인들의 이기심을 규제할 수 있도록 정치제도와 시스템을 개혁하는 것이다. 설령 내년 총선에서 많은 정치인들이 물갈이 되더라도 제도와 시스템이 바뀌지 않으면 정치는 크게 변화하지 못할 것이다.

그렇다면 갈등과 진영의 정치를 대화와 협력의 정치로 개혁하

글. 최고의 능률은 정의에서 나온다(미국의 재야경제학자 헨리 조지가 쓴 '진보와 빈곤'에서)

기 위해서는 어떤 제도와 시스템을 바꿔야 할까? 국민 요구에 반응하지 않는 제왕적 단임 대통령제. 양당의 견고한 독과점체제를 가져온 승자독식의 소선거구제, 특정 정당의 공천만 받으면 무조건 당선되는 고질적 지역주의, 전문성과 비례성을 반영하지 못하는 비례대표제, 현역 정치인에게는 너그럽고 신인에게는 규제가 엄격한 공직선거법, 디지털시대에 맞지 않는 까다로운 정당 설립 요건 등 서둘러 개혁할 제도들이 참으로 많다.

이 중에서도 극단적 대립이라는 한국 정치의 고질병을 없애고 협치를 복원하기 위해서는 제왕적 대통령제의 폐해를 줄이는 '권력구조 개편을 위한 개헌'과 함께 거대 양당의 독식구조를 가져온 '국회의원 선거제도 개편'이 가장 절실하고 시급한 제도개혁의 과제이다. 현행 제도는 상생과 공존을 부정하고 승자독식과 약육강식을 조장하고 있어 극단적인 대립과 투쟁을 불러온다. 지속적인 발전을 위해서는 일상화된 사회갈등을 해소하고 '갈등 공화국'에서 벗어나야 하는데 빈부갈등, 지역갈등, 권력갈등, 진영갈등, 세대갈등의 확산에는 제왕적 대통령제와 양당 독과점체제가 큰 몫을 하고 있다.

정당의 위기 역시 제왕적 대통령제와 양당 독과점 패거리 정치에서 비롯되고 있다. 거대 양대 정당의 종국적인 목표는 무소불위의 권력을 행사할 수 있는 집권당이 되는 것이다. 대선 승리를 위해 필요한 51% 지지층을 결집하기 위해 편을 갈라 대립과 갈등을 증폭시키는 '적대적 공생정치'를 펼치고 있다. 사회적 갈등을 해결해야 할 주체인 양대 정당이 무책임하게 오히려 갈등을 증폭시키는 역할을 하고 있다.

우리 국민은 정당 자체를 부정하는 것이 아니라 정당정치의 정상화를 요구한다. 정당정치의 정상화는 권력구조와 양당 독과점 정치를 가져온 선거제도를 개편하지 않고서는 이룰 수 없다. 영호남 독점체제와 여타 지역의 과점체제를 깨트리고 경쟁체제를 갖추어야 정당이 건전하게 발전할 수 있다.

정당이 특정지역과 진영에서 경쟁상대가 없는 독점적 지위를 누리게 되면, 정치인들은 공천을 받기 위해 당 지도부에 무조건적인 충성 경쟁에 몰두하게 되고 정치 본래의 기능에 대해 고민하지 않는다. 우리는 흔히 '인사(人事)가 만사(萬事)'라고 이야기한다. 정당은 정부나 다른 조직에서 하는 인사는 조그마한 흠결만 있어도 온갖 비판을 쏟아내면서, 정작 정당의 가장 큰 인사이자 사회에 지대한 영향을 미치는 공천에 대해서는 편법과 반칙을 일삼고 있다.

양대 정당은 호남과 영남에서 고인 물이고 절대권력이다. 고인물은 썩게 되어 있고 절대권력은 부패하게 되어 있다. 이제 지역주의에 기생해 정치생명을 이어가는 편가르기 정치는 끝내야 한다. 수도권 등 영호남 이외의 지역에서는 양당 과점체제가 기승을 부리고 있고, 유권자들은 인물 중심의 선거를 강조하면서도 결국엔 사표방지 심리 때문에 양당 후보 중 한 명을 선택해야 하는 굴레에서 벗어나지 못한다.

또한 양당의 극한 대립과 적대적 관계는 '하나의 나라, 두 국민' 현상을 심화시키고 있다. 양당의 적극적 지지층의 경우 실제 사실 여부와 관계없이 스스로 믿고 싶은 것을 사실로 여기는 경향이 있다.[7] 진영에 따라 상식 자체가 서로 달라진다. 우리 정치의 양당 체제와 진영 논리가 가져온 국민들의 정치적 입장 차이가 주요 사회불안 요인으로 고착화되고 있는 것도 큰 문제이다.

정책은 시대정신을 담아내야 한다. 우리 국민이 오랜 민주화운동을 통해 쟁취한 87년 체제의 핵심은 대통령 간선제에서 직선제로의 전환이다. 1987년 당시에는 독재정권 청산을 위해 단임대통령제와 소선거구제의 도입이 지닌 시대적 의미가 분명히 있었다. 하지만 이후 거대 양당은 승자독식의 제왕적 대통령 권력을 쟁취하기 위해 수단과 방법을 가리지 않았다. 이로 인해 정치의 양극화와 진영화는 점점 더 심화되어 우리 사회 곳곳을 극단의 대결 구도로 내몰고 있다. 국민통합이 필요한 시점인데도 거대 양당은 편가르기를 통해 지지층을 결집하고 있다. 정치가 실종되면서 정치로 풀어야 할 많은 문제들을 사법부 판단에 맡기고 있다.

'87년 체제'는 이제 더 이상 유효하지 않다. 여건과 환경이 바뀌면 정책도 바뀌어야 한다, 현재의 제왕적 대통령제와 소선거구제는 승자 독식으로 제3정당이 출현하기 힘든 구조이다. 대화와 타협을 통한 협치의 정치로 나아가기 위해선 권력구조와 선거구제 개편을 더 이상 미루어서는 안된다. 양당이 독과점 지위를 내려놓아야 지역도 살고 정당도 살고 한국 정치도 산다.

그렇다면 거대 양당 체제 고착화와 지역구도 심화는 꾸준히

---

7) 조선일보 2023년 신년 여론조사를 보면, 우리 국민 3명 중 2명은 '정치적 입장이 다른 사람들은 객관적인 근거를 제시해도 생각을 바꾸지 않을 것'으로 나타나고 있다.

제기된 문제점인데도 이토록 오랫동안 개선되지 못한 이유는 무엇일까? 거대 양당이 위험부담을 감수할 의지가 없기 때문이다. 그들에게는 정치발전보다도 자기들의 기득권이 우선이다. 정치인들의 이해관계가 한국정치 발전의 발목을 잡고 있는 것이다.

(3) 현행 정치체제 하에서도 발전을 거듭해왔는데 웬 정치개혁?

우리나라는 제2차 세계대전 이후 식민지로부터 독립한 국가들 중에서 유일하게 산업화와 민주화를 함께 이루었고 정보화에도 성공하였다. 그 결과 경제는 선진국 대열에 합류했고[8] 한류 문화는 세계를 휩쓸고 있는 등 짧은 기간에 큰 성취를 이뤄냈다. 경제지표를 보면 현재 우리나라의 국내총생산(GDP)은 세계 13위(2022년)이고, 최근에는 세계 강대국 순위 6위에 들어갔다는 보도도 있었다.[9] 국민들의 역동성과 기업가들의 도전 정신이 가져온 참으로 놀랍고 자랑스러운 일이다.

하지만 내면의 사회지표를 보면 많은 부작용과 한계를 노출하고 있다. 국민행복지수는 OECD 37개국 중 35위다. 한국보다 낮은 국가는 그리스와 터키뿐이다. 자살률 OECD 1위, 출산율

---

8) 문재인정부가 선진국 지위를 신청해 2021년 7월 2일 68회차 유엔무역개발회의(UNCTAD) 무역개발이사회에서 한국은 만장일치로 개도국에서 선진국 그룹으로 격상되었다.

9) 미국의 권위 있는 랭킹조사업체 US뉴스·월드리포트(USNWR)가 집계한 2022년 강대국 순위에서 우리나라는 6위를 기록하며 불란서와 일본을 제쳤다.(세계 강대국 1위~10위 순위: 미국, 중국, 러시아, 독일, 영국, 대한민국, 프랑스, 일본, 아랍에미리트, 이스라엘)

OECD 꼴찌, 높은 이혼율, 날로 증가하고 흉폭해지는 사회범죄 등도 따지고 보면 우리 정치현실과 불가분의 관계가 있다. 최근 빈번하게 발생하고 있는 묻지마 살인도 가난 때문이 아니라 울분과 분노 그리고 소외와 절망에서 비롯된다. 정치가 어려운 사람들에게 희망을 주지 못하고 있기 때문이다. 이제 잘 나가던 한국경제마저 인구절벽, 전쟁위험, 양극화, 기후위기 그리고 내부 분열과 갈등을 조정하지 못하는 정치권의 리더십 몰락으로 복합위기에 처해 있다.

국가의 힘은 비단 경제력에서만 나오는 것이 아니라 정의, 신뢰, 정직과 같은 사회적 자본에서 나온다. 정치권이 이러한 사회적 자본을 확충하는데 앞장서야 하는데, 오히려 목적을 달성하기 위해 수단과 방법을 가리지 않는 변칙과 편법만을 가르치고 있다.

지금 대한민국은 불안, 불신, 불만의 3불 시대이다. 5대 불안(일자리·주거·보육교육·안전안보·미래 불안), 3대 불신(정부·정치인·사회지도층), 3대 불만(양극화·불공정·불공평)이 사회적 분노로 표출되고 있지만, 정치는 해법을 제시하기는커녕 이를 확대 조장하고 있다.

이처럼 정치가 계속 사회 곳곳의 갈등을 조장하고 국민의 역동성을 끌어내린다면 대한민국의 발전은 결국 여기까지이다. 양극화로 인한 우리 사회의 분열과 갈등 그리고 이를 치유하지 못하는 정치권의 극한 대결과 국민들의 정치불신이 계속되면 대한민국은 경제성장과 국민행복이 동행하는 명실상부한 선진국가로 나아갈 수 없다.

(4) 권력구조 개혁 : 5년 단임의 제왕적 대통령제 종식

우리나라 대통령제는 승자독식의 권력독점체제이다. 대선에서 1표라도 더 얻은 후보가 대통령이 되고 모든 권력을 독점한다. 국회의원 소선거구 단순다수제와 결합되어 '다수제 민주주의'를 시행하다보니 '대화-타협-합의'의 정치가 실종되고 있다. 협치를 통한 '합의제 민주주의'로 발전시켜 나가야 한다.

이제 5년 단임의 제왕적 대통령제[10]는 대내외 환경변화로 인해 수명을 다했다. 5년마다 바뀌는 정권은 마치 새로운 나라가 들어서는 것처럼 과거 정부를 적폐로 몰아 청산과 정치보복의 대상으로 삼는다. 그러다 보니 이전 정부가 공들여 추진했던 정책은 서둘러 폐기되고 성과는 축적되지 못한다. 국정운영의 경험과 지혜가 단절되는 치명적 문제가 있다. 국가의 백년대계는 상상하기도 어렵다.

역사적으로나 국내외적으로나 뛰어난 성과와 업적을 남긴 리더들의 공통점은 임기가 길다는 점이다. 세종대왕이 한글 창제를 비롯해 과학, 기술, 문화, 국방 등 여러 분야에서 큰 업적을 남길 수 있었던 것은 32년이라는 긴 기간 동안 재임할 수 있었기에 가능했다. '타게 엘란데르'는 1946년(45세)부터 1969년까지 23년간 총리로서 재임하면서 스웨덴을 세계 최고의 복지국가로 만들었다. 독일은 1949년 건국 이후 9명의 총리를 거치는 동안 하나

---

10) 일부 학자들은 우리 헌법상 권력구조는 '제왕적' 권력구조로 보기 어렵고, 대통령 개인의 리더십·선거제도·정당제도 그리고 정치문화와 관행이 결합되어 제왕적 대통령제로 운영되고 있다고 주장한다.

같이 연합과 협치를 통해 앞선 정권이 이룩한 긍정적 업적과 정책을 계속 이어받아 성과를 축적하면서 백년대계의 꿈들을 실현하고 있다. 콜과 메르켈이 16년을, 그리고 아데나워가 14년간 총리로 재직했다. 겐셔 외교장관은 거대 양당인 기민당도 사민당도 아닌 소수 제3당인 자유민주당 소속이었지만, 18년간 장관직을 수행하면서 독일 통일에 크게 기여했다.

아무리 잘해도 5년밖에 못하고 아무리 못해도 5년은 보장되는 대통령 단임제와 잘못하면 언제든지 바뀌고 잘하면 10년-20년도 일할 수 있는 권력구조(내각책임제 총리 등) 중 어느 쪽이 더 국가발전에 기여할 수 있겠는가? 이런 이유로 선진국 중 우리와 같은 대통령 단임제를 채택하고 있는 나라는 찾아볼 수 없다.[11]

대통령제의 가장 큰 위험은 독재자가 될 위험성이 크다는 점이다. 대통령 한 사람이 모든 것을 지시하고 명령하는 5년 단임의 제왕적 대통령제로는 시시각각 밀려오는 대외 충격과 하루가 다르게 진보하는 세계 기술전쟁이나 국제적 분업구조의 변동이 몰고 오는 복합위기에 효율적으로 대처할 수 도 없으며, 4차 산업혁명을 선도해 나갈 수도 없다. 세종대왕처럼 훌륭한 대통령이 나오더라도 5년 임기 이후의 미래를 설계할 수 없고, 설계한들 이행이 담보되지도 않는다. 또한 측근·친인척 비리와 권력 농단의 유혹을 끊을 수 없다.

지금은 집단지성의 시대이자 시민주권의 시대이다. 끊임없이

---

11) 세계적으로 대통령제를 시행하고 있는 국가는 약 100개국이다. 이 중 단임제 시행국가는 우리나라(5년)를 비롯하여 멕시코(6년), 필리핀(6년), 파라과이(5년), 카자흐스탄(7년) 정도이다.

변화하는 융복합의 상황에서는 뛰어난 리더 한 사람의 결정보다 각 분야의 전문가 및 국민과 함께 결정하는 것이 시대정신에 부합하고 최적의 결론을 이끌어낼 수 있다. 그러나 정치권력은 특성상 자기절제 능력을 기대하기 어렵기 때문에 지도자의 독선과 독주를 견제할 수 있는 제도와 시스템이 요구되는 것이다. 더욱이 최근 세계 도처에서 민주주의가 후퇴하고 권위주의가 확산되는 퇴행의 움직임이 확산되고 있어 더욱 민주주의 시스템을 강화할 필요가 크다.

이제 '87년 체제'를 끝내고 21세기 집단지성의 시대에 맞는 권력구조로 바꾸어야 한다. 현행 5년 단임 제왕적 대통령제를 대체할 새로운 권력체제로는 4년 중임의 대통령제나 의원내각제 그리고 이원집정부제(Double Executive, 이원정부제, 이원집정제, 분권형 대통령제) 등이 대안이 될 수 있다. 만약 이런 새로운 권력체제로 전환을 위한 헌법개정이 불가능하고 현행 대통령제의 유지가 불가피한 상황이 온다면, 총리의 지위와 권한을 강화하고, 대통령 선거 결선투표제를 도입하여 대표성 강화와 사표방지 그리고 연합정부와 공동정부 운영을 가능하게 하는 개헌이라도 반드시 이루어져야 한다.

4년 중임 대통령제는 현재의 5년 단임제와 비교할 때 국정운영의 일관성과 정책의 연속성을 확보할 수 있고, 중간평가적인 성격을 갖는 재선을 의식해 대통령이 첫 임기 4년 동안 국민의사에 귀를 기울이게 하는 책임정치의 효과를 가져올 수 있다.[12]

---

12) 미국은 대통령 중임제를 채택하고 있으며 연방제 국가이고 양원제 채택 등 우리와 제도면에서 많이 다르고 국민성, 정치풍토, 문화차이 등으로 대통령이 독재화되기 어렵다.

30여년전 미국 예일대 정치학과의 후안 린츠(Juan Linz)교수는 대통령제의 '본질적인 결함' 때문에 의원내각제가 민주주의를 안정적으로 운영하는데 적합하다고 주장했다. 본질적인 결함이란 민주주의적 이중 정통성에 기인한 교착상태, 임기보장으로 인한 비유연성, 승자독점, 자질과 전문성이 부족한 대통령 선출 등이다.

　그가 가장 경계한 이중 정통성(dual democratic legitimacy)이란 대통령과 의회가 모두 국민의 투표로 구성되기 때문에 양쪽 모두 국민의 대표성과 국민을 이끌 정통성을 갖고 있다는 뜻이다. 그렇기 때문에 현재의 우리처럼 서로 다른 정당이 행정부와 입법부를 장악하게 될 경우 국정이 교착상태나 대치상태에 빠지게 될 개연성이 높아지고 그 피해는 고스란히 국민에게 돌아가게 된다. 대통령제에서는 의원내각제처럼 내각불신임이나 의회해산제가 없으므로 이와 같은 교착상태를 해결할 수 있는 제도가 없다. 또한 기성 정치인에 실망한 국민들이 참신한 리더십을 기대하고 선택한 대통령이 자질과 전문성 부족으로 자칫 극단적 이념에 사로잡힐 경우 정치적 양극화와 사회적 분열이 가속화될 수 있다고 지적하였다.

　의원내각제의 장점은 국정운영에 관한 국민의 통제가 의회를 통하여 상시적으로 이루어 진다는 점이다. 의회는 총리(내각)가 국정을 잘못하면 국민여론을 반영하여 언제든지 총리(내각)를 불신임하고 새 총리를 뽑을 수 있다. 만약에 국정에 관하여 의회와 총리 간에 충돌이 생겨서 교착상태에 빠지면 의회는 총리를 불신임하고 총리는 의회를 해산하여 총선을 다시 실시함으로써 새 의회·새 내각을 구성하여 국정 교착상태를 해소할 수 있다. 또한 총리는 의회 내 과반의석을 차지한 정당의 수장이므로 입법부와 행정부간 협치가 제도적으로 보장된다. 이러한 장점 때문에 의원내각제가 세계적으로 대통령제보다 넓게 채택되고 있다. 의원내각제의 단점은 의회가 총리 불신임 권한을 자주 행사하거나 총리가 의회 해산권을 남용하는 경우 국정운영이 불안정하고 혼란에 빠지게 된다는 점이다.[13]

이원집정부제의 최고 장점은 권력분산이다. 이는 대통령제와 내각책임제 요소가 절충된 제도로, 총리가 내정에 관한 행정권을 행사하며, 대통령은 외교·국방 등의 권한만을 가지는 제도이다. 행정부가 이원적으로 대통령과 총리로 구성되기 때문에 이원정부제라고 부른다. 대통령은 통상적으로 국민의 직접선거로 선출되며, 총리는 의회에서 다수당 당수가 선출된다. 의회가 내각에 대해 불신임권을 가지며 대통령은 하원해산권을 갖는다. 이처럼 대통령의 권력남용과 독재를 방지할 수 있다는 것이 이원집정부제의 장점이다. 단점은 대통령과 총리간에 권한을 중심으로 다툼이 생길 여지가 많다. 이원집정부제를 시행하고 있는 대표적인 국가는 프랑스이다. 프랑스식 이원집정부제는 대통령에게 강력한 권한을 부여하면서도 의원내각제 요소를 기본으로 하는 정부형태다. 이외에 핀란드, 오스트리아, 아일랜드, 아이슬란드, 포르투갈 등이 채택하고 있다.

---

13) 독일은 이러한 권력남용으로 인한 불안정을 해소하기 위해 총리에 관한 건설적 불신임제와 의회 해산사유의 제한규정을 헌법에 두고 있다.

(5) 국회의원 선거제도 개혁 : 양당 독과점체제에서 경쟁체제로

가. 선거제도 개혁의 중요성

우리 정치의 각종 병폐들은 권력구조에서도 비롯되지만, 양대 정당이 국회를 점령하고 극한적 대립으로 대의제를 실종시킨 데서 비롯된 측면도 크다. 따라서 정치개혁은 5년 단임의 제왕적 대통령제 개혁과 함께 선거제도의 개혁을 통해 양당 독과점 진영정치를 경쟁체제로 바꿔야만 큰 성과를 거둘 수 있다. 선거제도는 그 나라의 역사적 경험과 정치문화 그리고 국민 의식수준 등이 종합적으로 결합된 산물이다. 따라서 개혁은 논리와 의지만 가지고는 성공할 수 없고 국민과 정치권의 수용성을 고려해야 한다.

우리나라 선거제도의 개혁은 국민들의 의사가 공정하게 선거 결과에 반영될 수 있도록 비례성 강화, 표의 등가성 확보, 지역주의 완화에 중점을 두어야 한다. 선거제도 개혁으로 다당제 국회가 수립되면, 다수의 원내정당들은 국민적 지지를 얻기 위해 선의의 경쟁을 하지 않을 수 없으므로 당내 민주화를 이루고 공천권 역시 공정 투명하게 행사할 것이다. 그렇게 되면 괜찮은 사람들이 정치권에 많이 진입할 수 있으며, 정치인들은 당 지도부에 맹목적인 충성 경쟁에서 벗어나 나라와 국민을 위해 일하게 될 것이다. 또한 국회는 정당 간에 지속적인 정당연합이나 사안에 따른 정책공조 등에 의해 다수를 형성한 세력을 통해 행정부를 감시 견제할 것이고, 행정부는 이와 같은 국회의 다수의견을 존중하지 않을 수 없을 것이다.

거대 양당이 국회와 지역을 좌지우지하는 견고한 독과점체제는 양당이 극단적으로 경쟁하는 정치 양극화를 가져왔다. 정부여당은 일방적으로 밀어붙이고 거대 야당은 국정 발목잡기를 밥먹듯이 한다. 정치인들은 국민을 두려워하지 않고 당 지도부나 계파 수장 등의 이익 대변에만 충실하고 정치 본래의 기능에 대해 고민하지 않는다. 특히 호남에서는 더불어민주당, 영남에서는 국민의힘 공천만 받으면 무조건 당선되는 독점체제가 1988년 4월에 치러진 13대 총선부터 무려 35년째 반복되고 있다. 거대 양당이 영호남에서 독점적 지위를 버려야 지역도 살고, 정당도 살고 한국정치도 산다. 하나의 공급자가 시장을 지배하는 독점시장에서는 가격이 오르고 품질이 떨어지는 등 많은 문제가 있기 때문에 법으로 규제하고 있다. 정치에 있어서도 경제와 마찬가지로 특정 지역의 독점은 많은 문제를 야기한다.

현재의 양당 독과점체제와 극한 대결의 정치는 하나의 선거구에서 한 표라도 더 많이 얻는 후보 한 사람을 당선자로 결정하는 소선거구 단순다수대표제에서 초래된 것이다.[14] 따라서 소선거구제 중심의 현행 국회의원 선거제도는 다양성, 비례성, 지역주의 완화를 위해 반드시 개혁되어야 한다. 그래야만 대한민국의 지속 가능한 성장이 가능하다.

---

14) 프랑스의 유명한 헌법학자 겸 정치학자인 뒤베르제가 제창한 뒤베르제의 법칙에 의하면 선거제도가 정당체계를 결정한다. 승자독식의 소선거구 단순다수대표제는 양당제로 귀결되고, 비례대표제는 다당제를 가져온다. 지역구와 비례대표제가 혼용된 혼합선거제도의 경우 연동형비례대표제는 다당제로 귀결되고 병립형 비례대표제는 양당제적 성격이 강하다.

나. 현행 국회의원 선거제도 : 소선거구제+준연동형 및 병립형 비례 대표제

현행 국회의원 선거제도는 전체 의석 300석 중 소선거구제로 253석을 뽑고, 준연동형 비례대표제로 30석 그리고 병립형 비례 대표제로 17명을 선출한다. 준연동형 비례대표 '30석'은 2020년 21대 총선에만 적용하는 한시적 제도이다.

병립형 비례대표제는 지역구 의석수와 별도로 정당 득표율에 따라 비례대표 의석수를 정한다.[15] 연동형 비례대표제는 정당의 득표율에 연동해 의석을 배정하는 방식인데 반해 우리가 채택한 준연동형 비례대표제는 정당득표율에 50%만 연동한 제동이다. 병립형 비례대표제는 연동형 비례대표제에 비하여 비례성과 대 표성이 많이 떨어진다.

지난 2020년 4월에 실시된 21대 총선을 앞두고, 여당인 더불 어민주당과 야 3당(바른미래당·민주평화당·정의당)이 합의한 ' 준연동형 비례대표제'가 지역구 253석과 비례대표 47석을 그대 로 유지하면서 도입되었다. 그런데 전체 의석의 84%를 소선거구 제로 선출함에 따라 거대 양당(더불어민주당, 미래통합당)은 준

---

15) 1인1표 비례대표제의 위헌 결정으로 1인2표 정당명부 제도 도입 : 지난 2000년 제16대 국회의원 선거 때까지 국회와 시·도의회 비례대표 의석은 지역구 후보의 총 득표수에 따라 배분하는 '1인1표 비례대표제'였다. 따라서 후보에 대한 지지가 후보가 속한 정당에 대한 선택 으로 이어졌다. 그러나 2001년 7월 19일 헌법재판소에서 '1인 1투표제를 통한 비례대표 국회 의원 의석 배분 방식은 위헌'이라는 결정이 내려졌다. 이에 따라 국회는 2002년 3월 7일 선거 법을 개정, 유권자가 후보자 개인에게만 투표하던 것을 자신이 지지하는 정당에 따라 투표할 수 있도록 '1인2표 정당명부 비례대표제'를 도입하였다. 또한 비례대표 국회의원 의석의 경우 지역구에서 5석 이상 또는 유효투표 총수의 3% 이상 득표한 정당(의석할당정당)에 대해서만 득표비율에 따라 배분하도록 하였다.

연동형 비례대표 의석을 확보할 수 없게 되자 비례대표 후보자를 내지 않고 이른바 '위성정당'(더불어시민당, 미래한국당) 창당 이라는 꼼수를 통해서 비례대표 의석을 확보하였다. 이에 따라 준 연동형 비례대표제는 무력화되었고 결국 21대 총선은 군소정당 의 몰락과 민주당의 독주로 이어졌다. 양당에 대한 강한 비판과 함께 개선의 목소리가 거센 상황이다.[16] 일종의 사이비 제도인 준 연동형 비례대표제를 진정한 연동형 비례대표제로 발전시키면, 안정적인 다당제를 이루어 극한 대립의 정치를 청산하고 대화와 타협을 통해 합의에 이르는 협치가 이루어질 것이다.

다. 국회의원 선거구제도 개편 논의

22대 총선(2024년 4월 10일)이 불과 5개월밖에 남지 않았지 만 아직까지도 선거제도 합의가 이루어지지 않고 있다. 올해 초 만 해도 윤석열대통령과 정치권이 국회의원 선거제도를 바꾸려 는 움직임을 보이면서 국회의원 선거제도 개편이 정치권의 화두 로 떠올랐다.

윤석열대통령은 신년 언론 인터뷰에서 중대선거구제를 통해 대표성을 강화하는 방안을 검토할 필요가 있다면서, 국회의원 지 역구에서 1명을 뽑는 현행 소선거구제가 진영간 극한 대립과 정 치 양극화 등 갈등의 원인이므로 지역 특성에 따라 2~4명을 선

---

16) 21대 총선 결과 : 더불어민주당 지역구 163석+ 더불어시민당 17석=180석/ 미래통합당 지역구 84석+ 미래한국당 19석= 103석/ 정의당 6석(지역구 1석)/열린민주당 3석/ 국민의 당 3석/ 무소속 지역구 5석. 이러한 결과는 위성정당이 잘못된 것이라는 것을 알면서도 자기 가 싫어하는 정당의 승리를 막기 위해 자기 진영의 위성정당에 투표한 유권자의 책임도 적 지 않다.

출하는 방법을 고려하자고 밝혔다. 이를 김진표 국회의장이 받아들여 국회 정치개혁특별위원회의 검토과제가 되면서 연초 정치판의 뜨거운 이슈가 되었다.

내년 총선에 반영될 수 있는 제도개혁의 시한은 1년 전인 4월 10일로 제한되어 있다. 이에 따라 김의장은 2월 말까지 각 당이 논의를 마무리하여 국회에 제안하면, 3월 말까지 국회의원 전원위원회가 논의해서 4월 10일까지 국회의원 선거제도를 바꾸겠다는 계획을 발표했지만, 현재까지도 별다른 진전이 없다.

특히 여야 국회의원 121명이 참여해 초당적 정치개혁 모임을 발족하고, 보수·진보 시민사회단체가 이례적으로 한자리에 모여 정치개혁을 촉구하는 등 변화의 추동력도 있었다. 이런 분위기에 편승해 국회는 지난 4월 선거제도개혁 전원위원회를 개최하였다. 안건은 △도농복합형 중·대선거구제+권역별·병립형 비례대표제 △개방명부식 대선거구제+전국·병립형 비례대표제 △소선거구제+권역별·준연동형 비례대표제 등이었다. 전원위원회에 이어서 지난 5월에는 국민여론 수렴 절차인 공론조사까지 진행했다. 하지만 이후 국회는 이재명 대표 사법리스크, 민주당 돈 봉투 의혹, 양곡관리법·간호법 등 쟁점 법안의 강행 처리로 급격히 냉각되며 선거제 논의는 뒤로 밀렸다. 결국 국회의원들의 이해관계가 난마처럼 얽혀 있고 때도 놓쳐 도농복합선거구제는 물 건너가고 소선거구제가 사실상 유지될 것으로 보인다. 참으로 안타까운 일이다.

이제 쟁점은 비례대표 배분 방식과 의석수로 좁혀지고 있다. 21대 총선에서 실시된 '준연동형 비례대표제'는 정당사의 오점으로 기록될 '비례 위성정당'이라는 문제점을 노출한 만큼, 개정이 불가피하다. 위성정당 방지조항을 마련하면서 현행제도를 유지할 것인지, 권역별·병립형 비례대표제, 전국·병립형 비례대표제, 연동형 비례대표제 등 어떤 형태의 비례대표제가 채택될지 각 당과 의원들의 이해관계가 첨예하게 갈려 현재로서는 예측하기 어렵다.

국회의원 선거구제도 개편 경과

○ 우리나라 선거구제는 소선거구제(1948-1972) → 중선구제(1973-1987) → 소선거구제((1988-현재)로 변천해 왔다.

○ 소선거구제는 1948년 제헌 국회의원 선거부터 출발해 8대 총선까지 시행되었다.[17] 하지만 유신 체제 이후인 1973년 9대 총선부터 12대까지 네 차례는 한 선거구에서 2명을 뽑는 중선거구제가 도입되었다.[18] 박정희 정권이 비상국무회의에서 일방적으로 선포했다. 선거구마다 두 명씩 뽑으면 자금이나 조직 면에서 우세한 여당 후보가 한 명씩은 당선될 것이라는 계산이 깔려 있었다.

○ 이렇게 만들어진 중선거구제는 12대 총선까지 시행되다가 여러 정치적 사건을 거쳐 1988년 13대 총선부터 다시 소선거구제로 바뀌어 현재까지 35년 동안 시행되고 있다. 정확히 표현하면, 대부분의 국회의원을 소선거구제에서 뽑고 양념으로 약간의 비례대표 의석을 병립형으로 추가시킨 소선거구에 기초한 단순다수대표제가 시행되고 있다. 이후 문재인정부 시

17) 1960년 5대 총선에서도 중대선거제가 시행된 적이 있는데, 이때는 의원내각제가 도입되던 때로 상원인 참의원 선거에만 중대선거구제가 적용되었다.

18) 1973년 2월 9대 총선에서는 소선거구에 전국구를 더한 제도로 변경하여 지역구에서는 중선거구제를 채택하고, 국회의원정수의 1/3을 대통령의 제청에 따라 통일주체국민회의에서 간접 선출하는 전국구 성격의 유신정우회(약칭 '유정회')가 탄생했다.

절인 2022년 21대 총선에서는 비례대표 의석이 병립형과 준연동형으로 나누어 시행되었다.

- 1987년 6월 민주화항쟁을 통해 그해 10월 대통령 직선제를 골자로 하는 9차 개헌이 이뤄졌다. 두 달 뒤인 12월 치러진 13대 대선에서는 여당의 노태우(대구·경북)와 이들의 독주를 막기 위해 나선 야당의 김영삼(부산·경남)·김대중(호남)·김종필(충청)이 자신의 지역을 기반으로 치열하게 경쟁했다. 결과적으로 네 후보가 각각 36.6%, 28%, 27%, 8%를 득표하면서 노태우후보가 대통령에 당선되었다.

- 1987년 대통령 직선제 선거 이후 이루어진 선거법 개정 논의 과정에서도 당초엔 중대선거구제가 우세했다. 그러나 노태우대통령과 김영삼민주당총재, 김대중 평민당총재가 소선거구제로 전격 합의하면서 소선거구제가 부활했다. 호남이라는 확고한 지역 기반이 있는 김대중 총재와 정치권 물갈이를 하려는 노태우대통령의 이해관계가 맞아 떨어진 것이다.

- 정권 창출에 실패한 김영삼총재와 김대중총재는 4개월 뒤 치러질 13대 총선을 위해 야권 통합을 논의한다. 호남에서 압도적 지지를 받았던 김대중총재는 '소선거구제 합의 후 통합'을 요구했다. 이에 김영삼총재는 주변의 만류에도 불구하고 '야권 통합을 조건으로 소선거구제 요구 수용' 입장을 밝혔다. 김영삼총재의 양보로 소선거구제는 도입됐지만 야권 통합은 무산됐다. 유신체제 종식 이후 변화된 지형 하에서 1988년 실시된 13대 총선에서는 여소야대 정국이 탄생했고 한국 사회에 노태우(대구경북), 김영삼(부산경남), 김대중(호남), 김종필(충청)이라는 "1노3김"으로 상징되는 지역주의가 고착되는 결과를 낳았다.

○ 이후 정치권에선 이러한 지역주의 문제 해결 등을 위한 선거구제 개편 논의가 계속되었다.[19] 국민의 정부에선 중대선거구제·정당명부식 비례대

---

19) 김대중 전)대통령은 지역분할 구도를 해소하는 방안의 하나로 소선거구제와 지역별 비례대표제를 혼합한 독일식 정당명부제 도입을 주장했다. 또한 국민의정부에서는 망국적인 지역주의를 극복한다는 신념을 가지고 중대선거구제 개편을 시도한 적이 있으나 새정치국민회의의 절대 다수를 이루고 있던 호남지역 국회의원들의 격렬한 반대로 결국 무산되었다.

표제 도입 논의가 나왔다. 참여정부에서도 노무현대통령은 2003년·2005년 두 차례에 걸쳐 지역주의 극복을 위한 선거구제 개편안을 제시했다. 이명박정부·문재인정부에서도 마찬가지로 선거제도 개편이 논의됐다. 윤석열대통령도 선거구제 개편 필요성을 제기하였다.

라. 현행 소선거구제의 문제점[20]

1988년 13대 총선에서 닻을 올린 소선거구제는 35년 동안 시행되면서 승자독식으로 인한 거대 양당체제 강화(높은 불비례성)와 양당의 대립 격화, 지역 패권주의 심화, 사표증가, 팬덤정치[21] 등 여러 문제점을 노출해 왔다. 특히 1등만 당선되는 구조는 승자독식주의(all-or-nothing)를 가져 왔고 많은 유권자의 표가

노무현대통령은 더욱 적극적이었다. "한 정당이 특정 지역에서 2/3이상 의석을 독점할 수 없게 선거법을 개정해달라. 이런 저의 제안이 현실화되면 과반수 의석을 차지한 정당 또는 정치연합에 내각 구성 권한을 이양하겠다." "독일식 선거제 또는 중대선거구제로 바꾸면 지역 구도가 아닌 정책 구도로 재편하는 제도적 환경을 만들 수 있다. 그렇게 된다면 권력을 한 번 잡는 것보다 훨씬 큰 정치적 진보를 이룰 수 있다. 대화와 타협의 정치 문화는 덤이다." 문재인(전)대통령도 "의석수가 줄어들더라도 호남과 영남에서 특정 정당이 싹쓸이하는 지역주의 해소가 중요하다."고 밝힌 바 있다.

20) 현행 국회의원선거제도는 소선거구 다수대표제와 비례대표제를 혼합한 선거제도이지만, 비례대표 의석이 전체의석(300석)의 15.7%(47석)에 불과해 소선거구제 중심으로 설명하였다.

21) 팬덤(Fandom)은 팬들이 모여 만든 집단이다. 우리나라에서 팬덤이 처음 등장한 것은 1980년대 조용필의 '오빠부대'로 알려지고 있다. 정치인 팬덤이 본격 등장한 것은 2000년 '노사모'(노무현을 사랑하는 모임)가 처음이다. 정치인 팬덤은 대중문화예술과는 달리 사회에 미치는 부정적 영향이 클 수 있다. 팬덤은 자신이 지지하는 정치인에 대해서는 비난을 허용하지 않는 반면에 경쟁관계에 있는 상대방에 대해서는 가혹할 정도로 비난하는 경향이 있다. 통합의 정치보다 팬덤정치를 통해 자신의 정치적 입지를 강화하려는 정치인들이 증가하고 있어 우려된다.

사표가 되면서 표의 등가성 확보[22] 및 득표율과 의석율의 비례성 확보 측면에서 많은 문제를 낳았다.[23] 지역주의 구도는 심화되고, 거대 양당 독과점체제는 콘크리트처럼 굳어졌다. 극심한 정치 양극화와 대결의 정치로 타협과 절충을 통한 민주적 합의 도출은 무력화되었다. 현행 제도는 시대 변화를 거듭하면서 이젠 한계 상황에 직면했고, 국민들의 정치 불신은 임계점에 이르렀다.

첫째, 현행 소선거구제는 극심한 대립의 정치를 초래했다.

지역구 선거에서 한 명만 당선되기 때문에 상대 정당과 후보를 최대한 깎아내리며 가짜뉴스까지 동원해 악마화하는 마타도어가 난무한다. 특히 지지기반이 강해 당선 가능성이 높은 양대 정당 후보들은 상대를 적으로 간주해 격돌하면서 의석을 나눠 갖는 '적대적 공생관계'를 이어 오고 있으며, 이는 양당 독과점구조를 공고히 해왔다.

둘째, 유권자의 표심이 비례적으로 반영되지 못한다.

각 정당이 득표한 만큼 의석을 차지해야 민의가 제대로 대변되고 소수자 의견도 반영된다. 또한 제왕적 대통령제의 폐해를 줄이고 지역편중 문제도 해소할 수 있다. 그러나 현행 소선거구제 하에서는 유권자들이 제3세력에게 표를 주기 어렵다. 평소에는

---

22) 1표의 투표가치가 국회의원 선출이라는 선거 결과에 기여한 정도에 있어서도 평등해야 한다는 '1표 1가치의 원칙(One Vote, One Value)'을 의미한다. 선거구 획정시 유권자 수와도 깊은 관련이 있다.

23) 프랑스 정치학자 모리스 뒤베르제(Maurice Duverger)는 소선거구제에선 유권자의 사표 방지 심리가 작동해 당선 가능성이 높은 후보에게로 표심이 쏠려 거대 양당 체제가 강화된다고 주장한다.

제3정당을 지지하다가도 막상 선거 때만 되면 사표 심리 때문에 거대 양당 후보들을 찍게 되기 때문이다. 이는 득표율(국민의 지지)과 정당 의석수 간에 큰 괴리를 가져오고, 결국 표의 등가성을 훼손하여 사회 대표성을 어렵게 하고, 당선자를 지지하지 않았던 유권자의 표를 사표화(死票化)시키는 심각한 문제가 있다.

2020년 21대 총선에서 거대 양당의 국회 의석점유율은 위성정당의 비례대표 의석을 합하면 94.3%에 이르렀다. 이에 반해, 위성정당을 포함한 양당의 정당 득표율은 79.4%에 불과했다. 또한 더불어민주당(49.9%)과 국민의힘(41.5%)의 득표차가 8.5%p였지만, 민주당은 지역구 163석을 가져갔고 국민의힘은 84석을 가져가는데 그쳤다. 8.5%p 차이로 의석수가 두 배 차이가 났다. 수도권(서울·경기·인천) 상황은 더욱 심하다. 수도권의 지역구 출마후보가 얻은 표는 더불어민주당 56.6%, 미래통합당 43.4%였으나 국회의원 의석 수의 경우 민주당은 103석(85%), 미래통합당은 16석(13%)을 차지했다. 양당 외에 정의당과 무소속이 각 1명이었다.

2020년 21대 총선에 투표한 유권자 10명 중 4명(43.7%) 정도가 찍은 표는 말 그대로 '사표'가 되었다.[24] 2위와 3위 득표자를 찍은 민심은 국회에서 대표되지 못한다. 또한 국민의힘과 더불어민주당은 각각 영남과 호남에서 자신들의 득표보다 훨씬 많은 의석을 차지했다. 해묵은 지역주의가 해소되지 못한 데에는 이런

---

24) 21대 총선에서 부산 사하갑에서는 최인호 민주당 후보(4만 6322표)가 697표(0.9%포인트) 차이로 김척수 미래통합당후보를 이겼다. 실제 민심은 근소한 차이였지만 2등을 찍은 유권자들의 표는 어디에도 반영되지 못했다.

선거제도가 한몫해 왔다.

득표율과 크게 다른 의석 편차는 부정선거 음모론 제기로 이어지기도 하고, 자신들의 투표수만큼 국회 표결에서 반영되지 못하는 입법과 관련된 이익단체들은 다양한 집회와 시위를 통해 의견을 제시하기도 한다. 국회불신이 직접민주주의를 촉발시키는 현상을 가져온 것이다.

셋째, '승자 독식'의 선거제도로 정당 발전을 저해한다.

현행 소선거구제는 후보 개인의 역량보다 소속 정당이 지역에서 갖는 영향력이 당락을 좌우하므로 당 내부 경쟁이 치열해질 수밖에 없다. 후보자에게 '정당에서 공천받기'가 최우선 과제가 되면 줄 세우기 정치, 불공정 공천 논란 등의 부작용이 발생하고 그만큼 민생은 뒷전으로 밀리게 된다.

이처럼 공천을 한 명만 받으니 정치인들이 진영 논리의 대변자를 자처하고, 공천권에 영향을 미치는 쪽에 충성 경쟁을 벌인다. 국민의힘에서 '친윤' 경쟁이 벌어지고 민주당에서 팬덤 편승 정치가 기승을 부리는 배경이다. 정당 내의 다양한 목소리는 설 자리를 잃고, 신진 정치인의 진출은 더욱 어려워지게 된다.

넷째, 양당 독과점 분점체제를 공고히 한다.[25]

25) 뒤베르제의 법칙 : 프랑스의 정치학자 모리스 뒤베르제가 제안한 가설로, 소선거구제(총선)와 결선투표 없는 단순다수대표제(대선)는 양당제를 부르고, 중대선거구제나 비례대표제(총선)와 결선투표제(대선)는 다당제를 낳는다는 주장이다. 첫째 가설의 경우 소선거구제는 정당별 득표율과 의석율의 왜곡이 심해지는 경향이 있어서 후보자들이 2개의 정당, 일반적으로 수권정당인 여당과 반대세력인 야당인 양당 구조로 모이는 것이 각자의 승리에 유리해져 양당제를 낳는다. 둘째 가설의 경우 비례대표제는 정당의 의석율과 그 정당의 득표율을 그대로 반영하므로 군소 정당의 출현 가능성이 높아진다.

한국에서 제3지대 기반을 갖춘 신당이 나오기 어려운 최대 원인은 전체의석의 85.7%를 소선거구 단순다수제로 뽑는 현행 선거제도 때문이다. 거대 양당은 득표율에 비해 과도하게 많은 의석을 가져간다. 20대 총선에서 당시 새누리당은 비례대표 득표율 33.5%에 불과했지만, 총 의석수는 122석(40.7%)을 가져갔다. 더불어민주당도 25.5%의 득표율로 123석(41%)을 차지했다. 반면 국민의당 득표율은 26.7%였지만 의석수는 38석(12.7%)에 불과했다. 정의당도 마찬가지로 득표율보다 의석수가 적었다. 19대~21대 총선에서 거대 양당이 차지한 의석 비율은 각각 93%, 81.7%, 94.3%였다. 20대 총선(2016.4.13)에서 제3당인 국민의당이 정당득표율 2위를 기록하고, 호남 지역구 23석을 포함해 38석(지역구 25석+비례대표 13석)을 확보하는 등 약진이 있었지만 21대 총선에서는 다시 양당체제로 돌아갔다.

이처럼 소선거구제 하에서는 거대 양당의 후보가 아니면 당선이 어려워 새로운 정치 세력의 등장을 어렵게 만든다. 또한 특정 지역에서 특정 정당이 거의 모든 의석을 차지하는 지역의 정당 편중 문제도 발생한다. 결국 영남과 호남은 시도민들이 국회의원을 뽑는 것이 아니고 당이 임명하는 결과를 가져온다. 수도권 등 여타 지역에서는 과점체제로 양당이 분점하고 있다. 유권자들은 양당 후보 중 한 명을 선택하도록 사실상 강요받고 있다. 제3의 후보에게 투표하고 싶어도 양당 후보 중 더 싫은 한 명이 당선되는 것을 막아야 한다는 이른바 '사표 방지' 심리 때문에 인물보다는 결국 양당의 후보 중 한사람을 선택해야 하는 굴레에서 벗어

나지 못하게 된다.[26]

다섯째, 국회의원들을 지역구에 매달리게 하여 국가적 미래의제나 거시적인 국정의제를 등한시하게 만든다.

다음 공천과 당선을 위해서 국회의원들이 지역구 민원 해결사 노릇을 하거나, 지역행사 참여에 많은 시간을 뺏기는 등 기초단체장이나 기초의원들이 해야 할 일을 국회의원이 하는 경우가 많다.

특히 거대 양당의 후보자들은 경선에 참여하는 적극적 지지자들에 의해 당락이 결정된다. 양당의 적극적 지지자들은 상대 당을 극히 혐오하는 공통적인 특징을 가지고 있다. 따라서 적극적 지지자들의 지지를 받아 후보로 선출되거나 당권을 잡으려면 상대당에 대한 혐오를 더욱 조장해야 한다. 이러한 과정에서 국가적 정책 대결보다는 인신공격과 과도한 지역 개발 공약이 주요 정치 의제가 되고, 이를 지켜보는 대다수 국민들은 정치의 필요성보다는 오히려 정치 혐오감을 갖게 된다.

양당간 적대적 정쟁과 무책임한 지역 개발 공약 경쟁을 국가적 과제인 저출생, 양극화, 기후위기 대응과 같은 정책 경쟁으로 바꾸기 위해서는 소선거구제 개편이 반드시 필요하다. 전국 단위의 정당 득표율이 국회 의석수의 대부분을 결정하는 선거구 제도가

---

26) 21대 총선의 지역구 투표에서 거대 양당의 정당별 득표율은 91.4%였다. 통상적으로 양당의 지지율이 70% 수준임을 감안하면, 소선거구제에 기반한 정당 투표에서 사표 방지 효과가 작동함을 유추할 수 있다. 실제로 지난 8회 지방선거 무투표 당선자는 7회 지방선거에 비해 5배 늘었다. 이는 지역주의가 확고한 영호남을 비롯해 충청권에서 발생했다. 광주 광산구, 전남 보성군·해남군, 대구 중구·달서구, 경북 예천군 등에선 기초단체장이 무투표 당선되는 일도 있었다.

되면 국가적 정책이 자연스럽게 선거의제가 되어 국민적 공론화로 이어질 수 있을 것이다.

마. 현행 소선거구제의 대안

앞서 살펴본 것처럼 현재의 소선거구 단순다수대표제는 비례성과 대표성이 떨어지는 승자독식의 선거제도로서, 우리 사회를 분열과 갈등으로 몰아가고 있으며 국가발전의 걸림돌이 되고 있다. 따라서 현재의 양당 독과점체제를 여러 정당 간 경쟁하는 온건다당제로 개혁하면 독일 등의 국가에서 보여주는 것처럼 군소정당의 지나친 난립을 막으면서도 다원적인 포용사회가 이루어진다. 또한 대화와 타협의 협치시대가 열리게 되어 한국정치의 고질병인 거대 양당의 극한 대립과 지역주의를 해소할 수 있을 것이다.[27]

① 중대선거구제

중대선거구제란 한 선거구에서 2인 이상의 당선자를 선출하는 선거제도다. 2인에서 5인을 선출하는 제도는 중선거구제라고 한다. 중선거구제는 소선거구제에서 문제가 되는 사표 문제를 어느 정도 해소할 수 있다. 또한 '바람'의 영향이 상대적으로 줄어들어 참신하고 유능한 사람과 소수자를 포함해 다양한 유권자의 요구를 대변할 수 있는 사람들이 등장할 수 있다. 비합리적 요소에 의한 당선 가능성을 줄일 수 있고 국가 예산이 지역사업 위주

---

27) 만약 국회에서 합의가 이루어지지 않아 현행 선거제도의 틀이 그대로 유지될 수밖에 없다면, 지역구 후보가 얻은 득표와 정당 득표를 합산한 결과를 기준으로 정당별 배분의석을 정하는 방식을 채택하면 위성정당의 출현 가능성이 크게 낮아질 것이다. 지역구득표만 얻는 모(母)정당과 정당득표만 얻는 위성정당 모두 원하는 의석을 확보하기 어렵기 때문이다.

로 낭비되는 것을 줄이는 장점도 있다.

　또한 지역주의 완화는 물론이고 소수정당의 원내 진출도 용이해질 수 있다. 각 정당에 다양한 지역 출신 의원들이 증가하면서 특정지역 중심의 의견 쏠림도 줄어든다, 다수 정당이 경쟁하게 되므로 1:1 극한 대립이 줄어들고 협치를 가능하게 한다, 무소속으로 나와도 당선될 수 있는 이점이 생기고, 보다 다양한 이념과 가치를 내건 제3정당 출현 가능성도 지금보다 높아질 것이다.

　그러나 지방의 인구감소로 인해 전국을 대상으로 중대선거구제를 적용할 수는 없으니 우리에게는 도농복합선거구제[28]가 현실적인 대안이다. 예를 들면 전남의 경우 함평군·영광군·장성군·담양군을 합쳐 한 사람의 국회의원을 뽑는다. 경남 밀양시·의령군·함안군·창녕군도 4개군을 합쳐 한사람의 국회의원을 뽑는다. 이런 지역에서는 3-4명을 뽑는 중대선거구제를 도입하는 것이 불가능하기 때문이다.[29]

　반면에 중대선구제의 문제를 지적하는 의견도 있다. 하나의 선거구에서 3-4명을 뽑게 되면 50% 득표자와 10% 득표자가 똑

---

28) 도농 복합선거구제는 전체 지역구에 동일한 선거제를 적용하는 게 아니라, 인구밀도가 높은 도시와 밀도가 낮은 지방의 선거구를 다른 방식으로 운용하는 제도이다. 인구과밀 지역인 수도권이나 대도시는 중대선거구제로 운용해 한 선거구에서 여러 명의 의원을 선출하고, 농촌 등 지방에서는 현행 소선거구제를 유지해 한 선거구에서 한 명의 의원을 선출하는 방식이다. 부분적 중대선거구제로도 불린다.

29) 면적은 넓고 인구는 감소하는 지역들의 대표성을 강화하고 지역균형발전을 위해 상원을 두어야 한다는 주장도 있다. 현행 선거구제에서 수도권의 의석수가 121석으로 전체 지역구의 절반에 가깝다. 인구감소와 수도권 인구 이동으로 수도권은 의석수는 더 늘어나고, 지역은 의석수가 더 줄어들 수밖에 없어 이에 대한 대책이 필요하다.

같이 한석씩을 갖게 된다. 여전히 표의 등가성에 문제가 있는 것이다. 그렇다고 한선거구에서 2명을 뽑게 되면 현재의 양당체제가 그대로 유지될 가능성이 높다. 2022년 6·1 지방선거 때 기초의원 중대선거구제가 30곳에서 시범 도입됐지만, 당선자 109명 중 소수 정당 당선자는 4명에 불과했다. 거대 정당이 제한 없이 후보를 낸 것이 원인으로 꼽힌 만큼 정당별 출마자 수 제한 등도 검토가 필요하다.

또한 중대선거구제는 30여년 이상 실시되어온 소선거구제와는 달리 국민들에게 낯선 제도라서 여론조사결과가 높지 않아, 이 제도의 도입을 위한 동력확보에 어려움이 있다.

② 연동형 비례대표제 또는 권역별 비례대표제

독일식 연동형 비례대표제나 권역별 비례대표제는 소선거구제와 중대선거구제의 문제점을 동시에 고려한 제3의 대안이다.

연동형 비례대표제 도입의 가장 중요한 논거는 민주주의의 핵심가치인 표의 등가성과 비례성 제고 및 지역주의 완화에 있다. 특히, 정당별 득표율과 의석수 사이의 비례성은 중대선거구제보다 우월하다. 총 의석수는 정당득표율로 정해지고, 지역구에서 몇 명이 당선됐느냐에 따라 비례대표 의석수를 조정하는 방식이다. 따라서 유권자의 표를 사표로 만들지 않는 동시에 정당의 책임성을 강화한다. 정당 득표율이 중요하므로 정당들이 정책으로 경쟁하게 되어 자연히 정책의 질이 높아진다. 아울러 정당 자체적으로 의원들의 수준을 높이고 특권을 누리려는 의원들을 규제하는 노력을 다 할 것이다. 연동형 비례대표제는 '혼합형 비례대표제'로도 불리는데, 이를 채택하고 있는 대표적 국가로는 독일·

뉴질랜드 등이 있다.[30]

권역별 비례대표제 역시 다양성, 비례성, 지역주의 완화, 승자독식의 폐해를 줄이는 데 기여한다. 권역별 비례대표제는 전국을 몇 개(5-6개)의 권역으로 나눈 뒤, 인구 비례에 따라 권역별 의석수(지역+비례)를 먼저 배정한 뒤 그 의석을 정당투표 득표율에 따라 나누는 제도이다. 그리고 권역별 지역구 당선자 수를 제외한 나머지는 비례대표로 배정한다. 여기에 석폐율제를 가미한다면 승자독식 선거구제의 사표 문제도 어느 정도 해소할 수 있을 것이다. 이는 전국 단위 정당 득표율에 따라 비례대표 의석을 배정하는 현행 전국구 방식에 비해 지역주의 구도를 완화하는 장점이 있는 반면, 비례대표제도의 원래 취지를 왜곡한다는 지적도 있다.

③ 비례대표 의석수 확대

득표율과 실제 의석수 사이의 편차를 줄이기 위해 비례대표 의석수를 확대하는 방안도 논의될 수 있다. 그 방안으로는 우리나라가 다른 국가에 비해 의석수가 적은 편[31]이므로 국회의원 수를

---

30) 독일의 유권자는 자신에게 주어진 2표 중 1표는 자신의 지역구 출마자(제1투표)에게, 다른 한 표는 지지하는 정당(제2투표)에 투표한다. 즉, 지역구별로 1명을 뽑는 소선거구제와 비례대표제를 혼합한 선거제도를 택하고 있다. 독일은 우선 제2투표에서 결정된 정당 득표율로 각 정당의 당선자 총의석 수를 결정한다. 독일 연방하원은 598석을 기본으로 하는데, A당이 제2투표에서 30%의 지지를 받으면 총의석 수의 30%인 179석을 배정받게 된다. 이 179석은 제1투표에서 당선된 지역구 의원으로 먼저 구성하고, 부족분은 비례대표로 채우게 된다. 다만 이 과정에서 어떠한 지역구 의석이 배정받은 의석보다 더 많이 나올 수 있는데, 독일은 이것을 598석에 맞춰 자르지 않고 초과의석을 인정한다. 또 이렇게 될 경우 제2투표의 정당득표율과 정당별 최종 의석 배분 비율이 유사하도록 의석을 부여하는데, 이를 '보정의석'이라 한다. 따라서 독일 연방하원은 598석을 기본으로 하되, 선거 때마다 정원이 달라진다.

31) OECD 36개국 중 우리나라는 미국, 멕시코, 일본 다음으로 인구 수 대비 국회의원이 적은

늘려 비례대표 수를 늘리자는 제안이 있다. 우리나라의 경우 혼합형 선거제도(소선거구제+비례대표제)를 갖고 있는 국가 가운데 전체 의석에서 비례대표가 차지하는 비중이 15.7%로 가장 낮다. 또한 권역별 비례대표제 등 연동형 비례대표제의 효과를 높이기 위해서는 비례대표 의원 정수를 늘리는 것이 바람직하다. 하지만 정치불신 때문에 전체 국회의원 수를 현재보다 늘리는 것은 국민적 공감대를 얻기 어렵다. 정치권의 업보이다. 따라서 의석수를 늘리기 위해서는 국민이 국회를 신뢰할 수 있도록 먼저 국회가 국회의원의 각종 특혜를 내려놓고 국민을 위해 헌신하는 대대적인 자정 노력부터 해야 된다. 그런 이후에야 국회의원 정수의 증가는 가능할 것이지만, 여기에는 시간이 걸리므로 지금 바로 현실적인 대안이 되기는 어렵다.

그렇다면 의원 정수는 손대지 않고 지역구 수를 줄여 비례대표 수를 늘리는 방안이 대안으로 고려될 수 있다. 독일의 경우 지역구 299석, 비례의석 299석으로 1:1의 비율이다. 그러나 우리나라는 전체 의석 300석 중 비례의석은 47석으로 지나치게 적다. 독일처럼 1:1로 가는 것은 현실적으로 어려우므로 지역구 200석에 비례의석 100석 정도가 되면 어느 정도 비례성과 대표성을 높일 수 있을 것이다.

그러나 이는 현역 지역구의원들의 반대로 성사되기 어렵다. 또한 당초 비례대표제는 직능을 대표하고 사회적 약자를 배려하기 위한 취지로 도입되었으나, 후보 선정 과정에 있어서 지역구 의

국가이다. 미국과 멕시코는 연방제 국가로 주 차원의 대표체계가 발달한 점을 감안하면 한국은 일본과 함께 국회의원 수가 가장 적은 국가라고 할 수 있다.

원은 유권자들이 후보 하나하나를 보고 선택하는 데 비해서 비례
대표 후보 명단은 이런 취지와 다른 후보들을 정당이 충분한 국
민적 의견 수렴이나 공정하고 합리적인 절차 없이 갑자기 발표하
여 후보 선정의 투명성 문제와 공정성 시비가 발생하기도 하였
다. 그리고 그간 비례대표의원들의 전문성이나 의정활동이 지역
구 의원보다 미치지 못하는 경우가 적지 않았다.

바. 권력구조와 선거제도의 관계[32)]

국회의원 선거제도의 채택은 대통령제나 의원내각제 등 정부형태
(권력구조)와의 조화가 중요하다는 의견도 있다. 많은 전문가들
이 대통령제는 다당제의 조건에서는 작동하는데 어려움이 많으
므로 비례대표제와 대통령제의 조합은 적절하지 않다고 지적해
왔다. 다당제 상황에서는 대통령이 소속된 집권여당이 원내 충분
한 의석을 확보하기 어렵고, 이는 대통령과 의회간의 교착상태를
초래할 수도 있기 때문이다. 연립정부 구성 및 운영도 의원내각
제처럼 안정적이지 않다는 이유이다.

그러나 이러한 주장은 지나치게 미국 중심의 사고라는 비판도
제기되고 있다. 미국과 몰타 등을 제외하면 대통령제 국가 가운
데 양당제를 취하고 있는 경우는 찾아볼 수 없으며, 남미에서도
칠레나 우루과이 같이 민주화 이후 다당제 정치환경에서도 안정
적인 민주주의를 운영하는 경우도 있다. 또한 우리나라의 경우
정당 난립을 막기 위한 봉쇄조항(3% 이상 득표 혹은 5석 이상
획득)이 충분히 높은 진입장벽으로 작용하고 있고, 분단 등의 우

---

32) 김종갑 허석재, 국회의원 선거제도 개편논의와 대안의 모색, 국회입법조사처, 2020.9.1

리 현실에서 극우나 극좌는 정치적으로 성공하기 어렵기 때문에 선거제도의 비례성이 강화되더라도 3-5개 정도의 온건한 다당제로 운영될 수 있을 것이다.

다른 나라의 사례를 보더라도 권력구조와 선거제도는 별개로 움직이고 있다. 앞서 언급한 것처럼 흔히 대통령제에서는 소선거구 다수제가, 내각제에서는 비례대표제가 더 적합하다는 주장이 있으나 권력구조와 선거제도는 교차하여 선택되는 경우도 많다. 영국은 내각제와 소선거구 다수제를 채택하고 있고, 우루과이는 대통령제임에도 비례대표제를 채택하고 있다. 핀란드와 오스트리아는 분권형 대통령제와 비례대표제를 채택하고 있다. 프랑스는 소선거구결선투표제와 분권형대통령제를 채택하고 있다.

〈참고 : 각국의 선거제도 유형〉[33]

대분류	소분류		시행국가
① 다수대표제	단순다수대표제 (소선거구제, 중대선거구제)		영국, 미국
	절대다수대표제	결선투표제	프랑스
		선호투표제	호주(하원)
② 비례대표제	정당명부식 비례대표제	폐쇄형	네덜란드, 덴마크
		개방형	스웨덴
	단기이양식 비례대표제		아일랜드, 호주 (상원)
③ 혼합선거제 (①+②)	연동형 비례대표제		독일
	병립형 다수대표제		한국(이전), 일본

---

33) 최병모, 국가개조와 선거제도 개혁, 2017. 1. 17.

(6) 국회개혁 및 정당개혁도 더 미룰 수 없는 과제[34]

대통령제는 국회 및 정당과의 상호 관계 속에서 작동되기 때문에 권력구조 개혁이 이루어지더라도 국회와 정당이 혁신되지 못하면 대화와 타협의 협치정치는 이루어지기 어렵다.

가. 국회개혁

그동안 우리 국회는 여대야소의 경우 여당은 대통령의 친위대 역할에 충실하여 국민의 요구에 귀기울이지 않고 야당의 주장을 철저하게 외면하였다. 지금과 같은 여소야대의 경우에는 여야간의 극단적인 대립과 정쟁으로 국정이 파행하는 상태를 초래하였다. 그러다 보니 국회에 대한 국민의 신뢰는 바닥일 수밖에 없다. 국민은 제왕적 대통령 못지않게 제왕적 국회에 대한 불신도 높다. 개혁의 대상으로 전락한 국회에게 행정부를 제대로 감시·견제하고 사회적 갈등해소를 기대하는 것 자체가 무리이다.

국민의 눈에 비춰지는 국회는 '자기 밥그릇 챙기기'에 매우 투철한 집단이다. 국회가 국민의 신뢰를 얻기 위해서는 무엇보다도 국회의원 특권을 줄이고 일하는 국회를 만드는 개혁에 발 벗고 나서야 한다. 국회의원 세비와 각종 수당 및 지원경비의 적정화, 국회의원 겸직금지의 엄격한 적용으로 정치 투명성 제고, 국회의원 면책특권[35]과 불체포특권 남용 제한, 국회교섭단체 제도 보완,

---

34) 양재호, '루소, 한국정치를 말하다', 21세기북스, 2023.

35) 국회의원들은 면책특권이라는 장막 뒤에 숨어서 근거 없는 얘기들을 마치 사실인 것처럼 발언해 제도를 악용하고 있다. 특히 선거 때가 되면 수단과 방법을 가리지 않고 내뱉는 '아니면 말고' 식의 유언비어나 상대방 후보들에 대한 인신 공격적인 마타도어들은 항상 그 도

예산결산특별위원회의 상임위원회화, 국정감사와 국정조사제도 개선을 통한 국회의 행정부 감시 및 견제 기능 강화 등 개선해야 할 과제가 참으로 많다.

국회의원 특권의 개혁 방향은 국회의원들이 헌법과 법률에 규정된 기능과 역할을 수행하기 위해 필요한 지원은 유지하되, 국회의원 직위에 부여되는 각종 특혜성 지원은 대폭 줄여야 한다. 그래야만 국회의원을 신분 상승이나 억대 연봉의 자리로 생각하고 모든 것을 거는 생계형·생활형 정치인들의 국회 진출을 줄이고, 전문성과 도덕성 그리고 사명감을 갖춘 사람들의 국회 진출 길을 넓힐 수 있다.

또 하나의 큰 문제는 입법부인 국회가 자기가 만든 법을 지키지 않는 경우가 비일비재하다는 것이다. 그러면서 어떻게 국민들에게 법을 지키라고 말할 수 있겠는가? 예를 들면 공직선거법 제24조의 2는 "국회는 국회의원 지역구를 선거일 전 1년까지 확정하여야 한다"고 규정하고 있다. 매번 국회는 이를 지키지 않았다. 19대 총선(2012년)은 44일 전, 20대 총선(2016년)은 42일 전, 21대 총선(2020년)은 39일 전에야 선거구를 확정했다. 이번 22대 총선 역시 요원하다. 정치적 이해타산 때문이다. 또한 헌법(제54조 제2항)에서는 예산안을 회계연도 개시 30일전(매년 12월 2일)까지 의결하도록 되어 있으나 이를 밥 먹듯이 위반하고 있다.

국회의 주된 임무인 행정부 견제의 실효성을 높여야 한다. 국

가 지나쳐 우리 정치의 후진성을 대변하는 단면이 되어 왔다. 상대방의 옳은 얘기도 불리하면 모함이나 조작으로 몰아붙이고 상대방을 고발까지 서슴지 않는 우리 정치는 분명 잘못 끼워진 단추다.

회가 4,500여명의 직원들과 연간 7,000억 원이 넘는 예산을 사용하면서 존재하는 이유는 막강한 권한을 가진 행정부를 견제해서 나라를 바로 세우고 국민의 권익을 보호하기 위함이다. 아무리 선한 권력도 견제 받지 않으면 부패하고 남용된다는 것이 역사적 경험이다. 따라서 행정부에 긴장감을 주지 못하는 국회와 국회의원은 제 역할을 다하지 못하는 것이다.

권력이 부패하고 남용되면 우선적으로 힘없는 서민들이 가장 많은 피해를 입게 된다. 그래서 우리 헌법은 제2장에 국민의 권리와 의무를 규정하고, 바로 다음 장인 제3장에서 국회를 규정하고, 이어 제4장에 정부와 제5장에 법원을 규정하고 있다. 헌법은 국민의 권리를 보호하기 위해 국회의 행정부 견제기능을 중시하고 있는 것이다.

국회가 행정부를 견제하는 수단에는 크게 세가지가 있다. 헌법 개정안 제안·의결권 및 법률안 제정·개정권, 예산심의확정권, 법률과 예산이 국회의 취지대로 시행되고 있는지를 검증하는 국정감사권과 국정조사권이 바로 그것이다. 국회가 이러한 막중한 행정부 견제 기능을 제대로 수행하려면 여야가 극한 대결에서 벗어나 대화와 타협을 통해 해법을 찾는 정치문화가 정착되어야 한다. 그러기 위해서는 정치인들이 자기들의 이익보다 국민의 이익을 중시하고, 정당의 이익보다 국가의 이익을 우선시해야 한다. 수적 우세를 이용한 일방적 밀어붙이기나 반대를 위한 반대에서 벗어나 견제와 균형의 관계를 유지해야 한다.

국회는 국민들의 힘에 의해서 마지못해 개혁당하기 전에 스스로 개혁의 길에 나서야 한다. 국회가 국민의 대표기관으로서 자리잡기 위해서는 국회의 자정 노력이 우선이지만, 국회를 구성하는 국회의원 선거제도와 국회의원들이 속해 있는 정당의 개혁도 함께 이루어져야 의미 있는 효과를 거둘 수 있다. 특히 오늘날 의회정치가 정당을 중심으로 운영되기 때문에 의회정치의 수준이 향상되기 위해서는 정당 간 선의의 경쟁과 정당의 민주적 운영 그리고 정당에 대한 선거권자의 정치적 통제가 제대로 이뤄져야 가능하다. 그동안 우리나라의 정당들은 사실상 정당 대표의 독점 체제나 지도부 중심의 과두체제로 운영되어 왔으며 이로 인해 정상적인 정당정치와 국회운영이 이루어지지 못하였다.

나. 정당개혁

현대국가의 민주주의는 정당중심의 대의 민주주의이다. 따라서 좋은 정당이 존재하지 않으면 좋은 의회정치와 진정한 대의 민주주의가 실현될 수 없다. 이런 점에서 현대정치에 있어서 정당의 역할은 막중하다.

정당은 무엇보다도 민주성·공공성·책임성과 함께 현실 문제를 해결하고 새로운 미래를 열어갈 수 있는 정책능력을 갖추어야 한다. 그러나 한국 정당들은 이러한 핵심 가치들을 찾아보기 어렵고, 대립과 반목의 정치 그리고 파벌정치를 일삼고 있다. 양대 정당은 독과점이 사실상 제도적으로 보호되고 있는 카르텔 정당(Cartel Party)이다. 국민의 이익보다 자기들 이익을 위해 똘똘 뭉치는 '공생 세력'이라는 점에서 카르텔이고, 양대 정당을 벗어나서는 정치활동이 어려운 독과점 패거리 세력이라는 점에서 카르텔이다. 더 큰 문제는 최근 양대 정당이 소수에 의해 좌지우지되고, 당내에서 서로 다름을 인정하지 않으면서 한 목소리만 강요하는 사당화와 전체주의 흐름으로 가고 있다는 점이다.

지금 우리 정당들은 4대 복합위기에 처해 있다. 추구하는 가치가 무엇인지 명확하지 않은 '이념적 정체성'의 위기, 변화하는 시대상황과 유권자의 다양한 요구에 기민하게 반응하고 책임지지 못하는 '반응성'의 위기, 국민적 '신뢰'의 위기, 공직 후보 선출과정이 왜곡되어 정치 신인·청년·여성 등에게 진입장벽이 높은 '충원(공천)'의 위기에 처해 있다.

정당의 위기가 정치의 위기를 낳고 있다. 한국정치의 문제들은 상당부분 정당에서 비롯되고 있다. 여러 문제 중에서도 국민들이 체감하는 가장 큰 문제는 국민 생각과 괴리된 공천제도에 있다. 정치개혁의 핵심은 정당개혁이고 정당개혁의 핵심은 공천개혁이라고 해도 과언이 아닐 정도로 여야를 막론하고 정권을 불문하고 공천 파동과 잡음이 끊이지 않고 있다. 우리가 뽑은 대통령이나 국회의원들이 기대에 크게 못 미치는 것을 유권자인 국민에게만 책임을 돌릴 수는 없다. 왜냐면 거대 양당체제 하에서 국민들은 양당이 공천한 두 사람 중 하나를 선택할 수밖에 없는 현실이기 때문이다.

정당 공천은 합리성, 공정성, 객관성, 예측성이 확보될 수 있도록 민주적 선거원리에 맞게 투명하게 이루어져야 한다. 정당들은 정부나 다른 기관들의 인사 잘못에 대해서는 추상같으면서, 정작 국가의 운명을 좌우하는 선출직 공천에 대해서는 온갖 반칙과 편법을 자행하고 있다. 자기 눈의 대들보는 못 보면서 남의 눈의 티끌만 지적하는 격이다. 우리 정당들의 공천은 무늬만 당원경선이나 국민참여경선이라는 민주적 방식의 외양만 갖추고 있을 뿐, 실질은 당대표나 계파 수장이 임명한 공천관리위원회를 통하여 원하는 사람을 후보로 결정하는 경우가 많았다. 전형적인 비민주적인 하향식 공천방식이다. 비례대표 후보의 결정 방식은 더욱 후진적이고 난맥상이다. 지역구 의원 후보 공천보다 훨씬 비민주적으로 밀실에서 행해지고 있다.

현역 국회의원들이나 후보들이 눈을 뜨고 보기가 역겨울 정도로 당 지도부나 실세의 눈치 보기에 급급하고 있는 이유가 이러한 불투명한 공천방식에 있다. 민주적 공천제도의 법제화가 절실히 요청된다. 이는 정당 등이 주장하는 헌법상 '정당의 자유' 침해와는 거리가 멀다. 지금은 각 정당들이 당헌이나 당규에서 공천제도를 규정하다보니 선거 때마다 지도부에 유리하게 당헌과 당규를 변경한다. 독일이나 미국처럼 공천이 민주적으로 이루어지도록 그 절차를 법률에서 구체적으로 규정해야 한다.[36] 또한 공천관리위원회가 독립적으로 운영될 수 있도록 위원 구성과 운영 등에 있어서 지도부의 간섭을 최소화 하여야 한다.

또한 우리 정당들은 책임성이 매우 약하다. 사실상 그동안 한국정치는 거대 양당체제로 운영되어 왔고, 그래서 오늘날 후진 정치는 이들에게 많은 책임이 있는 것이 분명하건데, 이 두 정당

---

36) 미국 정당정치에서는 보스정치나 공천권 줄 세우기가 불가능한 구조이다. 총선에 나가려는 후보는 공화당 또는 민주당에 당원으로 등록한 뒤 프라이머리(Primary)라 불리는 예비선거를 통해 자신의 정책과 비전을 평가받는다. 수없이 많은 인터뷰와 토론회 등을 거쳐 최종적으로 당원들과 주민 투표에 의해 공천이 이뤄진다. 당연히 당 지도부가 개입할 여지가 없고, 우리와 달리 당대표라는 자리조차 없다.(박만원, '선거제도개력의 마지막 퍼즐', 매일경제, 2023.10.17.).

은 정치혁신을 요구하는 국민적 목소리에 대해 당을 전면 쇄신하는 혁신은 회피하고 선거 때마다 당명을 바꾸고 당 색깔을 바꾸고 당 지도부를 바꾸는 손쉬운 방법으로 국민을 기만해 왔다.

정당들은 이념·지역·진영 논리에서 벗어나 정책정당으로 거듭나야 한다. 우리 국회와 정치가 끝없이 추락한 원인에는 정당이 정책정당으로 구조화되지 못하고 대통령이나 유력 정치인을 중심으로 한 파당의 형태로 운영되고 있는 데에도 크게 기인한다. 정치가 정책을 지배하면 사회는 혼란스러워진다.

"정책이 정치를 낳는다(Policy produces politics)", 이는 정책학 교과서에 나오는 말이다. 선진국은 주로 정책이 정치의 방향을 결정한다. 정책목표가 설정되면 정치는 이를 법률과 예산으로 뒷받침하는 구조이다. 그러나 그동안 우리나라는 정치가 정책을 좌우해 왔다(Politics produces policy). 대체로 정치적 이익이나 목적을 달성하기 위한 수단으로 정책들이 동원되다 보니 정치환경 변화에 따라 정책이 수시로 바뀌고 일관성도 잃었다. 이러한 한국의 정치풍토가 정책정당의 발전을 가로막았다.

또한 지금까지 우리 선거의 표심은 지역주의나 이념과 색깔론 등에 의해 주로 좌우되었기 때문에 정책이 중시되지 않았고 일종의 바람 선거였다. 이런 상황에서 정책이 선거에 직접 영향을 미치려면 메가톤급이어야 했으므로 실현 불가능한 공약들이 제시되었다. 그러나 양당 독과점체제가 깨지고 이념 및 지역 텃밭이 사라지면, 특정 정당에 대한 관성적 지지행태도 변화하게 되어 정책이 선거의 주요 이슈로 부각될 수 있을 것이다. 또한 정책선거가 되기 위해서는 언론의 역할도 중요하다. 정치 변종들의 돌출된 언행에 관한 흥미 위주 기사보다는 국민들의 삶과 관련된 정책기사를 많이 다루어 주어야 한다.

정당은 사당화나 계파정치를 혁신하고 정당 내 민주주의에 앞장서야 한다.[37] 거대 양당제의 또 다른 문제는 몇몇 권력자들이 조직을 사유화하고 의사결정을 비민주적으로 하고 있다는 점이다. 지금 국민의힘에는 '친윤과 반윤'간에, 더불어민주당에서는 '친명과 비명'간에 총선 공천권 등을 두고 권력 암투가 치열하다. 정치인들이 국가나 정당의 이익보다 정파이익을 우선시하고 계파에만 충성하다보면 의사결정이 왜곡되어 당이 흔들리고 국민들로부터 외면받게 된다. 정치란 국가자원을 배분하는 원칙을 정하는 것이 주요 임무인데, 계파정치는 자원 배분을 왜곡시키는 폐쇄회로이다. 물론 정치에서 계파를 없앨 수는 없지만, 연고나 이해관계 중심의 계파가 아니라 정책과 가치 중심의 계파로 혁신되어야 한다. 나는 정치를 하면서 더불어민주당의 어느 계파에도 들어가지 않았다. 사안별로 더 옳고 정의로운 목소리에 손을 들어 주었다. 자존심의 문제도 있었지만, 당내 민주주의가 왜곡되어서는 안된다는 신념 때문이었다. 그러다보니 공천이나 당직 등에서 여러 차례 불이익을 받아야 했던 쓰라린 경험이 많다.

정당혁신 과제는 이외에도 거대 정당이 독식하고 있는 국고보조금 배분 기준, 정치자금의 수입과 지출의 투명성 강화, 기성 정당의 기득권을 보장하는 거대 정당 우선순위의 기호순번제 등 개선해야 할 과제가 많다.

---

37) 비례대표선거제는 근본적으로 정당위주 선거체계이므로 정당 내 민주주의 확립에 기여하는 장점이 있다

(7) 정치인에게 요구되는 자질

권력구조와 선거제도 등이 개혁되더라도 이를 실제로 운영하는 정치인이 바뀌지 않으면 한국정치는 선진화될 수 없다. 정치인은 새로운 역사를 만들고 나라의 미래를 설계하며 국민에게 희망을 주는 직업이다. 따라서 정치인은 무엇보다도 도덕적 리더십, 혁신적 리더십, 소통과 통합의 리더십을 갖추어야 한다.

첫째, 정치인은 국민들로부터 신뢰받을 수 있는 도덕적 리더십을 지녀야 한다.

지도자의 도덕성은 유교의식이 바탕이 된 한국사회에서 신뢰의 기초이다. 정치인이 청렴하고 깨끗하면 일을 공정·투명하게 처리함으로 많은 문제들이 자동적으로 해결된다. 그러나 도덕성이 부족한 사람이 정치를 하면 국민들에게 모범을 보일 수 없고, 사회에 해를 끼칠 뿐만 아니라 각종 유혹에 흔들려 자칫 신세를 망치게 된다. 최근 들어 정치인에 대한 불신이 극에 달해 있다. 일반 대중보다 훨씬 뒤떨어진 정치인의 비윤리적인 삶을 보면서 이들에 대한 존경심은 사라지고 싸움 잘하는 글레디에이터(검투사)들을 보는 느낌이다.

최근 세계적으로 복합위기 시대가 도래하면서 윤리적인 지도자보다 문제해결 능력이 있어 보이는 강한 지도자를 선호하는 경향이 있다. 미국의 트럼프와 우리의 여야 지도자들도 이러한 시대 분위기가 어느 정도 반영된 결과이다. 그렇다고 하더라도 정치 지도자는 보통 사람들보다 더 윤리적이어야 할 것이다. 정치는 '도덕'이, 경제는 '신뢰'가 핵심이다. 정치인이 도덕적이고 경제정책이 신뢰를 받을 때 우리 사회는 건강하게 발전할 수 있다. 힘 없는 사람들이 법과 원칙을 지키지 않으면 무질서한 사회에 그치지만, 정치인처럼 힘 있는 사람들이 법과 원칙을 지키지 않는 사회는 정의가 무너진 사회로서 미래가 없다.

둘째, 정치인은 전문성과 함께 새로운 변화를 추구하는 혁신적 리더십을 지녀야 한다.

국회의원이라는 직책은 비전문가가 배워서 하는 자리가 아니고 그동안 쌓은 지식과 경륜을 국가와 국민을 위해 펼쳐야 하는 막중한 자리이다. 국회의원은 나라의 비전과 역사를 설계하는 디자이너이다. 법률과 예산을 갖고 국가의 미래와 국민의 행복을 디자인하고, 국정감사나 국정조사를 통해 국회가 디자인한대로 정부가 잘 집행하는지를 감시해야 한다. 따라서 훌륭한 국회의원은 좋은 법률을 만들고, 사심 없이 예산을 심의하고, 국정감사를 제대로 하는 전문성과 혁신성을 겸비한 국회의원이어야 한다. 그런데 300명 국회의원 가운데 정부가 제출한 세법 개정안과 예산결산보고서를 제대로 이해하는 국회의원들이 과연 얼마나 될까?

또한 정치인은 과거의 경험에 안주하는 성공함정(success trap)에 빠지지 않고 전문적 지식과 미래예측 능력을 바탕으로 변화를 선도해야 한다. 강한 추진력과 돌파력은 방향이 옳을 때에만 장점이 된다. 현미경적 지식과 함께 망원경의 시야를 가진 유능한 인물들이 정치권에 진출해야 우리 국회의 수준이 높아진다.

셋째, 정치인은 통합과 소통의 리더십을 지녀야 한다.

우리 사회는 지금 계층·지역·세대 간 분열과 갈등으로, 통합 없이는 한 발자국도 나아갈 수 없는 상황이다. 문제는 소통과 상생에 앞장서야 할 정치인들이 오히려 갈등과 마찰을 부추기고 있다는 점이다. 상대당과 잘 싸우는 정치인이 아니라, 국민 그리고 상대당과 잘 소통하는 정치인이 유능한 정치인으로 평가받아야 한다. 조선시대의 명의 허준은 동의보감에서 통즉불통 불통즉통(通卽不痛 不通卽痛, 통하면 아프지 아니하고 통하지 않으면 아프다)이라고 하였다. 불통의 정치는 기와 혈이 통하지 않아 국민을 아프게 하는 것이다.

정치의 핵심은 국민이 원하는 길, 역사가 바라는 길로 나아가는 것이다. 정치인은 국민의 꿈을 이루기 위한 수단이고 연장이고 도구이다. 그런데 우리 정치인들은 스스로가 권력의 주체라고 생각하고 자기 개인의 꿈을 이루려고 하니까 권력을 남용하게 되고 여러 문제가 생긴다. 특히 선출직 공직은 자기 욕구를 충족하는 자리가 아니고 국민의 꿈을 실현하고 시대가 원하는 일을 해야 하는데 지금의 정치인들은 탐욕에 눈이 멀어 국민은 안중에도 없고 자기 자리 지키기와 공천에만 정신이 팔려 있다.

역사에는 시대정신이 있다. 시대정신에 부합하는 사람들이 정치권에 진출해야 나라 발전과 국민의 삶 향상에 기여할 수 있다. 국회의원 자리를 신분상승이나 고액연봉의 자리로 여기는 사람들이 정치지도자가 되면 국민은 안중에도 없고 그 자리를 지키기 위해 힘 있는 사람에게 아부하고 충성하는 데에만 온 힘을 쏟는다. 언제부터인가 우리 사회는 유명해지거나 출세하면 다음 목적지로 국회의원이 되려는 잘못된 풍조가 만연되었다.

독일의 사상가 막스 베버는 〈소명으로서의 정치〉에서 정치가에게 요구되는 덕목(자질)으로 "열정(대의에 대한 헌신), 책임감, 균형적 판단(균형감각)"을 들고 있다. 베버는 이중 가장 중요한 덕목으로 자신의 행위로 인한 결과들에 대해 본인이 책임을 지겠다는 책임의식을 들고 있다. 정치인은 법적 책임 뿐만 아니라 도덕적 책임과 정치적 책임도 기꺼이 감수해야 한다. 왕관을 쓰려는 자는 그 무게도 견뎌야 한다.

그러나 우리나라의 정치인들은 정당과 마찬가지로 책임의식이 없다. 159명의 무고한 시민들이 사망한 이태원 참사가 일어난지

1년이 지났건만 진실규명과 책임자 처벌 등 기본적인 후속조치조차 이루어지지 않고 있으며, 책임지고 물러난 사람도 없다. 이건 정상적인 나라가 아니다. 국민의 생명과 안전을 지켜주지 못한 정부는 석고대죄해도 부족한데 변명만 늘어놓고 있다. 또한 어느날 갑자기 가족을 잃은 분들의 참담한 마음을 안아주고 원인과 책임자 규명에 앞장서야 할 여야 정치권이 이 엄청난 참사를 정치적으로 이용하는 데에만 급급하고 있다.

막스 베버의 〈소명으로서의 정치〉를 기준으로 정치인을 분류해보면 먹고 살기 위한 수단으로 삼는 '생계형 정치인', 공적 의식 없이 명예나 권력을 탐하며 폼 잡고 행세하고 위세부리면서 정치인의 일상을 즐기는 '생활형 정치인', 생계도 유지하고 일정 부분 자신의 정치적 적성과 능력을 투사하는 '직업형 정치인', 직업을 넘어 신념윤리와 책임윤리에 따른 정치를 소명으로 받아들이는 '소명으로서의 정치인'으로 나눌 수 있다.

인재 중에는 나라를 팔아먹는 매국노도 있고 나라를 일으키는 인재도 있는 것처럼. 능력 있는 정치인 중에도 나라를 구하는 충신만 있는 것이 아니라 나라를 망하게 하는 간신도 있다. 우리 정치인 중에도 능력 있는 정치인은 제법 있지만 바르고 곧은 존경할 만한 정치인, 이해관계에 따라 이곳저곳 기웃거리지 않고 원칙과 정도를 지키는 선비같은 정치인은 찾아보기 어렵다. 우리 정치환경이 바르고 곧은 소명의 정치인이 주목받기 보다는 줄타기 잘하는 정치인, 선동적인 정치인, 싸움 잘하는 정치인들이 득세하기 때문이다.

정치인은 서생적 문제의식과 상인적 현실감각을 가져야 한다. 김대중 전)대통령께서는 "원리원칙이 확고한 것이 서생적 문제의식이고 그것을 현실에 어떻게 적용할 것이냐를 정하는 것이 상인적 현실감각이라면서 그 두 가지를 항상 병행하면 정당이나 개인이나 성공하는 길을 갈 수 있다"고 말씀하셨다.[38] 따라서 문제의식과 현실감각이 없는 사람은 정치를 해서는 안된다. 현실감각만 있고 문제의식이 없는 사람이나, 문제의식은 있고 현실감각이 없는 사람은 굳이 정치를 해야 한다면 조언자를 옆에 두고 경청하는 등 부족한 점을 보완하기 위해 꾸준히 노력해야 한다. 앞서 정치인은 국가를 디자인하는 사람이라고 했는데, 디자인은 예술성과 실용성을 동시에 가져야 한다. 예술성은 서생적 문제의식이고 실용성은 상인적 현실감각에 비유할 수 있다. 상인적 현실 감각을 장사꾼의 이익추구나 이권으로 생각해서는 안된다.

정치인과 공무원은 어떤 차이가 있을까?

국가에 헌신하고 국민에게 봉사하는 자리란 점에서는 같으나, 역할이나 지향점 그리고 일하는 방식에는 많은 차이가 있다.[39] 정치는 구성원들의 합의를 이끌어 내어 공동체가 추구해야 할 목표를 설정하고, 행정은 이렇게 정해진 목표를 집행하는 역할을 한다. 대체로 정치는 결정하고 행정은 집행하는 역할을 하므로, 정치와 공직을 다 경험해 보아야 균형감각과 완결성이 높아진다.

① 공무원은 논리를 중시하기 때문에 주로 냉철한 머리로 일하고, 정치인은 감동이나 이미지를 중시하기 때문에 주로 뜨거운 가슴으로 일한다.

---

38) 2007년 1월 8일 〈한겨레〉 신년 인터뷰

39) 공무원은 선거로 뽑는 공무원(선출직 공무원)과 시험을 통해 뽑는 공무원(임용직 공무원)이 있다 흔히 선출직 공무원을 정치인, 임용직 공무원을 행정관료나 공무원으로 부른다.

② 야구에 비유하면 공무원은 주로 직구를 던지고 정치인들은 주로 변화구를 던진다. 공무원은 강속구를 자랑하고 정치인은 낙차 큰 커브와 슬라이더를 자랑스럽게 이야기한다.

③ 공무원은 주어진 틀 속에서 일을 하고 정치인은 틀을 깨야 성공한다. 행정가는 원칙과 강직함이 중요하고 정치인은 유연성이 중요하다.

④ 공무원은 정권이 아닌 국가에 충성하는 집단이고, 정치인은 정권을 창출하고 그 정권과 운명을 같이 하는 집단이다.

⑤ 행정은 자기 업무에 대한 전문성과 강한 추진력이 중요하지만 정치인은 방향성(안목)과 통합성(협상력)이 더 중요하다.

⑥ 국회의원은 국민의 대표이고 공무원은 국민의 공복이다. 따라서 국회의원이 장관(공무원)에게 질의하는 것은 국민을 대신해서 묻는 것이고 장관은 국민에게 답변하는 것이다. 따라서 묻는 국회의원이나 답하는 장관이나 모두 내용과 형식에 있어서 품위를 갖추어야 한다.

요약하자면 정치는 종합예술이다. 도덕적이고 유능하면서 시대가 요구하는 혁신과 통합의 리더십을 갖춘 사람들이 정치적 리더로 선택받는 문화가 만들어져야 우리 아이들이 훌륭한 정치인의 꿈을 키울 수 있고 나라의 미래도 있다.

(8) 정치개혁 어떻게 이룰 것인가?

가. 정치개혁의 방향

정치개혁은 다음 세대에게 정의롭고 풍요로운 미래를 물려주기 위한 국가 백년대계의 초석을 놓는 일인 만큼 반드시 성공시켜야 한다. 개혁 대상은 정치제도와 시스템 개혁, 국회와 정당 혁신, 그리고 정치인의 자질 향상에 중점을 두어야 할 것이다. 그 중에서도 우리 정치의 최대 개혁과제는 권력구조와 선거제도 개혁이다. 5년마다 국정 단절을 가져오고 거대 양당의 극한 대립과 증오의 정치를 야기해 온 권력구조(5년 단임의 제왕적 대통령제)와 선거제도(소선거구제와 비례대표제)를 개혁해야 상생과 공존의 협치를 이끌어낼 수 있다.[40] 서로의 다양성을 인정하고 함께 공존하는 공동체를 만들어가는 것이 정치인데 현재 대한민국은 거대 양당을 중심으로 국민이 둘로 나뉘어져 내전을 치루고 있다고 해도 과언이 아닌 정치 양극화 상황에 처해 있다.

따라서 정치개혁의 목표는 무엇보다 정치 본래의 기능인 정의 실현과 사회갈등 조정을 통한 국민통합에 두어야 한다. 대화와 타협을 통해 합의를 이끌어내는 시스템 구축과 협치 생태계를 조성하는 것이 중요하다. 이를 위해 권력구조는 정책과 성과가 계속 이어지고 집단지성이 반영될 수 있도록 개혁하고, 선거제도 개혁은 표의 등가성 제고, 정당의 득표율과 의석율의 불비례성

---

40) 독일은 전 세계적으로 다당제와 협치의 모범으로 꼽힌다. 독일은 의회 다수파가 정부를 구성하는 의원내각제이다. 특정정당이 단독으로 과반 의석을 차지하기가 대단히 어렵다. 따라서 복수의 정당이 연합해 과반 의석을 이루고 정부를 꾸리는 '연합정부(연정)'형태로 운영되고 있다. 현재 독일 정부도 사회민주당, 녹색당, 자유민주당의 연합정부다. 이러한 정당체제는 양당제의 '1대1 대치'를 벗어나기 때문에 협상이 용이하며, 단일 세력으로 정부를 구성하지 않아 다수 여론이 배제되는 일이 드물다. 이전 정부의 일부 세력이 다음 정부에서도 공동여당 중 하나가 될 수 있으므로 정책이 연속해서 이어진다. 현 독일의 제1여당인 사민당은 직전 정부의 제2당이었다.

완화, 지역주의 정당구도 타파에 두어야 한다.

또한 낡은 정치를 청산해야 한다. 국가와 국민을 위한 정치가 아니라 정당과 정치인을 위한 정치, 공감하고 소통하지 않는 극한 대립의 정치, 국민의 먹고 사는 문제를 해결해 주지 못하는 민생과 유리된 정치가 낡은 정치이다. 과거의 정치가 권력정치였다면, 미래의 정치는 국민의 권리를 최대한 확대하고, 민생을 최우선시하는 생활정치여야 한다. 보수와 진보가 협치를 통해 질 좋은 성장을 이루어 배고픔의 문제를 해결하는 동시에 소득재분배를 통해 배아픔의 문제도 함께 해결해 주어야 한다.

우리 정치권에는 정의와 비전은 없고 이해관계만 있다. 무엇이 옳고 그른가에 대한 시비는 없고, 누구에게 유리하고 불리한가에 대한 편가르기식 이해관계와 진영논리만 있다. 소통과 협치의 정치를 통해 상생과 공존의 정치를 회복해야 한다. 정치는 이해관계를 조정하여 서로가 상생하는 해법을 찾는 것이다. 특히 민주주의는 여러 악기들이 연주하는 오케스트라처럼 각계각층이 다양한 목소리를 내지만 전체로서는 아름다운 화음을 낼 수 있도록 유능한 지휘자가 필요하다. 여름밤에 아들은 덥다고 문 열라고 하고 딸은 모기 들어온다고 문 닫으라고 하면 부모는 어떡해야 하는가? 한쪽 편을 드는 것이 아니라 모기장을 치고 문을 여는 지혜를 발휘해야 한다. 정치의 역할은 이와 같은 것이다.

정치는 운동경기와 다르다. 운동경기에서는 압도적 승리가 최선이지만 정치에서는 공존이 중요하다. 정치 협상에서는 완봉승을 기대해서는 안된다. 그러나 한국정치에서는 공존과 상생의 플러스 정치는 없고, 상대방을 깎아내림으로써 반사이익을 보려는 마이너스 정치만 있다. 이처럼 공존 개념이 실종되고 '내편 네편'의 진영논리가 뿌리를 내리고 있어 자기 진영논리를 강하게 대변하는 막말 정치와 존재감의 정치를 해야 다음 선거에 공천 받을 수 있다는 생각들이 널리 확산되어 있다.

상생과 공존은 우선 다양한 이해관계를 대변하는 정당들이 유권자의 지지율에 비례하여 권력을 나누어 갖고 서로 상생하면서 연대하고 협치할 때 가능하다. 국가가 소수에 의해 좌지우지되지 않고 주권자의 요구가 가감 없이 국가 정책 결정에 충실하게 반영되어야 대의제 민주주의이다. 국민으로부터 40%의 지지를 얻은 정당은 의석수도 40%를 차지하고, 10%의 지지를 얻은 정당은 의석수도 10%를 얻도록 해야 사표를 없애고 민심을 그대로 반영할 수 있으며 국회가 5천만 국민들의 축소판이 될 수 있는 것이다

상생과 공존의 협치를 위해서는 정부여당과 야당 모두 사고를 완전히 바꾸어야 한다. 정부여당부터 야당을 적의 개념이 아니고, 국정운영의 동반자와 정치 파트너로 인정해야 한다. 또한 경제나 안보가 어려우니까 야당은 무조건 협조해야 한다는 논리는 옳지않다. 전쟁 중에도 야당은 국민의 세금이 낭비 없이 쓰이는 것인지, 전쟁 수행은 제대로 하고 있는 것인지 정부를 견제해야 한다. 권력은 견제되지 않으면 남용되고 부패하기 때문이다. 야당도 무조건 정부정책에 반대만 해서는 안된다. 다수당으로서 책임감을 갖고 실력과 정책으로 정부를 견제해야지 수적 우세를 이용하여 밀어붙인다면 국민들로부터 외면 받고 상생과 공존의 협치는 어려워진다.

정치가 보수냐 진보냐의 진부한 이념이나 가치 논쟁에 매몰되지 말고 국민생활 속으로 파고드는 생활정치로 가야한다. 미국의 제44대 대통령에 당선된 버락 오바마는 "국민은 이데올레기를 원하지 않는다"며 아메리칸 드림의 키워드로 화합과 통합을 내걸었다. 민주·공화 양당간 갈등, 보수와 진보세력으로 갈라진 이데올로기 대립, 백인 대 유색인간 인종 대결, 부자와 빈곤층간 갈등을 치유하지 않고서는 발전이 어렵다고 생각했기 때문이다.

물론 이념 없는 정권은 없다. 모든 정권은 자기 가치관에 따라 국정을 운영한다. 하지만 현명한 정권이라면 이런 문제로 요란을 떨지 않는다. 이념각을 세워 갈등과 분열을 초래하는 것은 실패로 가는 지름길이다

나. 정치개혁의 전략

정치개혁을 하려면 헌법을 바꾸고 공직선거법과 정당법 등 정치관계법도 개정해야 한다. 헌법이나 법령의 개정 내용이 중요하지만, 누가 주체가 되어 어떤 절차와 방법으로 추진하느냐에 따라 실현여부가 달라지므로 전략 역시 매우 중요하다. 확실한 것은 기득권에 갇혀 있는 국회나 여야 정치권에만 맡겨두어서는 성공하기 어렵다는 점이다.

먼저 개헌의 경우에는 국회 개헌특위를 출범시키고, 이와 함께 헌법에 개헌안 마련 절차에 관한 구체적인 규정이 없으므로 국회에서 '헌법개정절차에관한법률(가칭)'을 제정하여 이 절차에 따라 진행하여야 한다. 이 법률에는 공론화위원회 구성 등 개헌안 마련에 일반 시민과 각계각층 시민사회단체의 의견이 잘 반영될

수 있는 절차와 내용들이 규정되어야 할 것이다.

정치관계법 개정은 일반 법률의 개정 절차에 따라서 추진하되, 국회의원들과 직접적인 이해관계가 있는 법률이므로 정치인들이 기득권에 사로잡혀 국민여론과 동떨어진 법률을 만드는 것을 막기 위해 일반 시민과 전문가의 참여를 반드시 보장해 이익충돌의 문제를 해소해야 한다.

거대 양당의 독과점체제와 갈등과 분열의 진영 정치는 승자독식의 대통령 직선제에 기반하고 있다. 따라서 정치개혁은 권력구조를 개편하는 개헌에서 출발해야 한다.[41] 그러나 이는 쉬운 일이 아니다. 개헌은 혁명에 준하는 매우 강력한 사회적 압력 없이는 성공하기 어렵다. 우리 역사상 여야 합의에 의한 개헌은 1960년과 1987년 딱 두 번 뿐이었다. 두 번 모두 4·19와 6월항쟁이라는 외부 압력에 의한 것이었지, 정치권이 자발적으로 한 것이 아니었다. 더욱이 자기 이익에만 투철한 국민의힘과 더불어민주당이 합의에 의해 개헌을 추진하는 것은 기대난망이다.

권력구조 개편을 위한 개헌은 총선 이후에 윤석열대통령 임기 중에 적극적으로 추진되어야 한다. 내년 총선 결과가 중요한 것은 총선 이후 개헌과 협치를 이끌 새로운 정치개혁 세력의 출현이 반드시 필요하기 때문이다. 따라서 지금은 공직선거법 등을 개정하여 내년 총선 때 적용할 국회의원 선거제도를 이런 세력이 나올 수 있는 방향으로 개편하는 것이 급선무이다. 즉, 혁신적인

---

41) 앞서 언급한 것처럼 제왕적 대통령제를 대신할 새 체제로는 이원집정부제, 권력 분립형 중임 대통령제, 의원내각제 등이 대안이 될 수 있다.

신당에게 진입로를 개방해서 다당제 국회의 제도적 기반을 마련하는 것이 핵심이다. 한 나라 두 국민, 두 진영으로 쪼개진 모습을 더 이상 용인해서는 안된다. 망국적인 지역주의보다도 이제는 망국적인 진영 대결이 더 큰 문제이다.

　문제는 진척 없는 국회 정치개혁특위의 활동이다. 국회에서 거대 양당의 진영정치와 지역주의를 초래한 소선거구제 개편 등 선거제도 개혁이 이루어지기를 학수고대하였는데, 성과를 기대하기 어려운 실정이다. 국회에서 대도시만이라도 중대선구제를 도입한다면 자연스럽게 다당제의 경쟁체제가 갖추어질 수 있을텐데 무산되어 안타깝다. 선거법 개혁을 가장 직접적인 이해관계자인 국회의원에게만 맡긴 것 자체가 실패를 예고한 것이나 다름없다. 제왕적 대통령제와 소선거구제가 혁신적인 새로운 제도로 바뀌게 되면 가장 큰 영향을 받는 것은 현재의 기득권 세력이다. 특히 내년 총선에서 '공천과 당선'에 정치적 생명력이 달린 거대 양당 소속 의원들이나 적대적 공생관계를 즐기고 있는 양당이 소선거구제 폐지를 받아들이기 어려울 것이라는 예측이 현실이 되고 말았다.

〈왜 제3지대 혁신신당이 필요한가?〉

　이제 남은 기대는 지역주의 구도를 완화하고 비례성과 다양성을 보완해주는 연동형·권역별 비례대표제라도 도입하는 것이다. 하지만 국회만 쳐다보고 마냥 기다리고 있을 수만은 없다. 지금으로서는 나라의 미래를 걱정하는 뜻있는 사람들이 모여 제3지대 혁신신당을 만드는 것 외에는 다른 대안이 없어 보인다.

개혁적 보수와 합리적 진보를 아우르는 중도성향의 제3지대 혁신정당이 태동해야 정당간 혁신 경쟁과 정책 경쟁이 촉발되고 정치연합의 생태계가 조성되어 협치시대가 열릴 것이다. 정당 간 인물경쟁이 이루어져 구태 정치인들이 양질의 정치인들을 몰아내는 한국판 그래샴의 법칙이 깨지고 유능한 인물들이 좋은 정치를 펼칠 수 있다. 현재와 같은 보수와 진보의 이분법적 가치나 논리로는 우리 사회가 직면하고 있는 복합위기를 해결할 수 없고, 우리 사회의 양극화와 이중구조를 완화할 수 없다.

따라서 혁신신당이 출범해 내년 총선에서 괄목할 만한 성과를 내면 권력구조 개헌과 정치시스템 개혁 그리고 협치의 중심적 역할을 할 수 있을 것이다. 그러나 현실적으로 거대 양당 체제 하에서 혁신신당이 원내교섭단체를 만들 수 있는 수준의 의석수를 확보하는 것은 매우 어려운 일이다. 유권자들의 현재 정치구조에 대한 강한 문제의식과 투표혁명이 있을 때만 가능하다. **(참조 : "1부 2. (3) 진정한 혁신신당이라면 기대해 볼만하다")**

제 3지대 신당 성공할 수 있을까?

○ 1988년 이후 소선거구제하에서 '제3지대 정당' 성공 사례로는 현대그룹 창업주인 정주영 명예회장이 창당했던 1992년 14대 총선 당시의 통일국민당, 김종필(JP) 전 국무총리가 이끌던 1996년 15대 총선 당시의 자유민주연합(자민련), 안철수 의원이 중심이 됐던 2016년 20대 총선 당시의 국민의당을 들 수 있다.

○ 이들 신당이 나름 성공할 수 있었던 것은 제3지대 정당이 성공하기 위한 3가지 조건(△확실한 지지기반이 되는 지역 △열정적인 두터운 지지층, 팬덤 △유력 대선 후보)을 1개 이상 갖추었기 때문이었다. 통일국민당은 기존의 DJ와 YS에 질려 있던 사람들이 대한민국의 경제신화를 이루었던 정주영에 대한 기대가 있어 31석의 의석을 얻었다. 김종필 전 총리는 만년 2인자였지만 대통령이 될 수도 있었던 사람이고 무엇보다도 충청도를 중심으로 한 지역에서는 JP대망론이 있어 자민련이 1996년 15대 총선에서 50석을 얻을 수 있었다. 2016년의 안철수 의원 역시 2017년 대선에 도전할 수 있는 유력 대선 후보이기 때문에 국민의당이 38석을 얻을 수 있었다.

- 정주영 명예회장은 대선에 도전하며 1992년 국민당을 창당했고, 창당 한 달 만에 치러진 14대 총선에서 31석을 확보해 교섭단체 구성에 성공함으로써 당시 '제3지대 돌풍'을 일으켰다. 지역 기반보다는 '정주영'이란 확고한 대권주자를 통해 이끌어낸 유의미한 결과였다. 하지만 곧 이어진 대선에서 정 명예회장이 패배하고, 문민정부 초기 현대그룹이 수난을 겪으며 정 명예회장의 제3지대 실험은 막을 내렸다. 정 명예회장은 이듬해 국회의원직 사퇴와 정계 은퇴를 선언했다.

- 김종필 전 총리가 창당한 자민련은 2006년 한나라당에 흡수통합되기 전까지 10여 년간 제3지대 정당의 대명사로 인식되면서 한국 역사상 가장 오래 존속한 제3지대 정당이란 평가를 받는다. 김 전 총리는 자민련의 기치를 '충청 기반의 보수 정당'으로 내걸었으며 실제로 '충정의 맹주'로서 큰 위력을 발휘했다. 자민련은 1996년 15대 총선 당시 김영삼대통령의 신한국당 139석, 김대중 총재가 이끌던 새정치국민회의 79석에 사이에서 50석을 얻으며 성공적으로 교섭단체를 꾸렸다. 독자 정치세력화에 성공하고 '제3지대 돌풍'을 끌어내며 전성기를 누렸다.

- 가장 최근의 제3지대 정당 성공 사례로는 2016년 20대 총선에서의 국민의당이 있다. 국민의당은 안철수계 의원과 호남계 의원들이 새정치민주연합에서 탈당해 세운 정당이다. 국민의당을 주도한 안 의원은 청년멘토 등으

로 불리는 '안철수 신드롬'을 바탕으로, 2012년 이미 대권주자로 체급을 높여 놓은 상태였다. 국민의당은 호남에서의 강력한 지지와 젊은 층의 지지를 바탕으로 38석을 차지했다. 그러나 2017년 안 의원이 대선에서 패배하면서 국민의당 역시 쇠락의 길을 피해가지 못했다.

○ 정당사를 살펴보면, 제3지대 정당이 성공하기 위한 필수 요건을 갖추었음에도 성공 가도를 달리지 못한 정당도 있다. 2008년 18대 총선 당시 자유선진당에는 유력 보수 대권주자로 꼽히던 이회창 전 총재가 있었으며, 충청권 대통합을 통한 전국정당을 지향했다. 실제 이 전 총재가 예산 출신인 만큼 충청도 내 지지 기반이 있었고, 여기에 충남지사를 지냈던 심대평 대표까지 합류했다. 하지만 선진당이 받아 든 성적표는 원내교섭단체(20석)에서 단 2석이 모자란 '18석'이었다. 이후 선진당은 문국현 대표의 창조한국당과 공동교섭단체인 '선진과 창조의 모임'을 구성해 교섭단체가 됐으나, 2009년 심대평 전 대표가 선진당 탈당을 전격 선언하며 1년 만에 교섭단체 지위를 상실하고 비교섭단체로 전락했다. 이 총재와 심 대표는 2012년 19대 총선을 앞둔 시점에 '화합'을 강조하며 다시 의기투합했지만, 선진당은 19대 총선에서 5석으로 '몰락'하며 쇠퇴의 길에 접어들었다. 총선 실패 책임에 따라 창당 주역들은 모두 떠나게 됐고, 2012년 5월 선진당은 이인제 당시 비상대책위원장을 당대표로 선출, 새 당명을 '선진통일당'으로 확정하며 역사의 뒤안길로 사라졌다.

○ 정치 거물들의 잇단 합류에도 완전히 '실패'한 제3지대 정당 사례로는 2000년 16대 총선이 임박해 창당된 민주국민당(민국당)을 꼽을 수 있다. 민국당은 총선을 앞두고 급하게 창당됐으며 한나라당과 새천년민주당에서 공천 탈락한 탈당파들에 의해 탄생했다. 한나라당에서는 정계의 '킹메이커'로 불리던 김윤환 전 의원을 비롯해 조순 전 총재, 박찬종 전 의원, 이수성 전 국무총리 등이 모여들었고, 민주당에서는 이기택 전 총재와 김상현 전 의원 등이 모였다. 나름대로 쟁쟁한 인물들이 모였으나 낙천된 이들의 모임이라는 인식을 끝내 타파하지 못하면서 민국당은 총선에서 지역구 1석·전국구 1석 총 2석 확보에 그쳤다. 확실한 구심점이 될 대권주자 없이 '고만고만한

중진들'만 다수 포진했기 때문이라는 분석들이 있었다.[42]

○ 위에서 보듯이 3지대 신당은 성공하기보다는 실패하기가 훨씬 쉬운 힘
든 게임이다. 지금 상황에서 두 거대 정당을 뛰어넘을 수 있는 제3지대 정
당 출현은 매우 어려운 일이다. 실제로 한국의희망(양향자)과 새로운선택(
금태섭)에는 아직까지도 거물급 정치인이나 현역 의원들의 신규 합류 소식
이 들리지 않고 있다. 유권자 입장에서 보면 거대 양당이 못마땅하고 폐해
가 큰 것은 사실이지만, 지속가능성에 대해 회의적인 신당에 투표하면 사표
가 된다는 '사표 거부 심리'도 작동할 것이다. 또한 대권주자가 없으면 대선
때 거대 양당에 흡수될 수 있다는 생각도 성공의 악재다.

○ 그렇다고 꼭 비관적으로만 볼 문제는 아니다. 국민들이 그 어느 때보다
도 거대 양당의 극한 대립과 증오의 정치에 대해 비판적이므로, 한국정치사
를 다시 쓰겠다는 강한 의지를 가진 괜찮은 사람들이 모여서 '정치교체'를
이끌 가치 중심의 유능한 정당을 만들어낸다면 내년 총선에서 국민들의 선
거혁명을 이끌어 낼 수 있을 것이다.

(9) 정치개혁의 최후 보루는 국민

정치개혁이 어려운 것은 개혁의 대상인 정치권이 정치개혁의
주체라는 딜레마 때문이다. 결국은 국민이 나서야 한다. 선거는
유권자들이 과거를 심판하고 새로운 미래를 설계하는 일이다. 미
래 세대에게 더 나은 세상을 물려주기 위해서 선출직들의 인사
권자인 유권자들이 편 나누기 진영정치에 지금보다 훨씬 더 매
몰차고 강단 있는 인사권을 행사해 사람과 시스템을 확 바꿔내
야 한다.

---

42) 참조: 데일리안, "금태섭 창당하던 날, 조정훈 합당...제3지대 있다? 없다?"(2023.10.1.)

우리가 어떤 정치제도를 갖느냐는 우리 국민들의 의식수준에 달려 있다. 국민 수준이 정치수준을 결정하고, 국민 선택이 한국 정치의 품격을 결정한다. 유권자들이 어떤 정치제도와 정치지도 자를 선택하느냐에 따라 나라의 역사가 바뀌고 국민의 삶이 달라 진다. 유권자들이 학연·혈연·지연 등 연고주의나 정치공학적 구 도에 사로잡혀 능력이 안되는 사람들에게 표를 던져 국가의 중요 한 자리를 맡기는 것은 역사에 큰 죄를 짓는 것이다.

오늘의 정치부재와 혼돈을 정치권에만 책임을 묻고 있지만, 따 지고 보면 유권자들이 제대로 참정권을 행사하지 않은 데에도 큰 책임이 있다. 좋은 인물들은 정치에서 퇴장되고 정치꾼들만 날뛰 는 정치시장이 되지 않도록 유권자들이 깨어나야 한다. 그 길만 이 한국 정치가 오늘의 질곡에서 벗어나는 확실한 길이다. 양당 은 내년 총선이 다가오면서 또 새로운 인물을 영입하고 제법 강 도 높은 혁신을 추진하는 모습을 보일 것이다. 이러한 총선용 눈 속임에 장단 맞추면 총선 후에 또 다시 증오와 탐욕의 정치로 회 귀할 것이다.

선거 때 마음에 드는 사람이 없어 기권한다는 분들이 많다. 그 러나 과거에도 현재도 그리고 미래에도 우리 마음에 쏙 드는 정 치인을 만나기는 대단히 어렵다. 선거란 흠 없는 훌륭한 사람을 뽑는 과정이라기보다는 현재 후보 중에서 덜 나쁜 사람을 선택하 는 것이다. 이런 선택이 반복되면 결국 상대적으로 좋은 사람들 이 정치를 하게 된다.

공기가 아무리 더러워도 우리가 숨을 쉬지 않고 살 수 없는 것 처럼, 정치가 아무리 혐오스러워도 우리가 이를 벗어나서 살 수는 없다. 우리의 삶은 모두 정치와 직간접으로 연결되어 있다. 해결책은 정치를 피하는 것이 아니라 정치에 관심 갖고 적극 투표권을 행사하여 좋은 정치로 바꾸는 자세 전환이 필요하다. 투표는 정치권에 자신의 의사를 전달하는 가장 강력한 수단이다. 유권자의 무관심과 정치혐오는 나쁜 정치인들이 파놓은 함정이다. 여기에 빠지는 것은 무능·부패 정치인들이 가장 환영하는 일이다. 무엇보다 정치인들이 좋은 정치를 할 수 있도록 국민이 좋은 정치제도와 시스템을 만드는 일에 관심을 가져야 한다. 그리고 좋은 인물들이 국회 등 정치권에 많이 진출할 수 있도록 학연·혈연·지연과 같은 연고주의에서 벗어나 능력위주의 투표를 해야 한다.

역사는 만남이다. 시대가 훌륭한 지도자를 만나면 역사는 진보하고 국가도 발전한다. 나는 평소에 지도자의 역할과 관련하여 역사에 죄를 짓는 3대 선택을 해서는 안 된다고 강조해 왔다. 지금 이 시간에도 많은 사람들이 내년 총선에 도전하고 있는가 하면 또 어떤 분들은 정치참여를 의도적으로 외면하는 분들도 있을 것이다. 그들이 역사에 죄를 짓는 선택을 하지 않았으면 좋겠다.

역사에 죄를 짓는 3가지 선택

첫째, 능력이 안 되는 사람이 국가의 중요한 자리를 탐하는 것이다. 동서고금의 역사를 보면 국가 지도자들이 유능한 때에 나라는 발전했고 국민들은 편했다. 임진왜란, 병자호란, 36년의 일제강점기, 오늘의 국가적 위기까지 나라의 큰 사건사고는 지도자들이 무능했기 때문에 발생했거나 피해가 커졌다.

둘째, 능력있는 사람들이 정치권의 도를 넘는 모함과 폭로전을 보면서 출마나 중요한 자리를 회피하는 것이다. 이것은 무능한 사람이 중요한 자리를 탐하는 것보다는 죄질이 약하지만 역사 발전에 죄를 짓는 것임은 틀림없다.

셋째, 유권자들이 학연·혈연·지연 등 연고주의나 이해관계에 사로잡혀 능력이 안 되는 사람들을 선거에서 선택하는 것이다.

그동안 대한민국이 이룬 산업화와 민주주의는 분명 성취의 역사이다. 그러나 내면을 들여다보면 경제는 저성장의 늪과 양극화의 덫에 걸려 있다. 사회는 모든 것을 돈으로만 평가하는 물신주의로 황폐화되고 수단과 방법을 가리지 않고 승리만을 노리는 승자독식주의로 천박해졌다. 재도약의 돌파구인 남북관계는 날로 악화되고 있고, 외교는 여전히 강대국 사이에서 넛크랙커 신세를 면하지 못하고 있다.

대한민국이 왜 이렇게 됐는가?

가장 큰 이유는 우리들이 선택한 지도자들이 무능했기 때문이다. 누가 리더가 되느냐에 따라 나라의 역사가 바뀌고 국민의 운명이 좌우된다. 그럼에도 우리는 선거 때만 되면 지역주의와 이념 논쟁에 빠져 인물보다 자기 진영사람을 선택해 왔다. 내년 총선을 앞두고 많은 사람들이 출마를 준비하고 있다. 인간은 이기적인 심성과 제한된 합리성을 가지고 있어 자기 머리보다 큰 모자를 쓰려는 경향이 있다. 이때 유권자들이 냉철하고도 단호한 선택을 해 주어야 한다. 유권자들이 깨어 있지 않으면 '악화가 양화를 구축'하는 선거 폐해는 사라질 수 없다. 역량있는 인재들이 정치권에 도전할 수 있는 환경을 만들어 주어야 한다.

나라가 왜 이 모양이냐고 울분과 분노를 표출해도 세상은 바뀌지 않는다. 적극적으로 정치에 참여하여 좋은 제도를 만들어 훌륭한 사람들이 선거에 나올 수 있도록 하고, 그들을 뽑는 것만이 유일한 해결책이다. 지금은 아무리 좋은 수천 톤의 생각보다도 단 1그램이라도 행동이 필요한 때이다.

(10) 나는 왜 정치를 시작했나? : 7문7답[43]

Q1 김대중정부에서 기획재정부 세제실장과 관세청장에 이어 노무현정부에서는 국세청장, 청와대 혁신관리수석, 행자부장관, 건교부장관으로 잘 나가는 고위공무원이었는데 왜 정치를 시작했는가? 재선 국회의원에 광주시장까지 했지만 정치과정을 보면 고생도 많이 했던데...

정치를 시작한 이유는 두 가지였다. 하나는 내 꿈을 이루기 위해서였다. '정신적으로는 정의롭고 물질적으로는 풍요로운 세상'을 만드는 것이 내 삶의 이정표였는데, 정치를 통해야 그 꿈을 이룰 수 있다고 판단했다. 또 하나는 내가 정치를 안 한다고 해서 정치가 없어지는 것이 아니고, 누군가는 해야 한다면 괜찮은 사

43) 폴리뉴스 스페셜 인터뷰 (2022.7.28.), kbc 광주방송 대담(2023.1.13), 광주mbc라디오, 시사인터뷰 오늘(2023.10.10), 7전8기 정책공감, 대한민국시도지사협의회(도서출판 푸블리우스, 2022.8.31) 등

람들이 정치에 들어가야 한다고 생각했다.

나는 마음에 없는 소리도 못하고 거짓말하면 얼굴이 빨개지는 내향적인 사람이라서 한국 정치와는 맞지 않는 성격이었다. 그래서 나 스스로도 정치는 생각하지도 않았다. 그러나 노무현 전)대통령을 만나면서 내 인생이 송두리째 바뀌었다.

나는 정부에서 성공한 공직자였지만, 여전히 내 주변에는 억울한 사람들이 줄어들지 않았고 내가 꿈꾸는 정의롭고 공정한 세상[44]은 요원하기만 했다. 공무원으로서는 내 꿈을 실현할 수 없겠다는 현실적 한계를 느끼고 있었을 때 노무현대통령을 만나면서 '정치'를 깊이 생각하게 되었다. 대통령께서는 직접 나에게 정치하라고 구체적으로 말씀하신 적은 없었다. 그러나 '세상의 큰일은 정치를 통해야 이룰 수 있고, 정치만이 세상을 바꿀 수 있다'면서 정치가 매우 중요하다는 말씀을 가끔 하셨다.

그래서 나는 2008년 4월에 있는 18대 총선을 앞두고 건설교통부장관이던 1월 7일에 출판기념회를 가졌다. 대통령께 '초일류국가를 향한 도전'이란 책을 미리 보내드렸다. 그런데 출판기념회 당일 전혀 기대하지 않았던 대통령의 '깜짝' 축하글이 도착했다. 대통령께서는 김병준 정책실장에게 축하글을 써주면서 출판기념회에 다녀오라고 지시한 것이었다. 김병준 실장이 대독한 대통령의 글은 내게는 감동 그 자체였다. 지금 생각해보면 대통령께서는 정치에 도전하는 내 뜻을 감지하시고 당신의 방식으로

---

44) 내 꿈은 "선하고 가슴 따뜻한 사람들이 강해지는 사회, 원칙과 정도를 지키는 사람들이 우대받는 사회, 변화하고 혁신하는 사람들이 성공하는 사회"를 만드는 것이다. 이를 줄여 '정의롭고 공정한 사회'로 표현하고 있다.

용기를 주셨다.

이용섭 장관 책 잘 받았습니다... (중략) ... 이 장관이 쓴 책이라 혹시나 하는 기대가 있어 하던 일을 제쳐놓고 책장을 열었습니다. ... (중략) ... 독후감은 "역시 이장관이다." 가슴에서 뿌듯한 기쁨이 솟구쳐 오릅니다. 내가 사람을 잘 보았다는 은근한 자랑, 일을 잘해준 사람에 대한 고마움, 그런 기쁨만은 아니었습니다. 더한 기쁨이 있었습니다. 보석 같은 사람을 보고, 그 사람의 생각과 의지, 헌신적인 삶의 자세를 보면서, 대한민국의 미래를 낙관적으로 볼 수 있는 근거를 다시 확인할 수 있었기 때문입니다.

책 마무리를 보니 임기 전에 장관직을 물러나기로 결심한 모양입니다. 우선 축하합니다. 꼭 성공하시기 바랍니다. 반드시 성공할 것입니다. 책을 읽으면서 '정치는 마음에 없는 말을 할 때는 얼굴이 빨개지는 사람이 해야 한다'는 대목, 정치인과 공직자의 자세에 대한 이 장관의 이런 생각이야말로 그 동안 이 장관이 일을 통하여 검증된 역량에 못지않게 중요한 자산이라고 생각합니다.

이 장관이 이런 생각과 자세로 정치를 하는 한, 개인적인 성공 여부를 떠나서 이장관이 하는 일 자체만으로 나라와 우리 모두에게 큰 축복이 될 것입니다. 응원을 보냅니다. 열심히 하시고 큰 성공 이루시기 바랍니다.

2008년 1월 7일
대통령 노무현

내가 정치하겠다는 뜻을 밝혔을 때 아내를 비롯해 많은 사람들이 말렸다. '거짓말하면 얼굴이 빨개지고, 원칙밖에 모르는 사람이 무슨 정치냐고. 공직에서 쌓은 명예까지도 다 잃어버릴 수 있다고.' 그럴수록 정치권에 들어가 새로운 정치를 통해 한국정치를 바꾸어 보고 싶은 마음이 커졌다.

결국 나는 제18대 총선(2008년 4월 7일)에 출마하기 위해 대통령께 말씀드리고 2월 1일 건설교통부장관직을 사직했다. 고향 광주에서 국회의원에 당선되면서 정치인생이 시작되었다.

Q2 공직에서 여러 차례 장관과 청장 등 다양한 국정경험을 했고, 정치의 길에 들어선 후에는 재선 국회의원과 광역자치단체장까지 했다. 당에서 정책위의장도 하면서 정치권의 정책입안도 두루 다 했다. 민생에는 관심 없고 여야간에 이전투구하면서 평행선만 달리고 있는 정치권에 고언한다면?

정자정야(政者正也), 즉, 정치는 바르게 하는 것이 생명이다. 그러나 요즘 한국 정치를 보면 정의나 대의는 찾아보기 어렵고, 자기 당이나 계파의 이해관계에만 매몰되어 국민의 이익은 안중에도 없다. 정당은 사회적 갈등을 해결하는 주체인데 한국의 정당들은 갈등을 증폭시키는 역할을 하고 있다. 정치가 국민을 걱정해야 하는데 국민이 정치를 걱정하는 상황에 이르렀다. 매일매일 여야가 잘못하기 경쟁을 하느라고 여념이 없다. 생계형·생활형 정치인과 직업형 정치인은 많은데 소명의 정치인은 찾아보기 어렵다.

자본주의 작동원리는 '시장'이고 민주주의 작동원리는 '합의'이다. 정치권이 합의를 통해 시장의 질서와 경기규칙을 정해주어야, 시장은 변화에 대응할 수 있고 공정성과 경쟁력을 유지할 수 있다. 우리 정치권에 가장 필요한 것은 갈등을 성장에너지로 전환하는 합의의 기술이다. 자기 이익에 매몰되면 합의는 없다.

우리 정치의 고질적인 문제인 여야간·진영간 극한 대립과 갈등을 해결하지 않고서는 우리 정치와 경제가 한 걸음도 더 나아갈 수 없다.

해결책은 정치인들의 판단기준이 '이해관계'에서 '역사와 국가발전'으로 바뀌어야 한다. 어떤 결정을 할 때 '무엇이 나에게 이익이 되는가'가 아니라, '훗날 역사는 나의 결정을 어떻게 평가할 것인가, 무엇이 국가발전에 도움이 되는가'를 판단기준으로 삼으면 지금처럼 목전의 이익에 매몰되어 상대방을 적군개념으로 몰아붙이는 공멸의 길을 가지 않을 것이다.

여야간 협치의 파트너십을 열어가야 한다. 정부여당은 건강하고 튼튼한 야당이 있어야 성공할 수 있고, 또 야당의 협조를 끌어내지 않고선 원활한 국정운영이 불가능한 현실을 직시해야 한다. 야당도 다수당으로서 책임감을 갖고 실력과 정책으로 정부를 견제해야지 수적 우세를 이용하여 밀어붙인다면 대선과 지방선거의 연이은 패배가 계속될 수 있음을 명심해야 한다.

힘 있는 측이 양보하면 배려이고 포용이지만, 약한 측이 양보하면 굴욕이고 패배로 받아들이는 것이 요즘 정치현실이다. 국민의 힘은 집권여당으로서 강한 힘을 가지고 있고, 더불어민주당은 국회를 좌지우지 할 수 있는 다수당으로 막강한 힘을 가지고 있다. 대승적 관점에서 조금씩 양보하고 타협하면 배려로 받아들이는 여건이 조성되어 있다는 이야기이다. 협치의 혜택은 고스란히 국민에게 돌아갈 것이다.

Q3 '양당의 기득권 고착 시스템은 소선거구제에 있다'라고 여러 정치학자나 많은 분들이 지적하고 있다. 1당과 2당이 서로 주고받는 이런 구조가 고착화되어 있어서는 실제로 양당의 발전도 국가발전도 어렵다. 그래서 중대선거구제로 선거구제 개편을 많이 이야기한다. 의견은?

나는 중대선거구제 도입이 매우 필요하다는 입장이다. 많은 정치인들과 국민들이 공감하고 있는데도 현실적으로 법이 통과되지 못하고 있는 것은 국민의힘은 영남에서, 더불어민주당은 호남에서 독점체제가 유지되고 있기 때문이다. 양당은 호남과 영남에서 확실한 지지 기반이 있기 때문에 소선거구제하에서는 모두 싹쓸이 할 수 있는데 이걸 중대선거구제로 가게 되면 제3당·4당에게 일부 의석을 뺏기기 때문에 반대하고 있다.

영남과 호남에서 1당 독점 체제가 유지되는 것은 지역 발전을 위해서도 정당 발전을 위해서도 한국 경제 발전을 위해서도 바람직스럽지 않다. 이런 점에서도 중대선거구로 전환 등 현행 소선거구제의 변화가 반드시 필요하다.

Q4 지난해 6.1 지방선거에서 광주가 37.7%로 전국 최저, 역대 최저 투표율을 기록했다. 왜 민주당의 텃밭인 광주에서 이렇게 투표율이 낮았다고 생각하나? 민주당에 대해 조언한다면?

정치 1번지이고 정치민도가 높은 광주시민의 60% 이상이 지난 지방선거에서 투표를 거부한 것은 더불어민주당에 대한 강한 실망과 분노의 표출이다. 특히 시민들은 지난번 광주·전남 지역의 공천은 공정성과 투명성이 결여된 자기 사람 챙기기의 전형으로 민주당이 시민의 선택권을 뺏어갔다고 생각하고 있다. 이에 정치수준이 높은 광주시민들이 낮은 투표율로 민주당에 강한 경고 메시지를 보낸 것이다.

37.7%라는 전국 최저·역대 최저 투표율은 민주당에 대한 광주 민심 대변화의 전조이다. 민주당이 여기에서 교훈을 얻지 못한다면 내년 총선에서 어떤 결과를 가져올지 불문가지이다. 민주당의 급선무는 자기들끼리 밀어주고 끌어주는 '패거리 정치문화'를 혁파하고, 계파나 연고 중심의 정실 공천을 차단할 확실한 제도적 장치 마련과 함께 유능한 사람들에게 당을 개방하여 실력 있는 정책정당으로 거듭나는 것이다.

광주도 살고 민주당도 사는 근본적인 해결책은 광주에서 민주당의 과도한 일당 독점체제가 무너지고 정당 간에 경쟁구도가 만들어지는 것이다. 그간 민주당의 지지 기반과 가치는 호남이고 개혁성이었다. 그러나 그간 호남은 역사성 때문에 민주당을 맹목적으로 지지해왔고, 이로 인해 장기간 호남 독점체제가 유지되면서 오히려 민주당의 개혁 동력을 떨어뜨린 측면도 있다.

또한 광주가 발전하기 위해서는 유능한 인물들이 정치권에 진출해야 하는데 그 통로가 막혀 있다. 광주에서는 민주당 후보면 무조건 당선되기 때문에 그동안 민주당 지도부는 자기 사람 위주의 공천을 위해 편법과 반칙을 행한 경우가 비일비재했다. 또한 그렇게 당선된 정치인들은 민주당 논리에만 충실하게 되어 시대정신이나 지역발전에 대한 통렬한 고민과 과감한 도전정신이 결여되고, 결국 전국적 정치인으로 성장하지 못하는 결과를 가져왔다. 광주가 대선 후보는커녕 당 대표나 원내대표 한 사람도 배출하지 못하고, 경제적으로 낙후되고 정치적으로 소외된 데에는 일당 독점구도의 장기화에서 비롯된 측면이 크다.

광주는 이제 민주당의 텃밭에서 '민주와 개혁의 텃밭'으로 변화의 조짐을 보이고 있다. 그간 시대를 선도해온 광주시민들이 민주당만이 유일한 대안이라는 생각에서 벗어나야 민주당도 위기의식과 긴장감을 갖고 혁신정당으로 거듭날 수 있고. 광주도 중단 없이 발전할 수 있으며, 한국정치도 지역주의에서 벗어나 새로운 시대를 맞이하게 될 것이다.

Q5 우리는 지금 전국정당만 인정하고 있는데. 지역정당을 인정하는 것에 대해서 어떻게 생각하는가? 지방에서 경쟁하는 정당들이 많이 생기는 것도 지방 활성화에 기여하리라 보는가?

지역정당 설립 등 정당 설립 요건 완화에 적극 동의한다.

정당 설립을 어렵게 하는 현행 제도는 양당제를 고착화시켜 많은 문제를 야기하고 있다. 국민의 정치적 기본권을 제대로 구현하고 한국 정치의 고질적 결함인 양당의 독과점 구조를 혁파해서 다양하고 다원적 민주사회의 의견을 반영하고, 다수 정당들이 정치 서비스 품질 경쟁을 통해 정치 수준을 제고할 수 있도록 정당 설립요건을 완화해야 한다.

최근 헌법재판소에서 전국적인 규모의 구성과 조직을 정당 성립요건으로 둔 정당법(제17조·제18조)이 헌법에 어긋나지 않는다는 판단[45]을 내렸다. 이는 현행 정당법 규정이 헌법에 위반되

---

45) 재판관 9명 중 5명이 위헌이라고 판단했지만 심판정족수인 6명을 채우지 못해 합헌결정

지 않는다는 것일 뿐, 정당법에서 각 지역 현안에 대한 정치적 의사를 적극적으로 반영해 풀뿌리민주주의를 실현하기 위해 지역정당 설립을 허용하는 것은 국회의 역할이다.

현재 정당 설립요건으로 중앙당과 5개 시·도당 이상의 법정 시·도당과 1개 시·도당 1,000명 이상의 법정당원 구비조건을 대폭 완화하고 지역정당이나 플랫폼 정당을 설립할 수 있도록 정당법이 개정되어야 한다. 물론 지역정당들이 난립하여 지역주의 심화와 혼란을 가져오는 폐해를 막는 장치도 함께 강구돼야 할 것이다.

Q6 **지역의 발전을 위해 지역 정치권의 변화도 절실한 시점이다. 최근 윤석열대통령이 던진 '선거구제 개편'이 관심인데, 어떤 입장인가?[46]**

적극 환영한다. 나는 윤대통령이 얘기하기 훨씬 전부터 중대선거구제 도입이 필요하다는 입장을 여러 차례 밝혔다.

되돌아보면 우리 정치가 국민적 신뢰보다는 불신을 받아왔지만 요즘처럼 양당 독과점 패거리 정치의 폐해가 크고 혐오정치가 기승을 부렸던 적은 없었다. 이는 지금 정치인들의 자질문제도 크지만 승자독식의 소선거구제로 인한 양당 독과점체제가 가져온 폐해이다. 갈등과 진영의 정치를 통합과 협력의 정치로 바꾸기 위해서는 소선거구제와 비례대표제 등 관련 법률의 개정이 꼭 필요하다

이 내려졌다.(23.9.26)

46) kbc 광주방송 대담 (2023.1.13)

특히, 광주전남의 대도약을 위해서도 선거구제 개편이 절실하다. 광주는 민주화의 도시이지만 지역정치는 매우 후진적이다. 자신들이 뽑은 국회의원 등 선출직에 대해 불만투성이다. 한마디로 경쟁구도의 부재와 과도한 일당 독점이 가져온 결과이다.

민주당이 공천만 하면 당선되기 때문에 유능함이나 경쟁력보다 자기 사람 심기 위한 편법과 밀실공천이 비일비재 했다. 그런 과정을 거쳐 당선된 정치인들은 시대정신이나 지역발전에 대한 통렬한 고민과 과감한 도전정신이 결여된 채 오직 당과 실세에만 충성하다가 무능한 정치인으로 임기를 마치는 경우가 많았다. 시도민들이 지역 국회의원과 자치단체장 등을 뽑는 것이 아니고 더불어민주당이 임명하는 결과를 가져왔다.

따라서 선거구제의 개편으로 광주에서 과도한 일당 독점체제가 무너지고 인물 위주의 경쟁구도가 만들어지면 광주도 살고 민주당도 살고 한국정치도 산다. 우선 유능하고 투철한 공직관을 가진 인재들이 지역의 지도자나 일꾼으로 일할 수 있는 기반이 열리고, 이들 선출직들은 지역발전과 시민의 삶에 보다 많은 관심을 갖게 될 것이다.

또한 민주당은 처음에는 텃밭이 약화되어 어려움을 겪겠지만, 정책정당 수권정당으로 다시 태어나는 새로운 전기가 될 것이다. 그간 호남은 역사성 때문에 민주당을 맹목적으로 지지해왔지만, 이것이 오히려 민주당의 개혁 동력을 떨어뜨린 측면도 적지 않았다.

광주를 예로 들면 현재 8개 지역구에서 1명씩 뽑는 소선거구제에서 1개 지역구서 4명씩 뽑는 중선거구제로 개편하게 되면, 정당간에 치열한 인물 경쟁이 펼쳐지고 유능한 인재들이 정치권에 진출하는 환경이 마련될 것이다.

Q7 최근 제3지대 혁신신당의 필요성을 강조하고 있다. 민주당에서 국회의원과 광역시장까지 했는데 신당을 주장하는 것은 적절하지 않다는 지적에 대해 어떻게 생각하나?

민주당은 내게 소중한 정당이지만, 민주당보다는 국가 발전과 국민의 삶이 더 우선이고 더 중요하다. 내가 혁신신당의 필요성을 강조하는 것은 누구에게 유불리한가를 떠나 한국정치의 병폐인 양당 독과점 진영정치를 경쟁체제로 바꾸고, 적대적 공생관계를 대화와 협치관계로 발전시킬 수 있는 대안이기 때문이다.

현재와 같은 양당 극한 대립과 증오의 정치, 미래가 없는 패거리 정치가 계속되면 우리경제는 더 이상 성장할 수 없고 사회는 피폐해지고 황폐화될 수밖에 없다. 이런 저질 정치를 우리 아이들에게 물려줄 수는 없는 것 아닌가?

내년 총선에서 혁신신당이 원내교섭단체를 구성할 정도의 성과가 나오면 앞으로 권력구조 개헌의 중심적 역할을 할 수 있을 것이고, 한국정치가 크게 바뀔 것이다. 특히 상대를 악마화하는 적대와 증오의 정치가 막을 내리고 협치의 시대가 열릴 것이다.

2

이용섭의
정치개혁 이야기

(1) PPX보다 더 큰 리스크 '한국정치'[47]

◆ 지난 2022년 말 역대 세제실장 오찬모임이 있었다

이 자리에서 허용석 현대경제연구원장은 2023년 한국과 세계
경제를 위협할 리스크로 'PPX'를 꼽았다. Powell(파월) 미국 연
방준비제도 의장, Putin(푸틴) 러시아 대통령, Xi Jinping(시진
평) 중국 국가주석의 앞 글자를 딴 것이다,

파월의장은 지난해 4연속 자이언트스텝(0.75%포인트 인상)에

---

47) 2023년 1월 26일 조세일보에 게재된 기고글

이은 빅스텝(0.5%포인트 인상)을 단행해 기준금리를 4.5%로 올려 세계경제를 흔들었다. 한미 기준금리가 역전되면서 우리나라도 기준금리를 큰 폭으로 올려야 했다. 지난 해 2월 푸틴의 우크라이나 침공으로 공급망 문제가 심각해지면서 에너지 가격이 폭등하고 세계경제의 성장률이 하락하는 등 그 여파가 크다. 시진핑 주석의 3연임에 대한 국제적 신뢰 하락과 혼돈은 대중국 수출 비중이 25%에 이르는 한국에도 강 건너 불이 아니다. 미중 갈등이 격화될수록 양국 사이에서 가장 곤란해질 나라는 우리나라다.

◆ 필자는 PPX 리스크에 충분히 공감하면서도, 이보다 더 위협적인 리스크가 '한국정치'라는 생각을 떨쳐버릴 수가 없다.

PPX 리스크는 세계 공통적인 위협요소다. 우리의 관리 밖 외생변수다. 설령 그 리스크들이 현실화되더라도 우리에겐 IMF 외환위기 때 온 국민이 똘똘 뭉쳐 극복한 경험치가 있다. 그러나 지금처럼 통합의 정치가 사라지고 여야 간 분열과 대립의 정치가 계속된다면 조그마한 대외 충격에도 나라는 휘청거릴 수밖에 없다. '정치'가 흔들리면 그 안의 경제도 사회도 문화도 안보도 모두 흔들릴 수밖에 없다.

◆ 과거에도 정치는 혼란스러웠고 국민적 불신의 대상이었지만 이 정도는 아니었다.

양당 독과점 패거리 정치와 혐오정치가 도를 넘었다. 정의나 대의는 찾아보기 어렵고, 자기 당이나 계파의 이해관계에만 매몰되어 있다. 정당은 사회적 갈등을 해결하는 주체인데 지금 한국 정당들은 오히려 갈등을 증폭시키는 역할을 하고 있다. 정치가 국민을 걱정해야 하는데 국민이 정치를 걱정하는 상황이다. 여야는 국정운영의 동반자임에도 서로를 적군개념으로 몰아붙이는 공멸의 길을 가고 있다. 이런 정치현실은 우리 사회를 황폐화시키고 있다. 학교교육과 가정교육이 예전 같지 않은 현실에서 우리 아이들이 매일 언론에 보도되는 막말과 증오 정치를 보면서 무엇을 보고 듣고 배우겠는가?

◆ 우리 사회의 가장 시급한 개혁과제는 정치개혁이다.

어쩌면 정부가 내건 3대 개혁(연금 노동 교육)보다 더 시급한 과제다. 지금처럼 정부여당과 거대야당이 극한 대립하고 갈등하는 상황에서는 어떤 개혁도 성공하기 어려울 것이기에 그렇다. 지난 해 말 우리 국민은 여야 정치권의 힘겨루기, 막판 흥정식 짜깁기 예산과 누더기 법인세율 조정 과정을 지켜봐야 했다. 정치개혁이 선행되지 않는 한, 국회는 앞으로도 중요 안건들을 이런 식으로 처리할 것이다.

왜 그럴까? 선거 때가 되면 제법 괜찮다는 사람들을 영입한다는데 왜 그들마저도 정치권에 일단 들어오면 국민은 안중에 없고 자기 당과 계파에만 충성할까? 왜 소명의 정치인은 찾아보기 어렵고 생계형·생활형 정치인과 직업형 정치인만 난무할까?

이유는 간단하다. 막말도 마다하지 않으면서 자기 진영논리를 강하게 대변해야 괜찮은 당직을 맡을 수 있고, 다음 공천을 받아 당선될 수 있는 현행 정치구조 때문이다.

◆ 이런 점에서 우리 정치의 문제는 정치인들의 자질문제도 있지만 제도와 시스템의 문제가 더 크다. 그렇다면 갈등과 진영의 정치를

통합과 협력의 정치로 개혁하기 위해서는 무엇을 바꿔야 할까?

'제왕적 단임 대통령제. 양당의 견고한 독과점체제를 가져온 승자독식의 소선거구제, 특정 정당 공천만 받으면 무조건 당선되는 고질적 지역주의, 전문성을 반영하지 못하는 비례대표제, 디지털시대에 맞지 않는 까다로운 정당설립요건' 등 서둘러 개혁할게 많다.

독과점체제하에서 정치인들은 국민을 두려워하지 않고 정치 본래의 기능에 대해 고민도 하지 않는다. 특히 국민의힘과 더불어민주당이 영호남에서 독점적 지위를 버려야 지역도 살고, 정당도 살고 한국정치도 산다. 특정정당 공천만 받아내면 무조건 당선되는 구조, 이제 정치개혁을 통해 종지부를 찍어야 한다. 88년 13대 총선부터 무려 34년째 계속되고 있다.

양당 독과점체제를 여러 정당 간 경쟁체제로 개혁할 경우 많은 긍정적 변화가 예상된다.

첫째, 각 당의 자기 사람 심기공천이 줄어들고 능력 및 경쟁력 위주의 공천이 이루어져 괜찮은 인물들이 정치권에 진입할 수 있는 길이 넓어질 것이다. 또한 당선된 국회의원들의 생각도 달라질 것이다. 지도부에 맹목적인 충성 경쟁에서 벗어나 나라발전과 민생문제에 눈을 돌릴 것이다. 우리는 인사가 만사라고 얘기한다. 정당의 인사 중 가장 중요한 인사가 공천인데 독과점체제가 되면 지도부는 능력 있는 사람보다 자기 사람 공천 유혹에 빠지기 쉽다.

둘째, 제3정당을 매개로 여야 협치의 동반 관계가 열리고, 정부여당과 야당은 끊임없이 시대정신을 고민하고 국가발전과 민생 살리기 경쟁을 하게 될 것이다.

셋째, 우리사회를 지탱하는 양대 축인 민주주의와 자본주의 시장경제가 엇박자에서 벗어나 상호 보완 발전할 것이다. 정치권이 민주적 합의를 통해 시장질서와 경기규칙을 정해주어야 시장은 변화에 빠르게 대응하고 공정성을 유지할 수 있는데, 지금의 정치권은 민주적 합의를 거부하고 자기당 이익에만 매몰되다보니 시장경제도 경쟁력을 잃어가고 있다. (중략)

◆ 정치가 바뀌어야 세상이 바뀐다.

정치개혁은 다음 세대에게 풍요로운 미래를 물려주기 위한 국가 백년대계의 초석을 놓는 일인 만큼 정치인들은 목전의 이해관계를 떠나 소명의식을 갖고 추진해야 한다. 우리 국민들 역시 '정치가 바로 서야 나라가 바로 선다'는 절실한 마음으로 정치권의 개혁을 감시하고 지켜봐야 한다. 우리가 어떤 정치제도를 갖느냐는 우리 국민들의 의식수준에 달려 있다.

전략 면에서는 개헌까지 동시에 추진하면 눈 앞에 다가온 총선이 새로운 선거제도하에서 치러지기 어렵다. 내년 총선을 겨냥하여 선거 관련 법률을 먼저 개정하고, 개헌은 윤석열대통령 임기 중에 완성하는 단계적 접근이 현실적일 것이다.

(2) '협치'만이 대한민국 살 길이다[48]

우리는 이상한 나라에 살고 있다. 5년마다 과거를 부정하며 새로운 나라가 들어선다. 이전 정권은 적폐청산과 정치보복의 대상이 되고, 5년간 공들여 추진했던 정책들 상당수가 폐기된다. 성과는 축적되지 못하고 단절된다. 이런 나라에서 백년대계가 가능하겠는가? 인구감소, 기후위기, 통일문제 등 장기적 안목을 갖고 추진해야 할 국가적 과제는 표류한 채 사회적 분열과 갈등만 양산되고 있다.

이는 승자독식의 양당 독과점체제로 인해 국정운영에서 '협치(協治)'가 사라진 결과이다. 특히 윤석열정부와 이재명 거대 야당체제가 들어선 후 협치는 온데간데없고 '법치(法治)'만 남았다. 여야는 국정운영의 동반자임에도 정치로 풀어야 할 수많은 문제를 사법부에 떠넘긴 채 서로를 적군개념으로 몰아붙이며 사회 불안과 갈등을 증폭시키는 데 여념이 없다. 국민을 두려워하지 않고 오직 정권 쟁취와 탐욕에만 매몰돼 있다.

언제까지 세계 10위권의 경제규모라는 외형적 지표만을 내세우면서 자살률 1위, 출산율 꼴찌, 높은 이혼율, 날로 흉포해지는 사회범죄와 가족 살해 등 참담한 현실을 외면할 것인가? 정부와 정치권의 대변혁과 국민적 대오각성이 없으면 한국은 복합위기에서 벗어나지 못하고 추락할 것이다. 협치만이 대한민국의 살 길이다. 협치를 기반으로 정책 일관성을 유지하면서 성과를 차곡차곡 쌓아가고 있는 독일 사례에서 길을 찾아야 한다.

---

48) 2023년 7월 23일 전남매일에 게재된 특별기고글

독일은 1949년 건국 이후 9명의 총리를 거치는 동안, 하나 같이 연합과 협치를 통해 앞선 정권이 이룩한 긍정적 업적과 정책은 계속 이어받아 성과를 축적하면서 백년대계의 꿈들을 실현하고 있다. 그 대표적인 것이 통일정책이다. 1969년 브란트 총리가 취임하고 동방정책을 천명한 이후 총리와 정권이 바뀌어도 정책 기조가 그대로 계승되어 콜 총리 때인 1990년 독일 통일이라는 역사적 대업을 성취했다. 이 과정을 보면 우리가 배울 점이 참 많다.

기민당 출신의 콜 총리는 한때 정적이었던 사민당 출신의 브란트 전 총리를 자주 만나 협의하고 자문을 구했다. 협치국정을 볼 수 있는 또 하나의 사례가 겐셔 외교장관이다. 그는 거대 양당인 기민당도 사민당도 아닌 소수 제3당인 자유민주당 소속이었지만, 장장 18년간 장관직을 수행하면서 독일 통일에 크게 기여했다. 사민당 브란트 총리 정권에 장관으로 기용되어 그 후 사민당의 슈미트 총리와 기민당의 콜 총리 정부에서도 그의 외교적 경륜과 협상능력이 인정되어 계속 장관직을 이어갔다. 정권이 바뀔 때마다 대북정책과 통일정책이 냉탕 온탕을 오가는 우리에게 많은 교훈을 준다.

이처럼 독일이 건국 이후 지금까지 '대연정의 국가체제'를 유지할 수 있었던 것은 국가 지도자들의 뛰어난 개인 역량도 작용했지만, 제도와 시스템이 협치를 사실상 '강제'했다. 극좌와 극우가 발을 붙이지 못하도록 설계된 제도적 틀 속에서 거대 양당인 기민당(중도우파)과 사민당(중도좌파)이 탄생했다. 그러나 어느 정당도 과반 의석을 확보하지 못해 연립정부가 불가피했다.

1980년대까지는 제3당인 자민당과 연합을 통해 연립정부를 구성했고, 1990년 통일 이후에는 기존의 3정당 외에 녹색당 등 다수의 정당이 정치무대에서 활동하는 다원주의체제로 바뀌면서 연정이나 협치는 정권 창출을 위해 불가피했다.

우리도 이제 제도개혁을 통해 협치시대를 열어야 한다. 무엇보다 권력체제를 바꾸어야 한다. 지금은 집단지성의 시대다. 제왕적 대통령제하에서는 협치보다 독불장군식 국정운영의 유혹에 빠지기 쉽다. 이는 내년 총선 이후에 본격 논의키로 하고, 지금은 내년 총선에서 극한 대립의 양당체제를 협치의 경쟁체제로 바꾸는 데 힘을 모아야 한다. 이를 위해 이번에는 김진표 국회의장 리더십 하에 국회가 중대선거구제나 권역별 비례대표제 도입 등 선거제 개혁을 꼭 이뤄내야 한다.

이와 함께 유의미한 의석수를 확보하여 협치를 이끌어낼 수 있는 혁신신당의 출현을 우리 사회가 뒷받침해야 한다. 이는 누구에게 유불리한가를 떠나 한국 정치의 병폐인 독과점 시스템과 적대적 생태계를 바꿀 수 있는 마중물이기 때문이다. 제3지대 혁신신당이 성공적으로 출범하면 우리 국민은 내년 총선에서 양자택일의 굴레에서 벗어날 수 있게 된다. 과반 의석을 확보하는 정당이 사라지면서 '1대1 대치'를 벗어나 정당 간 경쟁체제가 열리게 되고, 「국정 협치→정책 연속→성과 축적」의 선순환 정치가 펼쳐질 것이다. 지방정부 또한 소멸 위기 속에서 지속가능한 경쟁력을 가지려면 협치가 기본이다.

못난 후손들이 조상 탓만 하듯, 무능한 후임자는 전임자 탓하기 바쁘다. 권력을 정치적 보복의 도구로 삼아서도 안된다. 진정한 지도자라면 김대중의 화해·용서·관용의 철학 그리고 국가발전과 국민통합을 위해서라면 기꺼이 자신의 권력도 나누려 했던 노무현의 대연정 정신을 가슴에 새겨야 할 것이다.

(3) 진정한 '혁신'신당이라면 기대해볼 만하다[49)

내년 총선을 앞두고 정치권에 불고 있는 신당 창당 바람을 긍정 평가한다. 그 이유는 누구에게 유불리한가를 떠나 한국정치의 병폐인 독과점 시스템과 적대적 생태계를 바꿀 수 있는 마중물이 될 수 있기 때문이다.

먼저 혁신을 기치로 내건 제3지대 신당 출현은 양당 독과점 진영정치를 종식시키는 지름길이 될 것이다. 신당의 메기효과로 공천의 투명성과 공정성이 제고되고 정당 간에 치열한 정책 및 혁신 경쟁이 촉발될 것이다. 구태 정치인들이 양질의 정치인들을 구축하는 한국판 그레셤의 법칙도 완화될 것이다.

시장에서 독과점 기업은 자기 뜻대로 상품, 가격, 거래조건을 정한다. 독점이나 과점은 소비자의 선택권을 침해하고 시장질서를 교란하는 폐해가 커 「독점규제및공정거래에관한법률」에서는 이를 규제하고 있다.

정치시장도 마찬가지이다. 독과점체제가 견고하면 정치인들은 국민을 두려워하지 않고, 자기 이익 극대화를 위한 탐욕의 정치에 빠지게 된다. 우리 정치의 후진성 역시 극단적인 양당 독과점 체제가 만들어 낸 결과이다.

우리 현실을 보자. 영호남의 선출직은 사실상 양당이 임명하는 식이다. 여타 지역의 유권자들도 사표방지 심리 때문에 사실상 양당 공천자에게 투표를 강요받고 있다. 이처럼 두 당의 공천이 당선으로 직결되다 보니 지도부는 제 사람 챙기기 유혹에 빠

---

49) 2023년 7월 2일 매경시평(매일경제)에 게재된 기고글

지기 쉽고, 정치인들은 맹목적인 충성 경쟁을 한다.

'혁신'신당이 필요한 이유가 또 하나 있다. 현재와 같은 보수와 진보의 이분법적 가치나 논리로는 우리 사회가 직면하고 있는 복합위기를 해결할 수 없고, 우리사회의 양극화와 이중구조를 완화할 수 없기 때문이다. 이런 점에서 '혁신'신당은 다음 조건을 갖추어야 할 것이다.

이념적 스펙트럼은 극좌나 극우를 제외한 개혁적 보수와 합리적 진보를 아우르는 포용적 중도세력이어야 한다. '자유냐 평등이냐, 성장이냐 분배냐, 증세냐 감세냐'와 같은 이분법적 진영논리에서 벗어나 한국의 특수한 상황과 국제환경 변화에 새로운 융복합정책으로 기민하게 대처할 수 있는 유능함도 갖춰야 한다. 정신적으로는 '정의롭고' 물질적으로는 '풍요로운' 대한민국을 건설할 수 있는 비전과 창조적 파괴 방안을 제시할 수 있어야 한다.

이러한 혁신신당이 성공적으로 출범하면 우리 국민은 내년 총선에서 비로소 양자택일의 굴레에서 벗어날 수 있게 된다. 그 결과 과반 의석을 확보하는 정당은 없을 것이다. 마침내 상대를 악마화하는 적대와 증오의 정치가 막을 내리고 정치연합의 협치시대가 열리게 되는 것이다.

필자는 대선주자가 참여하지 않는 신당은 성공하기 어렵다는 통념에 반대한다. 대선주자급이 개인 영달을 위해 만들어 내는 신당보다 전문성과 도덕성을 갖춘 혁신적 인물들이 미래 비전과 정책을 내걸고 창당하는 신당이 더 경쟁력과 지속성을 가질 것이다. 이미 우리는 반짝하다 아침 이슬처럼 사라진 정주영의 통일 국민당, 이인제의 국민신당, 문국현의 창조한국당 그리고 안철수의 국민의당을 경험하지 않았는가? 2017년 프랑스 대통령 선거에서 거대 양당을 제치고 중도신당 후보인 마크롱이 당선된 결과를 주목할 필요가 있다.[50]

특히나 대도시만이라도 중대선거구제가 국회에서 도입되고 디지털 시대에 맞게 플랫폼 정당이 가능하도록 관련 법률이 개정된다면 혁신신당의 성공확률은 더욱 높아질 것이다.

필자가 걱정하는 것은 기존 정당에서 공천받기 어려운 생계형 정치인들이 양당 불신의 반사적 이익을 노리고 만드는 선거용 신당의 난립이다. 이는 '혁신'신당의 창당 동력을 떨어뜨리고 정치불신만 가중시킬 것이다. 정치판은 정치인보다도 인사권자인 유권자의 지혜로운 선택에 의해 발전한다. 연고주의에서 벗어나 미래에 투표하는 유권자의 인사혁명을 내년 총선에서 꼭 보고 싶다.

---

50) 2017년 5월 7일은 세계 정치사에 기록될 날이다. 프랑스 중도 신당 '라레퓌블리크앙마르슈'(전진하는 공화국)의 에마뉘엘 마크롱이 대통령에 당선된 날이다. 거대 양당이 아닌 제3지대 중도정당은 대통령을 배출하기 어렵다는 정치권의 속설을 프랑스에서 처음 깨트린 것이다.

(4) 윤석열대통령, 아직 늦지 않았다.[51]

　2013년 12월 1일 나는 '박근혜대통령께 드리는 고언(苦言)'이라는 글을 통해 '대한민국 역사에 또 한사람의 불행한 대통령이 탄생하지 않도록 부디 국정운영의 기조와 생각을 바꿔주시기 바란다'는 간곡한 심정을 전한 바 있다. 쓴 소리들을 외면한 박대통령은 결국 우리 헌정사상 최초의 탄핵당한 대통령이 되었다.

　평생 공직자로 살면서 산전수전 다 겪다 보니 어두운 앞날이 예견되고 나라 걱정에 훈수하는 습관이 생겼다. 윤석열대통령의 지지율이 20%대 초반까지 떨어졌다. 취임 100일도 안 된 시점에서 국정운영에 '빨간 불'이 들어온 것이다. 과거 상황들이 오버랩되면서 사회적 불안감도 커지고 있다.

　지지율 추락의 본질은 대통령이다. 그런데도 대통령이 국정난맥의 책임을 주변 환경 탓으로 돌리거나, 조금 시간이 지나면 진정성이 국민들에게 전달될 것이라는 안일한 생각으로 여름휴가를 보냈다면 이는 큰일이다.

　불행 중 다행인 것은 임기 초반에 국정위기가 초래된 점이다. 대통령께서 '모든 것이 내 탓'이라는 통렬한 고민을 바탕으로 대대적인 혁신에 나선다면 전화위복의 전기를 만들어 낼 수 있기 때문이다. 나는 해법으로 윤대통령에게 국정운영기조의 대전환을 건의한다. 특히 '대통령관'의 변화와 '인사 혁신' 단행을 촉구한다.

　대통령은 국민의 꿈을 이루어주는 자리인 만큼 국민이 원하는

---

51) 2022년 8월 10일 매일경제신문에 게재된 기고글

길, 역사가 바라는 길을 가야 한다. 국민이 공감하지 않는 자기 꿈에 집착하다 보면 인사권이 남용되고 권력의 사유화를 초래한다. 이는 훗날 역사적 심판의 대상이 된다. 이런 점에서 대통령의 목표가 '역사에 남는 대통령, 박수 받고 떠나는 대통령'이었으면 좋겠다. 그렇게 되면 국가의 중요정책을 결정할 때 이해관계 대신에 '훗날 역사는 어떻게 평가할 것인가, 무엇이 국가 발전에 더 이바지하는가" 이 두 가지가 판단기준이 될 것이고 국민적 신뢰도 점차 회복될 것이다.

아울러 지금 윤대통령에겐 '인사 혁신'이 가장 절실한 과제다. 인사는 만사(萬事)가 될 수도 있고 망사(亡事)도 될 수 있는 양면성을 지니고 있다. 지금까지 대통령 인사는 후자에 가깝다. 중요한 자리에 심복을 임명해 관리하겠다는 측근인사는 국정을 멍들게 하고 불행한 대통령으로 가는 지름길이다. 무릇 대통령은 공정 투명한 인사를 통해 모든 공직자를 측근으로 만드는 길을 가야 한다. 대통령의 인사권은 국민으로부터 위임받은 것이므로 국민이 공감할 수 있는 자격요건을 갖춘 인물들을 널리 찾아 발탁해야 성공할 수 있다.

고위공직자의 첫 번째 자격요건은 국가에 헌신하고 국민에게 봉사하고 그러기 위해 개인적인 욕구를 절제하는 '선공후사'의 투철한 공직관(public mind)을 갖추어야 한다. 또한 지금은 변화와 협치의 시대이므로 미래 변화를 예측하고 선제적 정책을 펼칠 수 있는 혁신과 소통의 리더십이 요구된다. 아울러 전문성 역시 중요한 자격요건이나, 공직관과 혁신성이 뒷받침되지 않은 캠퍼스 차원의 지식은 위험하다.

도덕성 검증도 꼭 필요하다. 지금과 같은 위기 시에는 윤리보다 국정 경험과 전문성을 지닌 혁신적 리더가 요구되지만, 그래도 고위 공직이 희화화되지 않고 다음 세대에게 귀감이 되는 수준의 도덕성을 갖추어야 한다. 마지막으로 균형인사를 강조하고 싶다. 지금처럼 검찰 출신이 중요 자리를 거의 독점하거나 국무위원 자리에 광주전남 출신이 전혀 없는 편중인사가 지속돼서는 결단코 안된다.

아직 늦지 않았다. 윤대통령이 국민 모두를 포용하는 대통합의 정치와 모든 지역을 두루 살피는 균형발전정책을 통해 역사에 남는 성공한 대통령이 되기를 기대한다.

박근혜대통령께 드리는 고언(苦言)

박근혜정부가 출범한지 10개월째입니다. 임기 6분의1이 지나가고 있습니다. 그러나 대통령이 공약했던 국민대통합과 국민행복시대는 그 어디에서도 싹조차 찾아보기가 어렵습니다. 민주주의는 훼손되고 민생은 팍팍하고 미래는 불안하기만 합니다. 사회 모든 분야에서 편 가르기가 심화되고 분열의 광풍이 몰아치고 있습니다. 밖으로는 일본과 중국이 과거사를 부정하고 영토 넓히기에 혈안이 되어 있습니다. 이렇듯 지금 대한민국은 총체적 위기 상황입니다.

누구의 책임입니까? 누구도 이 책임에서 자유로울 수 없지만, 사태를 이 지경까지 몰고 온 가장 큰 책임은 누가 뭐라고 해도 대통령에게 있습니다. 대통령은 국정의 최고책임자이고 이 사태의 많은 부분을 대통령이 자초했다고 해도 과언이 아니기 때문입니다. 지금이라도 대통령의 생각이 바뀌지 않으면 대한민국 역사에 또 한사람의 불행한 대통령이 탄생할 것은 분명합니다.

그러나 성공한 대통령이 될 기회는 아직 남아 있습니다. 여기 몇 가지 고언을 드리니 부디 국정운영의 기조와 생각을 바꿔주시기 바랍니다.

첫째, 오늘 저녁, 조용한 시간에 바로 내일이 임기를 마치고 청와대를 떠나시는 '2018년 2월 25일'이라 생각하시고 이임사를 써보실 것을 권합니다. 저는 장관과 청장 등 기관장에 취임할 때마다 항상 취임사를 쓰는 순간에 이임사를 생각했습니다. 사람은 떠날 때의 뒷모습이 당당하고 아름다워야 합니다. 한 나라의 대통령도 마찬가지입니다. 그렇게 되면 취임하시던 날의 초심이 변하지 않고 국민을 주인으로 여기게 되며, 떠날 때 후회하는 일이 줄어들게 됩니다. 임기 5년, 금방 흘러가는 시간입니다.

역대 대통령의 경험에서 보았듯이 떠날 때 후회해 보아야 이미 때는 늦습니다.

둘째, 대통령이 재임 중에 아버지 박정희 전)대통령의 역사를 미화하려 하지 마십시오. 스스로 성공한 대통령이 되어 역사가 아버지의 성과까지 재평가할 수 있는 길을 가십시오. 지금의 대한민국은 대통령이 과거사를 바꾸려 한다고 해서 바뀌는 그런 나라가 아닙니다. 역사논쟁이 심화되면 대통령은 임기 중에 의미 있는 일을 할 수가 없습니다. 비운의 가족사와 아버지 시대를 넘어서야 성공한 대통령이 될 수 있습니다.

셋째, '통치'가 아니라 여야를 뛰어넘는 통 큰 '정치'를 해 주십시오. 지금처럼 정치는 멀리하고 통치만 가까이해서는 국민통합의 에너지를 모을 수 없습니다. 시대는 '통치자'를 원하는 것이 아니라 국민과 소통하는 '민주적 리더'를 원합니다. 행여 국민을 교육시키고 시민들의 버릇을 고치겠다는 생각은 하지 마십시오. 세상이 바뀌어도 엄청나게 바뀌었습니다.

'대통령 물러가라'는 얘기를 보약으로 받아들이십시오. 이런 얘기가 나오지 못하는 세상은 국민과 시대가 원하는 세상이 아닙니다. 그런 세상에서 벗어나기 위해 우리 선배들이 얼마나 많은 희생을 치러야 했습니까? 중요한 것은 이러한 목소리가 다수의 국민들로부터 공감을 받지 못하도록 대통령이

'정치를 잘 하는' 것입니다. 그러나 많은 국민들이 이 얘기에 고개를 끄덕이면서 대통령의 국정운영에 우려를 나타내고 있는 것이 지금의 현실입니다.

'종북몰이'도 이제 그만하십시오. 죄없는 국민들을 분열시키고 많은 분들의 가슴에 상처만 줄 뿐입니다. 지금 종북이라고 일컬어지는 대다수 분들이 우리 사회를 지탱하는 건강한 시민들입니다. 천주교·개신교·불교·원불교 등 종교단체들의 시국선언은 시대를 밝히는 양심의 외침입니다. 힘 없는 백성들의 아우성을 용기있는 분들이 대신해 외쳐준 것입니다.

넷째, 야당을 국정운영의 파트너로 생각하십시오. 대통령과 여당의 힘만으로 국정을 운영할 수 있다는 생각도 버리십시오. 박근혜대통령이 다시 대선에 나올 일도 없고 민주당도 박근혜대통령과 다시 대통령자리를 놓고 경쟁할 일도 없습니다. 대통령이 여야를 뛰어넘는 대통합의 정치를 하면 야당이 대통령을 공격해야 할 이유가 없습니다. 대통령이 지금처럼 야당을 토벌해야 할 적군개념으로 보는 한 정국은 정상화될 수 없습니다.

메르켈 총리를 비롯한 역대 독일 총리들의 상생의 정치를 한 번쯤 되새겨보기를 바랍니다.

박근혜대통령님!

시간이 많지 않습니다. 지금 대통령의 생각이 바뀌지 않으면 오늘의 사태가 걷잡을 수 없는 상황으로 발전할 수 있습니다. 대통령의 자존심보다 국민의 자존감이 더 중요합니다. 대통령과 정부여당이 불편해야 국민이 편합니다. 긴 역사 속에서 보면 한 줌도 안 되는 권력에 집착하면 모두가 불행해집니다.

부디 떠날 때를 생각하십시오. 2018년 2월 25일, 국민 모두로부터 박수 받으면서 떠나는 대통령이 되어주기를 바랍니다.

2013. 12. 1.

국회의원 이용섭

(5) 경제성장과 국민행복의 아름다운 동행[52]

대한민국 성장 스토리는 한편의 드라마다. 2차 세계대전 후 독립된 수많은 국가 중에서 산업화 민주화 정보화를 모두 일궈내 선진국이 된 유일한 나라다. 1인당 국민총소득은 1953년 67달러에서 2021년 3만5,168달러로 무려 524배나 증가했다. 국가GDP 규모로는 세계 10위권이다. 최근 미국 뉴스앤드월드리포트(US-NWR)는 한국을 '2022 세계 가장 강력한 국가' 6위에 선정했다.

전쟁으로 폐허가 된 거리에서 미군이 던져준 초콜릿으로 허기진 배를 채워야 했던 시절을 생각하면 지금의 모습은 기적에 가깝다. 그것도 맨몸 하나로, 오직 근면·근성·도전정신만으로 이루어낸 것이니 이 얼마나 자랑스러운 일인가.

하지만 자본주의 250년의 역사를 70여년 만에 따라잡다 보니 겉모습은 멀쩡하지만 속은 질병 주머니를 차고 사는 환자와 같다. 압축성장에만 매달려 정신없이 달려 오다보니 사회양극화 심화, 취약한 사회안전망, 계층이동이 어려운 사회구조, 모든 것을 돈으로만 평가하는 물신주의, 사회지도층의 도덕적 해이 등 공정과 정의가 무너져 내렸다. 가치관 혼돈, 인성교육 실종, 역사의식 부재로 정신적 피폐 속에 인간성과 도덕성마저 잃어 가고 있다. 이런 문제들을 치유해야 할 정치권은 오히려 이를 확대 재생산하면서 사회적 갈등과 국민불안을 가중시키고 있다.

유엔 지속가능발전해법네트워크(SDSN)는 3월 20일 우리나라 행복지수를 OECD 38개국 중 35위로 발표했다. 지난 달 통계청

---

[52] 2023년 3월 26일 매경시평(매일경제)에 게재된 기고글

발표에 따르면 한국인 삶의 만족도는 OECD 국가 중 36위다. 한국보다 낮은 곳은 콜롬비아와 튀르키예뿐이다.

우리 사회의 건강 수준을 나타내는 지표들은 더욱 참담하다. 자살률은 2003년부터 줄곧 OECD 1위이다. 미래 희망을 나타내는 합계출산율은 지난해 0.78로서 OECD 평균(1.59명)의 절반에도 못 미친다. 가정을 파괴하는 높은 이혼율, 날로 흉포해지는 사회범죄 증가 등 화려한 경제성적표에 반해 사회적 갈등지표는 최하위권을 벗어나지 못하고 있다. 겉포장만 선진국인 셈이다. 도를 넘는 사회적 분열과 마찰이 일상화되면서 제조 강국의 위상이 흔들리고 경제성장 엔진도 동력을 잃어가고 있다.

그렇다면 성장 중심의 경제지수와 삶의 질을 나타내는 행복지수가 동행하는 명실상부한 선진 한국의 해법은 무엇일까? 무엇보다 '국가발전의 틀'을 물질중심에서 사람중심으로 대전환해 우리 사회의 양극화와 이중구조를 완화해야 한다. 양극화는 초연결사회와 인공지능시대의 도래로 더욱 심화되고 있다. 윤석열정부는 유능하고 유연해야 한다. 케인스식 수요확대와 슘페터식 공급혁신의 양자택일이나 낙수효과냐 분수효과냐의 이분법적 사고에서 벗어나야 한다. 한국적 독특한 상황과 환경변화에 맞춤형 융복합정책으로 기민하게 대처함으로써 양극화 성장에서 동반성장으로 고용 없는 성장에서 고용창출형 성장으로 성장구조를 바꿔가야 한다.

이와 함께 우리 사회를 양분시키고 갈등을 증폭시키고 있는 양당 독과점 진영 정치를 개혁하여 갈등공화국에서 벗어나는 것이 시급한 과제다. 독과점체제 하에서 정치인들은 국민을 두려워하지 않고 정치 본래의 기능에 대해 고민하지 않는다. 그러나 다수 정당 간에 치열한 경쟁과 정치연합의 시대가 열리면 그들은 살아남기 위해 끊임없이 국가발전과 민생 살리기 경쟁을 하게 되고 협치의 정치가 실현될 것이다. 선거제도 개편이 절실한 이유이다.

시간이 없다. 창조적 파괴를 통해 포용적 경제시스템과 통합 정치 생태계를 구축해 정의롭고 풍요로운 대한민국으로 나아가야 한다. 정부와 정치권은 '불환빈 환불균(不患貧 患不均)', 국민은 가난보다 고르지 못한 것에 더 분노한다는 교훈을 명심해야 할 것이다.

(6) 재정건전성은 '성역'이다[53]

나라 빚이 처음으로 1,000조원을 돌파했다. 그간 우리나라는 재정보수주의를 견지해온 덕분에 국가채무 수준이 선진국에 비해 낮은 편이었다. 하지만 최근 재정적자와 국가채무가 빠르게 증가하면서 재정에 적신호가 켜졌다. 관리재정수지 적자규모는 지난해 역대 최대인 117조원이고, 국가채무(D1)는 지난해 말 1067.7조로서 최근 3년간 344.5조나 늘었다.

국제통화기금(IMF)은 우리나라 GDP 대비 일반정부 부채비율(D2)이 지난해 말 54.3%로 10개 선진 비기축통화국의 평균(52%)을 처음으로 넘어섰고 앞으로 그 격차는 더욱 벌어질 것으로 전망했다.

그럼에도 일부에서는 GDP대비 국가채무비율이 미국(121.7%)이나 일본(261.3%)에 비해 크게 낮아 걱정하지 않아도 된다고 얘기한다. 이는 매우 위험한 생각이다. 미국은 자국화폐를 세계 공통화폐로 유통시키는 기축통화국이고, 일본은 국가채무의 대부분을 국내 채권자가 보유하고 있어 외환부족이나 국가부도의 염려가 없다. 그런 미국도 요즘 바이든행정부와 의회 간에 부채한도 상향을 위한 협상이 난항을 거듭하고 있다.

우리나라는 국가채무비율이 GDP대비 60%대에 이르면 위험 수준이다. 지금부터 특별 관리하지 않으면 이에 도달하는 것은 시간문제다. 재정건전성은 국가가 채무를 적정수준으로 관리해 채무상환능력이 충분한 지속가능한 재정상태를 말한다.

---

53) 2023년 5월 14일 매경시평(매일경제)에 게재된 기고글

왜 나라 살림살이인 재정은 건전성이 생명인가? 재정적자가 쌓이면 감당할 수 없을 정도로 국가채무가 늘어 국가신용도가 하락하고 최악의 경우에는 국가부도로까지 이어질 수 있다. 또한 국가채무 증가로 인한 부담은 미래세대가 떠안게 되므로 세대간 갈등의 원인이 되기도 한다.

특히 우리나라는 특별한 자연자원이 없고 대외의존도가 매우 높은 소규모개방경제(Small open economy)라서 시시각각 밀려오는 해외충격을 흡수하면서 지속적이고 안정적인 성장을 유지하기 위한 마지막 보루가 재정이기 때문이다.

1997년 외환위기와 2008년 미국발 금융위기를 빠르게 극복할 수 있었던 것도 막대한 재원을 투입할 수 있었던 재정건전성이 뒷받침되었기에 가능했다. 과거 남유럽의 사례에서 보듯이 일단 재정 건전성이 무너지면 재정위기가 경제위기로 이어지고 재정은 경기변동 대응능력이 상실되면서 나라가 흔들리게 된다.

그렇다고 매년 균형예산을 편성하라는 얘기가 아니다. 성장이 둔화되는 등 경제가 어려울 때에는 적자예산을 편성할 수도 있고 국가 채무가 늘어날 수도 있다. 핵심은 건전재정 기조를 훼손해서는 안된다는 뜻이다. 현재도 선진국에 비해 낮은 수준인 재정 규모나 역할을 줄이는 축소지향적 균형예산은 더욱 정답이 아니다.

올해 1분기 국세수입이 전년 동기 대비 24조원이나 감소했다. 국회예산정책처는 향후 5년간 조세수입이 연평균 17조원씩 감소할 것으로 전망하고 있다. 그런데도 세금은 더욱 줄여주고 돈은 풀어 표를 얻으려는 정치권의 포퓰리즘이 일상화되었고, 내년 총선을 앞두고 더욱 기승을 부리고 있다. 조세부담률 적정화와 방만한 재정지출 차단을 위한 조세재정개혁이 시급한 이유가 여기에 있다.

건전재정 기조를 강화하겠다는 윤석열대통령의 의지만으로는 한계가 있다. 이기적인 감세와 선심성 예산증액 요구가 도처에 도사리고 있어 제도와 시스템으로 재정건전성을 지켜내야 한다.

국회는 관리재정수지 적자폭을 GDP의 2~3% 이내로 묶어두는 재정준칙을 하루 빨리 통과시켜야 한다. 예비타당성조사 완화 문제는 그런 연후에 추진돼야 세입기반을 항구적으로 잠식하는 감세조치와 정치적 대형 재정사업을 차단할 수 있다. 미래 세대에게 부채가 아닌 희망의 자산을 물려줄 수 있다. OECD 국가 중 재정준칙이 없는 나라는 한국과 튀르키예뿐이다.

(7) 윤석열정부의 재정정책에 대한 우려와 걱정[54]

윤석열정부의 재정정책 기조는 한마디로 '긴축재정을 통한 건전재정'이다. 그러나 정부가 국회에 제출한 내년도 예산안과 세법개정안을 보면 '재정적자가 확대된 축소예산'으로 나라 곳간도 쏨쏨이도 비상이다.

먼저, 윤석열대통령의 '건전재정' 약속이 전혀 지켜지지 않고 있다. 우리나라는 대외의존도가 매우 높은 '소규모개방경제'라서 시시각각 밀려오는 해외충격을 흡수하면서 지속적이고 안정적인 성장을 유지하기 위한 마지막 보루가 건전재정이다. 이런 점에서 대통령의 건전재정 의지는 크게 환영하지만, 문제는 재정적자 규모가 계속 확대되고 있다는 점이다.

지난해 확정된 올해 예산을 보면 적자규모가 58.2조원(GDP의 2.6%)이고 국가채무는 66.7조원 증가하는 적자예산이다. 그러나 올해 8월말까지 국세 수입실적이 지난해 같은 기간보다 47.6조원이나 적게 들어와 올해 적자규모는 예산보다 크게 늘어나서 80조원(GDP의 3.6%) 내외로 전망된다.

내년 정부예산안의 적자규모는 훨씬 더 심각한 수준이다. 내년 예산 규모가 올해 예산보다 겨우 2.8% 증가한 수준인데도 재정적자는 92조원으로 GDP 대비 3.9%에 달한다. 이는 현정부의 재정준칙 상한 3%보다 크게 높다. 내년도 국가채무는 1,200조 원을 훌쩍 넘어설 것이다.

재정규모 증가율이 역대 가장 낮은 수준인데도 왜 재정적자

---

54) 2023년 11월 16일 매경시평(매일경제)에 게재된 기고글

가 크게 증가할까? 세금을 적정수준보다 적게 걷기 때문이다. 그렇다면 정부가 세입기반 확충 노력을 해야 함에도 지난해 대규모 감세에 이어 올해에도 감세법안을 제출했다. 내년 국세감면액은 77조원으로 사상 최대이고 국세수입총액의 16.3%(법정한도 14%)에 달한다. 2023~2027년 국가재정운영계획을 보면 조세부담률을 2022년 23%대에서 20%대까지 떨어뜨리고 있다. 정부가 진정 건전재정 의지가 있다면 먼저 조세부담률부터 적정화(23%~24%)해야 한다.

둘째, 정부는 세금도 재정지출도 줄이는 '축소예산'을 표방하고 있는데 이는 정치적 구호로는 매력적이지만 국가백년대계를 흔드는 매우 위험한 발상이다. 재정은 건축물의 골조와 같다. 최근 아파트 골조공사에서 철근을 빠뜨려 지하주차장이 붕괴되는 사고가 발생한 것처럼, 재정이 제 기능을 못하게 되면 나라의 근간이 흔들려 반드시 훗날 재앙을 불러오게 된다.

우리나라는 현재도 조세부담률과 재정규모가 선진국에 비해 상당히 낮아 OECD 국가 중 재정의 소득재분배 기능은 최하위 수준이고, 노인빈곤율은 가장 높다.

*21년 조세부담률 22.0%(OECD 25.0%), 일반정부 GDP대비 총지출 비율 37.7%(OECD 46.4%).

그런데도 정부는 '긴축' 프레임에 갇혀 내년 예산에서 민생과 복지예산 축소, R&D예산 33년만에 첫 감소, 지방재정 악화, 경기위축을 초래하는 우를 범하고 있다.

특히 재정은 여유 있는 계층으로부터 세금을 걷어 소득재분배를 통해 우리 사회의 큰 문제인 사회양극화와 이중구조를 완화해야 한다. 또한 지금처럼 경제가 어려울 때는 지출을 늘려 경제를 살려야 한다. 정부처럼 세금을 적게 걷어 적게 쓰는 저부담 저복지의 '작은 정부'는 이러한 재정의 역할을 사실상 포기하는 것이다. 그래서 선진국 중 저부담 저복지를 지향하는 국가는 없다.

해결책은 조세부담률의 적정화와 예산규모의 현실화를 통해 재정의 기능을 정상화하는 것이다. 저부담 저복지에서 벗어나 우리 수준에 맞는 '적정부담 적정복지'에 기반한 건전재정으로 나아가야 양극화 완화, 소비와 투자 진작, 성장 잠재력 확충 등을 통해 지속 발전할 수 있고, 저출생·고령화·기후위기 등 3대 현안 위기에도 효율적으로 대응할 수 있다. 국회심의 과정에서 보완책이 마련되길 기대한다.

(8) '엄마처럼 살고 싶지 않다', 인구소멸 1호 한국[55]

　저출생 문제는 우리 사회의 지속가능성을 위협하는 가장 심각한 문제이다. 합계출산율은 0.78명으로서 OECD 국가 중 유일하게 1명 미만이다. 출생아 수 급감은 세계적으로 유례가 없다. 2003년까지만 해도 인구가 매년 1만 명 이상 자연증가 했으나, 2020년부터는 자연 감소를 기록 중이다. 급기야 지난해 내국인 숫자는 5,000만 명 선이 무너졌다. 지역의 상황은 더욱 심각하다. 초저출생에 수도권으로 인구유출까지 겹쳐 인구소멸위험 지역이 계속 늘어나고 있다.

　영국 옥스퍼드대 데이비드 콜먼(David Coleman) 교수는 2006년 유엔 인구포럼에서 '지구상에서 제일 먼저 인구가 사라질 나라로 대한민국'을 꼽았다. 그는 올해 2월 서울에서 열린 학술행사에 참석해 "문화적 시각이 바뀌지 않으면 한국의 결혼율과 출산율 반등은 어렵다"고 밝혔다. 그의 지적을 뒷받침하는 주목할 만한 조사가 있다.

　일본 내각부에서는 5년마다 7개국(한국, 일본, 미국, 영국, 독일, 프랑스, 스웨덴)의 13세~29세 젊은 세대의 가치관을 조사한다. 가장 최근 조사 결과(2018년)는 한국의 젊은 여성세대가 다른 선진국보다도 더 개인주의적인 가치관을 가지고 있음을 보여준다.

　'자녀가 어렸을 때는 어머니가 돌봐야 한다'는 질문에 한국 여성들이 가장 높은 반대 의견을 보였다. 특히 일본은 엄마처럼 살

---

55) 2023년 8월 20일 매일경제(매경시평)에 게재된 기고글.

고 싶다는 응답이, 한국은 엄마처럼 살지 않겠다는 응답이 높았다.

'남자가 돈을 벌고 여자는 가정을 지켜야 한다'는 질문에 한국 여성의 90%이상이 반대 의견을 밝혔다. '결혼해야 한다'는 응답도 한국 여성이 가장 낮았고, '자녀가 꼭 필요하지 않다'는 응답은 높아졌다. 다른 나라의 경우 인생에서 가족이 중요하다는 비율이 높았지만 한국에선 가족보다도 사회활동과 자기 자신 등을 선택한 비율이 이전 조사 대비 크게 상승했다.

저출산정책의 패러다임을 전면 대전환해야 할 이유가 여기에 있다. 2005년 저출산·고령사회기본법이 제정된 이후 2006년부터 17년간 저출산에 약 320조원을 투입했지만 계속 악화되고 있다. 결혼과 출산에 대한 젊은 세대의 가치관을 바꿀 수 있는 처방이 나오지 않으면 백약이 무효하다.

정부는 '인구위기 비상사태'를 선포하고 초저출산 해결에 대통령이 앞장서고 온 나라가 나서야 한다. 인구문제를 바라보는 정부와 정치권의 시각이 너무 안일하다. 프랑스에서는 1990년대 중반 합계출산율이 1.79명일 때 국가비상사태를 선포했다, 일본은 2010년대 중반 합계출산율이 1.42명일 때 인구 위기를 총괄하는 인구 전담 장관까지 임명하면서 강도 높게 대처했다.

정부가 합계출산율 1명 회복과 출생아 35만 명을 임기 목표로 제시할 것을 제안한다. 구체성이 없는 장기적인 비전만 제시하면 추동력이 떨어지고 국민에게 믿음을 줄 수 없다. 또한 결혼자금 증여공제와 같은 단편적인 대책이 아니라 '결혼-임신-출산-보육-교육-일·가정 양립'에 이르기까지 6단계 생애주기별로 실효성 있는 맞춤형 종합대책을 세워 속도감 있게 추진해야 한다.

　정부와 지자체 간 긴밀한 정책 공조와 함께 출산율 제고에 괄목할만한 성과를 내는 지자체에 과감한 인센티브를 부여해 지자체들이 저출생 해결에 앞장서도록 해야 한다. 지역균형발전 역시 저출생 대책의 핵심이다. 또한 일과 가정 양립의 어려움이 저출산 원인 중의 하나이므로 결혼 및 출생 장려에 기업들의 적극적인 참여를 유도해야 한다.

　급격한 고령화와 인구 감소로 인한 본격적인 고통은 정작 이제부터다. 윤석열정부가 획기적인 가족·출산 친화적 환경을 만들어 '아이낳아 키우기 좋은 맘(MOM) 편한 대한민국'의 기틀을 깔아주길 기대한다.

2부

지방정부 혁신사례 :

정의롭고 풍요로운
광주시대 개막^{주)}

주) 대한민국시도지사협의회에서 2022년에 발간한 '7전 8氣 정책공감'에 게재된 글이다.

1

인생도 역사도
만남이다

(1) 연어가 민물로 돌아온 까닭은?

봄에 모천(母川)을 떠난 새끼 연어는 짧게는 3년 길게는 6년
이 지나 단풍잎 곱게 물든 가을에 어머니 강으로 되돌아온다. 연
어가 민물로 돌아온 까닭은 송어와 산천어, 은어와 피라미, 꺽지
와 쏘가리, 붕어와 납자루, 가재와 참게 등 어머니 강의 동무들과
함께 신바람 나게 소통하면서 고향 산천을 풍족하게 만들고 싶
은 꿈 때문이다.

나는 왜 광주시장이 되려고 했는가? 초심에서 벗어나지 않기
위해 시장직을 수행하면서 내 스스로에게 수없이 물었던 질문이

다. 나 역시 넓은 바다에서 얻은 힘과 지혜를 내가 태어나서 자란 자갈밭에 풀어놓고 싶은 회귀(回歸)의 꿈을 실현하고 싶어서였다.

어렸을 때 내 꿈은 정의로운 보안관이 되는 것이었다. 초등학교 때 단체로 시골 극장에서 본 서부영화에서 나쁜 사람들을 혼내주고 착한 사람들을 보호해주는 보안관은 내 롤모델이었다. 어릴 적 험난했던 농촌생활을 하면서 부모님을 비롯한 힘없는 농민들이 세무서 직원이나 산감 등으로부터 밀조주와 땔감 때문에 고통당하는 모습을 보면서 자연스럽게 생긴 꿈이었다.

고등학교를 졸업하고 대학에 들어가면서 보안관의 꿈은 정의로운 공직자의 꿈으로 바뀌어갔고, 그러한 절실함 때문에 비교적 빨리 대학 재학 중에 행정고시에 합격할 수 있었다.

1974년부터 공직생활을 하면서 내 꿈은 '선하고 가슴 따뜻한 사람들이 강해지는 사회, 원칙과 정도를 지키는 사람들이 우대받는 사회, 변화하고 혁신하는 사람들이 성공하는 사회'로 진화했고, 이는 지금까지 공직생활의 나침판이 되고 있다. 흔히들 얘기하는 '정의롭고 공정한 사회'를 내 방식으로 표현한 것이다.

나는 인생도 역사도 만남이라는 믿음을 가지고 있다. 살아오면서 좋은 분들을 만나 중요한 국가 일들을 많이 할 수 있었다. 국세청과 재무부(현 기획재정부)에서 사무관·과장·국장을 거쳐 국세심판원장-세제실장-관세청장-국세청장-청와대 혁신관리수석-행정자치부장관-건설교통부장관을 했으니 외관적으로 볼 때 나는 분명 성공한 공직자였다. 그렇지만 여전히 내 주변에는 억울한 사람들이 줄어들지 않았고 세상도 크게 바뀌지 않았다. 내가 꿈꾸는 정의롭고 공정한 세상은 요원하기만 했다.

공무원으로서는 내 꿈을 이루는 데 한계가 있다는 현실적 한계를 절실하게 느끼고 있을 때 노무현대통령을 만나면서 '정치인 이용섭'의 꿈이 시작되었다. 노 대통령께서는 직접 나에게 정치를 하라고 구체적으로 말씀하신 적은 없었다. 그러나 "세상의 큰일은 정치를 통해야 이룰 수 있고, 정치만이 세상을 바꿀 수 있다"는 말씀을 가끔 들려주면서 은근히 나아갈 길을 제시해주었다.

노무현대통령과의 만남은 결국 나를 공무원에서 정치인으로 거듭나게 했다. 나는 2008년 4월 7일 치러지는 제18대 국회의원 선거에 출마하기 위해 2008년 2월 1일 건설교통부장관을 끝으로 33년의 공직생활을 마무리했다. 대통령 지적처럼 우리 사회의 큰 문제들은 정치를 통해 해결할 수밖에 없고 내 꿈도 정치를 통해야 이룰 수 있다고 판단했다. 우리 사회의 가장 큰 그릇이 정치이고 그 안에 경제도 사회도 문화도 모두 담겨 있기 때문에 정치가 흔들리면 모든 것이 송두리째 흔들리기 때문이다.

당시 내 경력으로는 서울에서 출마해도 승산이 있다면서 서울 출마를 권하는 분들도 있었지만 고향 광주에서 출마하기로 결정했다. 당선을 보장하는 민주당 텃밭이기 때문이 아니라 연어처럼 살고 싶다는 오랜 꿈, 그것이 가장 주된 이유였다. 광주와 전남은 내가 태어나서 자라며 청운의 꿈을 키웠던 곳이고, 오랜 공직의 긴 여정을 시작한 출발지였다. 오랜 기간, 공간적·물리적으로는 떨어져 있었지만 언젠가는 연어처럼 고향 광주·전남으로 내려갈 날을 기약하고 있었다.

연어는 민물에서 태어나 한 살 내지 두 살이 되면 바다로 나가 산다. 그러다 짝짓기하고 알을 낳을 때가 되면 어머니 강으로 되돌아와 알을 낳고 죽는다. 민물은 연어의 시작이자 끝이며, 바다는 그 과정이다. 대부분의 시간을 바다에 살았다는 점을 감안하면 연어는 두말할 것도 없이 바닷고기이다. 하지만 너무나 어려 생존이 삶의 전부일 때, 그리고 마침내 바다에서 돌아와 지혜로 충만할 때 연어의 거처는 민물이다. 가장 치열했던 순간을 기준 삼는다면 연어는 민물고기일 수 밖에 없다.

연어라는 말속에는 바닷물 냄새가 아니라 강물 냄새가 난다. 몸을 눕히고 밥을 해 먹는 곳이 어디이든, 이용섭이라는 내 이름과 몸짓, 말투 속에는 전라도 출신, 광주 사람, 지방대생이라는 '지연'과 '학연'이 보릿국 냄새처럼 스며들어 있었다. 중앙부처의 오랜 공직생활 내내 나에게는 유달리 광주·전남 출신이라는 꼬리표가 항상 따라다녔다. 중앙부처 공직생활 중 내 몸속에 출신성분 냄새를 지우거나 부정하면 많은 일들이 조금은 더 쉬울 수 있었다. 하지만 그러지 않았다. 고향의 냄새를 부끄러워하지 않았을뿐더러 어느 때인가 광주로, 함평으로 돌아가는 것이 내 꿈이었다.

내가 오랫동안 중앙무대에서 탈 없이 중요한 국가 일들을 할 수 있었던 것은 따지고 보면 고향 분들의 성원이 있었기에 가능한 것이었다. 고향 발전을 통해 조금이라도 보답하고 싶었다. 그래서 공직생활 33년 만에 광주로 되돌아왔다. 또다시 광주시민들의 사랑으로 나는 두 차례나 국회의원(18대, 19대)에 당선 돼 고향에서 다시 뿌리를 내렸고 고향 분들에게 또 한 번의 큰 빚을 지게 됐다.

　나는 국회의원으로서 오랜 국정 경험과 전문성을 바탕으로 대한민국과 고향의 발전을 위해 이리 뛰고 저리 뛰었다. 그러나 소수 야당의 초선 국회의원은 정부·여당의 정책에 제동을 걸 수는 있었지만, 내가 꿈꾸는 세상을 이룰 수는 없었다. 그래서 고민 끝에 내린 결론이 나라를 바꿀 수 없다면 고향 광주라도 내가 꿈꾸는 세상을 만들어 보자는 것이었다. 내가 광주시장이 되려고 했던 것은 이처럼 내 평생의 꿈인 정의롭고 공정한 세상을 광주에서 실현하고 낙후된 광주를 풍요로운 광주로 발전시켜 나를 키워주신 시민들에게 결초보은하고 싶은 마음 때문이었다.

　광주는 역사적으로 정의로운 도시이지만 오랜 차별과 소외로 경제적으로는 크게 낙후되어 있었다. 살기가 팍팍하고 일자리가 부족해 사람들은 광주를 떠나고 있었고, 광주는 한반도 남녘의 중소도시로 추락할 위기에 놓여 있었다. 정의로운 도시가 잘살아야 역사가 교훈을 줄 수 있다는 것이 평소 나의 믿음이었다. 정의롭고 풍요로운 광주를 만들어 '정의가 풍요를 창조'한다는 믿음을 주고, 시민들의 자존심을 세워주고 싶었다. 시민들의 삶의 질을 높이고 떠나는 광주에서 돌아오는 광주를 만들어 주고 싶었다.

　이러한 이유로 국회의원이던 2010년 지방선거부터 광주시장에 도전해 우여곡절의 시련을 거치면서 세 번의 도전 끝에 2018년 6월 13일 치러진 지방선거에서 득표율 84.1%로 광주시장에 당선됐다. 84.1%는 역대 광주시장 득표율 중 가장 높았고 민선 7기 전국 광역자치단체장 중 가장 높은 득표율이었다. 이는 광주발전을 간절히 바라는 광주시민들의 또 다른 표현이었다.

이렇게 해서 시장으로서 광주와의 만남이 본격적으로 시작되었다. 나는 광주를 떠날 때 품었던 '회귀의 꿈'을 실현한 것이었다. '정의롭고 풍요로운 광주!' 평생 가슴에 품고 살았던 명제이다. 나에게 '광주시장'직은 이 명제를 실현하라는 시대의 부름이자 시민들의 엄중한 명령이었다. 지난 4년 나는 광주 시민들이 다른 어떤 시장을 만난 것보다 더 발전할 수 있도록 40여 년간 바다에서 얻은 힘과 지혜를 그리고 경험과 전문성을 내 모천의 자갈밭에 풀어놓기 위해 최선의 노력을 다했다.

(2) 역사에 남는 혁신시장, 박수 받으면서 떠나는 우리 시장

지난 4년 광주는 나의 '모든 것'이었고 '전부'였다. 매일 매일 광주의 역사를 새롭게 쓴다는 각오로 광주발전과 시민만 보고 쉼 없이 달려왔다. '일용섭'이라는 별칭이 붙고 '일 밖에 모르는 시장'이라는 원성을 들을 정도로 원 없이 일했던 가슴 벅찬 시간이었다. 힘들 때도 많았지만 고향 발전을 위해 일할 수 있다는 것 자체가 내게는 큰 기쁨이고 보람이었다.

나는 시장에 취임하면서 '역사에 남는 혁신시장, 박수 받으면서 떠나는 우리시장'이 되겠다고 다짐했다. 그래서 임기 내내 '인기 있는 일보다는 역사에 남는 일, 오늘보다는 내일을 준비하는 일, 쉬운 일보다는 가치 있는 일'에 주력했다. 어려운 결정을 해야 할 때마다 '훗날 역사는 어떻게 평가할 것인가', '무엇이 광주발전과 시민행복에 더 기여하는가'. 이 두 가지를 판단 기준으로 삼았다.

'의향' 광주의 시장답게 원칙과 정도를 지키며 깨끗하고 공정한 시정을 펼치려고 노력했다. 각종 인사나 사업 등 시정 운영에 있어 연고나 정실을 철저하게 배제하고 원칙과 정도를 지키는 혁신행정을 강조하다보니 한편에서는 '사람이 차갑다, 너무 원칙론자다, 스킨십이 부족하다'는 서운함을 토로하기도 했다. 하지만 광주발전을 위해 가야 할 길을 갔기 때문에 후회는 없다. '인기에 영합하지 않고 혁신의 길을 가는 고독한 리더만이 광주의 역사와 시민의 삶을 바꿀 수 있다'. '힘들더라도 우리 세대가 나무를 심어야 다음 세대가 그늘을 즐길 수 있다.' 이런 마음이었다.

임기 4년 중 2년 5개월을 코로나19와 싸운 어려운 여건이었지만 강도 높은 혁신으로 정상 궤도를 이탈했던 시정을 빠르게 바로 잡았고, 시대적 화두에 발 빠르게 대응해 광주만의 해법을 제시했으며, 그 결과 어느 도시도 따라올 수 없는 역사적 성과들을 창출했다.

모두가 어려울 것이라 생각했던 노사상생의 광주형 일자리를 성공시켰다. 23년 만에 국내 자동차공장이 건설됐고 캐스퍼는 대박이 났다. 디지털 대전환의 시기에 4차 산업혁명의 핵심인 인공지능 산업을 선점해 이제는 명실공히 대한민국 인공지능 대표도시로 자리매김해 가고 있다.

전 세계적 화두가 된 기후위기 대응에 있어서도 우리 광주는 정부와 EU 국가들보다 5년이나 앞선 2045년까지 탄소중립 에너지 자립도시를 실현하겠다는 담대한 도전에 나섰다. '아이 낳아 키우기 좋은 맘(MOM) 편한 광주'를 만들기 위해 중점적으로 펼친 정책들이 '출생아수 증가'라는 결실로 이어지면서 저출산 문제 해결의 물꼬를 텄다. 광주는 2021년 17개 광역자치단체 중 유일하게 출생아수가 11개월 연속 증가했다.

16년간 지역사회의 분열과 갈등을 가져왔던 도시철도 2호선 건설 등 해묵은 숙원사업들을 민관협치로 속속 해결했고, 전국 최초로 연중무휴 '1대1 최중증 발달장애인 융합돌봄센터'를 개소하는 등 소외와 차별 없는 따뜻한 복지를 실현했다. 선제적이고 실효성 있는 코로나19 방역으로 K방역의 성공을 견인하였고, 5.18 역사바로세우기 등을 통해 세계적인 민주·인권 대표도시 광주의 위상을 크게 높였다. 광주다움의 상품화·브랜드화로 문화광주의 도시경쟁력을 제고하였으며, 청탁이 필요 없는 과감한 인사혁신을 단행해 인사 관련 부조리를 근절시켰고 깨끗하고 공정한 인사문화를 정착시켰다.

그 결과 겨우 4년이라는 짧은 기간 동안에 광주가 달라지고 있다. 강성 이미지 때문에 기업과 투자가들이 기피하던 광주는 옛 이야기가 됐다. 민주화에 앞장섰던 도시도 기업하기 좋은 경제도시가 될 수 있다는 것을 보여주고 있다. 정치가 강한 도시에서 경제도 강한 도시로 탈바꿈하고 있다. 일자리가 부족하고 살기가 팍팍해서 떠나던 광주에서 이제 기업과 인재들이 찾아오는 광주로 바뀌고 있다.

그렇다고 '정의롭고 풍요로운 광주'가 완성된 것은 아니다. 그러기에는 4년이라는 기간이 너무 짧았다. 지난 4년은 정의롭고 풍요로운 광주 건설을 위한 인적·물적·사회적 인프라를 구축하는 기간이었다. 따라서 여기서 조금만 머뭇거리면 언제든지 과거로 뒷걸음질 칠 수 있고 다른 도시들로부터 추월당할 수도 있다.

따라서 민선 8기의 역할이 중요하다. 민선 7기 주요 성과들이 민선 8기에도 지속성과 연속성을 갖고 중단 없는 광주 발전으로 이어지길 희망한다. 민선 8기에서는 '정의롭고 풍요로운 광주'를 뛰어넘어 '더 크고 더 강한 광주'가 실현되면 좋겠다.

나는 광주시장직을 떠났지만 '정의롭고 풍요로운 광주', '더 크고 더 강한 광주'를 만들고 싶었던 나의 꿈과 열정까지 끝난 것은 아니다. 어디서 무엇을 하든 광주 발전을 위해 힘을 보탤 것이다. 인생도 역사도 만남이다. 시장으로서 위대한 광주시민들과 함께했던 4년의 시간들, 지금 생각해보니 참으로 행복했고 소중한 시간이었다.

2

민선 7기
광주시정 철학과 운영방향

(1) 당선 직후 광주혁신위원회 출범

2018년 6월 13일 광주시장 선거에서 당선되자 무거운 책임감과 시대적 소명의식을 가지고 당선 다음 날 바로 광주광역시장 인수 작업에 착수했다. 오랜 기간 시장직을 준비해온 만큼 내 머리 속에는 인수위원회 조직부터 향후 시정 운영방향까지 잘 준비되어 있었다.

무엇보다 광주의 변화와 혁신이 절실한 점을 감안하여 전통적인 인수위원회 방식에서 벗어나 광주시가 조속히 해결해야 할 현안과제의 해결방안 등을 모색하기 위해 '광주혁신위원회'를 출범시켰다. 광주혁신위원장과 7개 분과위원회 위원장 및 위원들은 캠프 출신보다 혁신성·전문성·통합성을 인정받은 학계와 시민사회 등 각계각층의 전문가들로 인선했다.

또한 바로 온라인 플랫폼 '광주혁신위원회에 바란다'를 구축하고 광주시민 누구나 광주혁신위원회에 바라는 내용을 접수할 수 있도록 했고, 이를 민선 7기 광주시정 방향을 설정하는데 적극 활용했다.

'광주혁신위원회'는 단순한 업무 인수인계 활동에서 벗어나 광주가 나아가야 할 그랜드 비전과 시급한 현안 과제의 해결방안을 모색하는 데 중점을 두고 운영됐다. 특히 도시철도 2호선 등 오랜 기간 해결되지 못하고 있던 숙원사업에 대해 혁신위원들과 시청 공직자들 간에 깊은 논의와 협의를 통해 해결방안을 모색하는 일에 집중했다.

그러한 준비 덕분에 민선 7기 첫 성과로 과거 16년 동안이나 지역사회를 분열과 갈등으로 몰아넣었던 도시철도 2호선 건설문제를 취임 100일 만에 시민 공론화를 통해 저심도 방식으로 건설하는 대합의를 이끌어낼 수 있었다.

혁신위원회는 6월 29일 결산 브리핑을 갖고 2주일 동안의 활동과정과 성과를 발표했고 최종보고서를 시장인 내게 전달했다. 너무나 짧은 기간이었지만 최종보고서에는 14대 핵심공약 74개 실천과제(255개 세부과제) 등을 망라해 민선 7기 광주시정 현안과 공약실행 방향이 잘 제시되어 있었다.

(2) 이용섭호의 광주시정 운영방향

가. 혁신강의로 시정운영방향 제시하고 임기 시작

통상 시장 임기 시작하는 날, 많은 내외빈을 모시고 취임식을 개최하는 것이 관례이다. 그러나 나는 취임식을 전격 취소하고 프레젠테이션 형식의 강의를 통해 우리 직원들에게 광주시정 운영방향을 제시하고 본격적인 혁신행보에 들어갔다. 민선 7기 광주시정의 비전과 목표 그리고 3대 시정가치를 담은 공식 취임사는 서면으로 발표했다.

지역의 지도자들과 선거 과정에서 도와주신 분들 그리고 여러 시민들을 모시고 취임식을 갖는 것도 나름 의미가 있지만 내가 기존 취임식 형식을 파괴한데는 나름 이유가 있었다. 당시 광주에서 가장 필요한 것은 변화와 혁신이었고, 광주 시정이 지금까지 가보지 않은 새로운 길을 가야 발전이 있다고 판단했다.

조그마한 것이지만 시장인 나부터, 취임 첫날 취임식에서 부터 기존 형식을 탈피하고 발상을 전환하는 솔선수범을 실천하여 직원들에게 변화를 예고하고 싶었다. 또한 처음 만나는 자리에서 직원들과 격의 없이 소통하고 싶었다. 이런 마음에서 나는 직원들에게 취임 강의 현장에서 '시장에게 바란다'는 건의나 부탁을 적어내도록 했다. 모아보니 두꺼운 책으로 2권 분량이었다. 재임 4년 동안 가끔 꺼내 그 내용을 읽어보면서 초심을 다지곤 했다.

나. 광주시정의 비전 : 광주, 대한민국 미래로!

사람에게 확실한 꿈이 있어야 성공하듯이 조직에는 확실한 비전이 있어야 한다. 비전이 없는 조직은 꿈이 없이 사는 인생, 정처 없이 망망대해를 떠도는 선박과 같다. 나는 광주시장 취임을 앞두고 시정 비전을 정하는 일에 많은 신경을 썼다. 비전은 단순한 구호가 아니다. 무엇보다 시정 비전에 대해 공직자들과 시민들이 마음으로 '그래! 한번 해 봅시다' 할 정도로 공감할 수 있어야 시정혁신에 동참을 이끌어 낼 수 있기 때문이다. 내가 광주시장에 당선됐던 2018년 당시, 광주 상황은 매우 어려웠다. 1인당 국민소득, 고용률, 인구유출 등 모든 경제지표가 악화되고 있었다. 2012년부터 살기가 팍팍하고 일자리가 부족해서 광주를 떠나는 인구수가 유입되는 인구수를 초과하기 시작했다. 떠나는 사람의 60% 이상이 20~30대 청년이라는 사실이 위기감을 더했다.

광주가 가야 할 길은 분명했다. 민주화의 성지, 정치 1번지에서 한발 더 나아가 경제 1번지로 도약해 '대한민국의 중심', '대한민국의 미래'가 되는 것이다. 사람들이 떠나는 광주에서 돌아오는 광주, 찾아오는 광주를 만드는 것이었다. 우리 시민들이 경제전문가인 나를 광주시장으로 선택한 이유도 여기에 있다고 생각했다. 우리 아이들이 '나는 광주에 산다'고 자랑스럽게 얘기할 수 있는 당당한 광주를 만들고 싶었다.

이러한 이유로 '광주, 대한민국 미래로!'를 비전으로 채택했다. 민선 7기에서 중점적으로 추진했던 인공지능 중심도시 광주, 광주형 일자리, 탄소중립 에너지자립도시, 아이 낳아 키우기 좋은 맘(MOM) 편한 광주 만들기 등은 역사적으로 시대를 앞서온 광주가 대한민국의 미래를 선도하기 위한 의제들이었다.

광주시정 운영방향

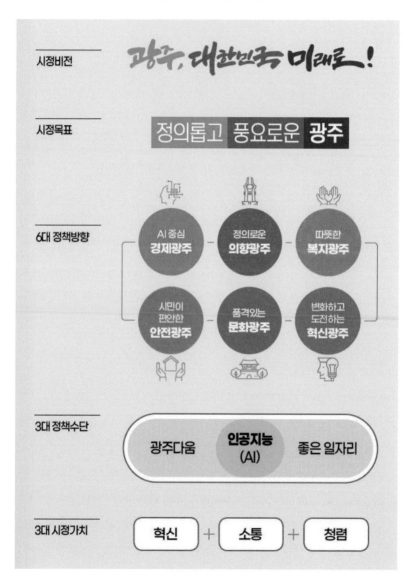

시정비전
광주, 대한민국 미래로!

시정목표
정의롭고 풍요로운 광주

6대 정책방향

- AI 중심 경제광주
- 정의로운 의향광주
- 따뜻한 복지광주
- 시민이 편안한 안전광주
- 품격있는 문화광주
- 변화하고 도전하는 혁신광주

3대 정책수단
광주다움 · 인공지능(AI) · 좋은 일자리

3대 시정가치
혁신 + 소통 + 청렴

다. 광주시정 목표 : 정의롭고 풍요로운 광주

우리 광주는 나라가 어려울 때마다 시대정신과 대의를 좇아 자기희생을 통해 역사의 물꼬를 바로 돌린 정의로운 도시 의향(義鄕)이다. 광주는 '정의로운 도시'라는 이유만으로도 잘 살아야 '정의가 풍요를 창조한다'는 도덕적 가치를 역사의 교훈으로 남길 수 있다는 것이 내 소신이다. 정의로움을 지켜내고 애국의 길에 앞장선 사람들이 합당한 예우를 받으며 잘 살아야 우리 후손들도 나라가 어려울 때 망설임 없이 앞장설 것이 아닌가.

이런 이유로 시정 목표를 '정의롭고 풍요로운 광주'로 정했다. '정의로운 번영, 함께 나누는 풍요'를 통해 정신적으로는 정의롭고 물질적으로는 풍요로운 광주를 만들어 대한민국의 미래로 우뚝 세우는 것이 내게 주어진 소명이었다. 우리가 의향 광주의 정의로움에 풍요로움을 더해 정의롭고 풍요로운 광주의 꿈을 실현하면 다음 세대는 그 위에서 또 다른 꿈을 꿀 것이며 더 큰 새로운 내일을 열어갈 것이다.

정의롭고 풍요로운 광주는 어떤 모습일까?

내가 늘 꿈꾸었던 '선하고 가슴 따뜻한 사람들이 강해지는 세상, 원칙과 정도를 지키는 사람들이 우대받는 세상, 변화하고 혁신하는 사람들이 성공하는 세상'이 광주에서 실현되는 것이다. 돈과 권력으로 안 되는 일이 많은 광주, 돈과 권력이 없어도 차별받지 않는 무등의 광주가 실현되는 것이다.

나는 정의롭고 풍요로운 광주의 모습을 6대 분야별로 제시했다 : ①인공지능 중심의 경제(經濟)광주, ②정의로운 의향(義鄕)광주, ③따뜻한 복지(福祉)광주, ④시민이 편안한 친환경 안전(

安全)광주, ⑤품격 있는 문화(文化)광주, ⑥변화하고 도전하는 혁신(革新)광주이다. 4년이라는 짧은 기간 동안에 각 분야별로 광주 역사와 시민의 삶을 바꾸는 많은 성과를 창출할 수 있었던 것은 우리 직원들의 헌신적인 노력과 시민들의 적극적인 성원이 있었기에 가능했지만, 취임 때부터 확실하게 나아가야 할 방향을 분명하게 제시하고 일관되게 추진했던 영향도 크다.

라. 3대 정책수단 : 광주다움, 좋은 일자리, 인공지능

① '광주다움'의 상품화·브랜드화·산업화

산업기반이나 접근성 등 여러 면에서 유리하지 않는 여건에 있는 우리 광주가 치열한 국내외 경쟁에서 일등이 되려고 하는 'Number One' 전략으로는 다른 앞선 도시들을 따라 잡는 데 한계가 있다. 따라서 나는 광주만의 고유함과 독특함을 발굴하여 이를 상품화·브랜드화·산업화하는 'Only One' 전략을 첫 번째 정책수단으로 제시했다.

세상의 모든 것은 가장 자기다울 때 가장 아름답고 가장 경쟁력이 있다는 것이 내 생각이다. 광주 역시 가장 광주다울 때 가장 경쟁력이 있다. 우리 광주는 대한민국에서 유일한 삼향(三鄕)의 고장이다. 의향(義鄕) 광주의 정의로움, 예향(藝鄕) 광주의 멋스러운 문화예술, 미향(味鄕) 광주의 맛깔스러운 음식 등 광주만의 고유함과 독특함을 상품화·브랜드화·산업화하여 광주만의 일거리와 먹거리, 보고 듣고 즐길거리 넘치는 매력적인 도시를 만들어야 한다. 광주에 가야만 볼 수 있고, 들을 수 있고, 먹을 수 있는 것들을 끊임없이 개발하고 발전시키면 그 안에서 광주만의 경쟁력과 일자리가 만들어지는 것이다.

이러한 광주다움에 2,000여 개의 섬을 지닌 전라남도의 천혜 자원을 더하면 세계인의 오감을 만족시킬 수 있고 사람들이 찾아오는 국제관광도시 실현도 가능할 것이다.

② 좋은 일자리 창출

나는 가끔 강의 등에서 "세상에서 가장 아름다운 자리, 가장 행복한 자리는 어떤 자리입니까?"라고 질문을 한다. 물론 내가 원하는 답은 '일자리'이다. 일자리가 행복한 삶의 시작이고, 우리 아이들의 미래이기 때문이다.

이런 이유로 나는 시민들의 삶을 바꾸는 '일자리 시장'이 되겠다고 약속했다. 좋은 일자리 창출만이 광주경제가 직면하고 있는 저성장, 인구 유출, 삶의 질 저하라는 문제들을 해결할 수 있다고 믿었기 때문이다. 취임과 함께 일자리경제실 신설, 일자리위원회 출범, 시정의 기획-집행-평가-보상 등 광주시의 운영체계를 일자리 중심으로 전면 개편하였다. 역점적으로 추진했던 광주형 일자리 사업과 인공지능 융복합단지 조성사업 등도 모두 양질의 일자리를 만들기 위한 것이 첫째 목적이었다. 좋은 일자리를 많이 만들어 지역경제를 살리는 것이 떠나는 광주에서 돌아오는 광주를 만드는 해법이다.

③ 인공지능 (Artificial Intelligence, AI)

정의로운 도시이지만 경제적으로는 많이 뒤처져 있는 우리 광주가 어떻게 해야 앞선 도시들을 따라잡을 수 있을까?

나는 낙후된 광주가 앞선 도시들을 따라잡고 글로벌 선도도시로 도약하기 위한 유일한 돌파구가 4차 산업혁명이고, 그 핵심인 인공지능을 선점하는 것이라고 판단했다. 산업혁명 시기에는 기존의 가치와 시스템, 질서가 완전히 뒤바뀌기 때문에 꼴찌가 일등이 될 수 있고 일등이 꼴찌 될 수 있는 대전환의 기회이기 때문이다. 마침내 우리에게 기회가 왔다. 2018년 가을에 정부가 지역균형발전과 경제를 살리기 위해 광역자치단체로 하여금 예비타당성조사 면제사업을 신청토록 했다. 다른 곳은 모두 도로, 철도, 건축물 건설 등, 하드웨어 사업을 신청할 때 우리 광주만 하드웨어가 아닌 인공지능 집적단지 조성사업을 신청하면서 AI를 선점했다.

인공지능은 낙후된 광주가 대한민국의 미래로, 글로벌 선도도시로 도약하기 위해 꼭 필요한 전략이다. 이제 어떤 산업도 사업도 국가도 지역도 인공지능과 접목되지 않으면 경쟁력을 확보할 수 없는 시대이기 때문이다. 내가 시장이 될 때만 해도 인공지능 중심도시 광주는 상상할 수도 없었지만 지금은 현실이 되어가고 있다. 이런 점에서 우리의 선택은 절묘했다. 언론에서 우리의 선택을 '신의 한 수'였다고 평가하는 이유가 여기에 있다.

마. 3대 시정가치 : 혁신·소통·청렴

3대 시정가치는 광주시정의 비전과 목표를 달성하기 위해 우리 공직자들이 꼭 지켜야 할 지침이라고 할 수 있다. 바꾸어 얘기하면 광주시에서 훌륭한 공무원, 능력 있는 공무원은 혁신하는 공무원·소통하는 공무원·청렴한 공무원이다. 나는 시장이 되고 나서 '혁신·소통·청렴' 시정을 실현하기 위해 바로 혁신정책관실과 시민소통기획관실을 신설했다. 아울러 외부 전문가와 시민사회단체 등으로 구성된 광주혁신추진위원회와 시민권익위원회를 시장 직속으로 출범시켜 3대 시정가치 실현을 뒷받침했다.

'逢山開道 遇水架橋(봉산개도 우수가교 : 산을 만나면 길을 내고, 물을 만나면 다리를 놓는다)'의 도전적이고 창의적 자세로 낡은 생각과 가치, 잘못된 관행을 과감히 타파하고 오직 역사와 광주발전만 보고 시민과 함께 새로운 광주시대를 여는 혁신의 길로 당당하게 나아가겠다는 것이 나의 구상이었다.

① 혁신행정

이용섭호의 4년을 관통하는 정신이나 가치가 무엇이냐고 물어오면 나는 망설임 없이 '혁신'을 꼽는다. 혁신은 광주의 새로운 미래를 열기 위한 필수조건이다. 변화의 시대에 혁신하지 않으면 살아남을 수 없다. 세상이 급변하고 있는데도 선례를 답습하며 일하는 방식을 바꾸지 않으면 생존할 수 없을 뿐만 아니라 경쟁력 있는 정책들도 나올 수 없다. 공직자들이 변화를 두려워하지 말고 시대정신 실현과 시민권익 증진을 위해 혁신하고 또 혁신해야 광주의 미래가 있다.

혁신은 가보지 않은 새로운 길을 가는 것이라서 불편하고 힘들지만 반드시 가야될 길이다. 나는 시장에 당선되자마자 인수위원회 대신에 광주혁신위원회를 출범시켰다. 또한 취임사에서 "가는 곳마다 혁신성과를 냈던 제 경험과 직원 여러분의 전문성이 결합하면 놀라운 결과를 창출할 수 있을 것"이라며 혁신을 취임 첫날부터 강조했다. 이어 2018년 11월 27일에는 '광주를 혁신하라'라는 슬로건으로 광주시정과 지역 사회 전반에 대한 강력한 혁신을 주도하기 위해 시장 직속의 공식 조직으로 '광주혁신추진위원회'를 본격 출범시켰다. 혁신행정은 적극행정·도전행정·창의행정을 의미한다. 혁신은 리더의 열정에 의해 시작되지만 혁신의 성과는 직원들이 얼마나 동참해주느냐에 달려 있다. 따라서 광주발전을 위해 우리 직원들이 틀에 얽매이지 않는 창의성과 전문성을 갖고 적극적·도전적으로 일할 수 있는 환경을 만들기 위해 노력했다.

우선 때가 되면 승진하는 연공서열의 조직문화부터 바꾸어나 갔다. 혁신동력을 창출하기 위해 공정·투명한 성과관리제도를 도입했다. 성과평가결과를 인사와 성과급에 적극 반영하였다. 직원들이 공감할 수 있도록 평가방법을 더욱 과학적이고 공정 투명하게 발전시켰다. 혁신행정에 앞장서서 성과를 내는 직원들에 대해서는 인사와 보수 등에서 적극 우대하고, 반면 무사안일, 복지부동, 부작위나 직무태만 등은 쇠에 생기는 녹처럼 우리 조직을 서서히 죽이는 행위로써 결코 용납하지 않겠다고 밝히고 이를 실천했다. 광주발전과 시민행복을 위해 끊임없이 혁신하고 성과를 내는 공직자에 대해서는 반드시 상응하는 보상을 한다는 것을 보여주기 위해 '이달의 공무원' 제도를 도입해 시행해 왔다.

특히 '인사가 만사'라는 판단하에 직원들이 업무에만 전념할 수 있는 인사혁신에 많은 노력을 기울였다. 조직을 변화시키는 것은 결국 사람이고, 사람을 움직이게 하는 것이 인사이기 때문이다. 조직혁신도 인사혁신에서 시작되고, 리더의 진정한 힘도 투명하고 공정한 인사에서 나온다. 공무원들에게 승진이나 인사만큼 중요한 동기부여 수단은 없다. 따라서 나는 적재적소(適材適

所) 인사를 원칙으로 하되, 본인 희망을 최대한 반영하기 위한 인사혁신을 단행했다.

취임하자마자 직원들이 인사에 신경 쓰지 않고 업무에만 전념할 수 있는 업그레이드된 '전자희망인사시스템'을 구축해, 시청 직원들은 누구나 온라인을 통해 희망하는 부서를 3순위까지 시장에게 직접 신청할 수 있도록 했다. 또 각종 건의와 애로사항을 바로 얘기할 수 있는 '시장 핫라인'도 함께 가동했다. 이처럼 인사권자에게 자기 뜻을 직접 알릴 수 있으니 인사청탁의 필요가 없어진 것이다. 매번 인사 때마다 희망지 비율을 발표했다(통상 70% 이상 본인이 원하는 곳으로 이동). 이로 인해 직원들이 인사철이 되면 외부에 청탁하고 부탁하는 청탁문화를 확실하게 근절시켰다.

내가 희망인사를 강조한 것은 본인이 하고 싶은 일을 하도록 해야 공직자들이 자기 업무를 '사랑'하고, 자기 업무에 '자긍심'을 갖고, 이를 토대로 자기 업무에 '열정'을 쏟기 때문이다. 취임 초기부터 이러한 인사혁신 드라이브를 강화하기 위해 혁신정책관을 신설해 혁신과 인사업무를 묶어 독립시켰다.

또한 산하 공공기관 직원들을 시가 통합채용하여 채용에 따른 부조리를 확실하게 근절시켰다. 외부 부탁에 의해 직원들을 채용하던 관행들이 없어지다 보니 산하기관 직원들 수준이 향상되고 있다.

이러한 성과들을 인정받아 정부로부터 3년 연속 인사혁신 우수기관으로 선정(2019년 최우수상, 2020년 대상, 2021년 최우수상)되기도 했다. 특히 2021년에는 지방인사혁신 경진대회 최우수상(행정안전부), 인사교류 우수기관(인사혁신처), 균형인사 우수기관(인사혁신처) 등 중앙정부 평가 3관왕의 영예를 안았다.

그동안 우리시가 창출한 수많은 성과들, 예를 들면 광주형 일자리, 인공지능 대표도시, 기후위기 선제적 대응, 공정투명한 인사문화 정착, 도시철도 2호선, 세계수영대회의 성공적 개최, 경제자유구역 지정, 출산율 제고, 달빛고속철도 국가 계획에 반영 등은 그냥 열심히 해서 이루어진 것이 아니라 혁신적 사고와 발상의 전환이 있었기에 가능한 것들이었다.

② 소통행정

조선시대 명의 허준은 동의보감에서 '통즉불통 불통즉통(通卽不痛 不通卽痛; 기와 혈이 통하면 아프지 아니하고 통하지 않으면 아프다)'이라 했다. 조직도 마찬가지로 소통이 원활하지 않으면 병이 든다. 송나라 유학자 육상산은 "불환빈 환불균(不患貧 患不均), 백성은 배고픔보다 불공정한 것에 분노한다"고 말했다. 공정한 행정을 펼치기 위해서도 반드시 소통이 필요하다. 정책형성과 시행과정에서 수요자들과 소통하지 않으면 아무리 기획이 좋은 정책도 결코 성공할 수 없다. 소통행정은 작게는 시민들의 생활불편 민원을 해소하는 일부터, 크게는 일자리를 창출하고 광주의 자존심을 회복하는 일까지 시민이 중심되고 시민이 주인되는 시정을 펼치자는 것이었다.

특히, 나는 광주가 발전하기 위해서는 소통과 화합을 통해 광주의 역량을 결집시키고 분열과 갈등을 차단하는 것이 가장 중요하다고 판단했다. 따라서 시민들과의 공적 스킨십을 강화하기 위해 취임 직후 단행한 조직 개편에서 먼저 시민소통기획관을 신설해 시민소통체계를 구축했다. 또한 '바로소통 광주' 구축 등 다양한 경로를 통해 끊임없이 시민들과 호흡하고 시민들의 얘기를 경청하였다.

아울러 시민사회, 각 분야 전문가, 의회, 공직자 등 30여 명으로 '시민권익위원회'를 구성했다. 이후 시민권익위원회는 도시철도 2호선 공론화 및 광주민간공항 이전시기 연기 그리고 현장경청의 날 주관 등 많은 성과를 창출했다.

소통행정은 현장행정과 맥을 같이 한다.

사무실에서는 어려웠던 문제들도 민생 속으로 현장으로 더욱 깊숙이 들어가 시민들과 소통하다 보면 답을 찾게 되는 경우가 많다. 나는 취임 후 '현장에 해법이 있다'는 모토 아래 시민들 삶의 현장 곳곳을 찾아 불편사항을 듣고 해결책을 모색하는 현장행정을 강화해왔다. 이는 그간 오랜 공직생활을 통해 '현장에 답'이 있고 '백문이 불여일견(百聞不如一見, Seeing is believing, 백 번 듣는 것이 한 번 보는 것보다 못하다)이라는 경험에서 비롯된 것이다. '주먹구구식 탁상행정'이 되지 않도록 현장경청의 날, 민생경제 현장정책투어, 코로나19 극복 특별주간 운영 등을 통해 민생현장의 생생한 목소리를 듣고 해결했다.

소통행정의 또 하나의 이름은 협치행정이다.

나는 좀처럼 풀기 어려운 지역 현안들을 시민의 뜻에 따라 시민들과 함께 해결하는 민관 협치행정을 펼쳐 많은 성과를 남겼다. 시간이 조금 더 걸리더라도 일방적으로 밀어붙이지 않고 반대하는 목소리까지 경청함으로써 지역사회 분열과 갈등을 줄이고 합리적인 정책들을 도출할 수 있었다.

③ 청렴행정

공직자의 기본은 첫째도 청렴, 둘째도 청렴이다. 공직자가 갖추어야 할 자질이 여러 가지이지만, 그중에서도 가장 중요한 것은 청렴과 공정이다. 공직자의 청렴이 중요한 것은 단순히 도덕적인 이유 때문만은 아니다. 청렴하지 않으면 공정할 수 없고 국민들로부터 공권력이 신뢰를 받을 수 없기 때문이다.

공권력의 권위는 힘과 권력에서 나오는 것이 아니라 공정과 청렴에서 나온다. 공정하면 밝아지고 청렴하면 위엄이 생긴다(공생명 염생위, 公生明 廉生威). 이런 점에서 청렴행정은 모든 행정의 기본이다. 혁신도 소통도 청렴이 뒷받침되지 않으면 의미가 크게 퇴색될 수밖에 없다. 청렴하지 않은 혁신은 사리사욕을 위한 탐욕으로 흐를 수 있고, 청렴하지 않은 소통은 사적 이익을 위한 담합이나 다를 바 없다.

세상이 바뀌어도 공직은 국가에 헌신하고 국민에 봉사하고 자신의 욕구를 절제하는 '헌신·봉사·절제'하는 자리다. 바꾸어 얘기하면 국가의 이익과 자기 이익이 상충될 때 국가의 이익을 따르는 것이 헌신이고, 국민의 이익과 자기의 이익이 상충될 때 국민의 이익을 따르는 것이 봉사이다. 그러기 위해 하고 싶고 먹고 싶고 갖고 싶은 자기 욕구를 참아내는 것이 절제이다.

시장의 역할은 우리 공직자들이 헌신·봉사·절제의 자세로 청렴하게 일할 수 있는 환경과 문화를 만들어 주는 것이다. 내가 우리 직원과 산하기관에 여러 차례 "광주시민이나 광주발전을 위해 도전적이고 창의적으로 혁신하면서 발생한 실패에 대해서는 과감하게 관용하고 보호하겠지만, 부패에 대해서는 조그마한 것이라도 엄정하게 책임을 묻겠다"고 밝힌 이유도 여기에 있다.

나는 우리 공직자들에게 주마가편의 심정으로 채근담에 나오는 "옳더라도 굳어지지 말며, 좋더라도 치우치지 말고, 맞더라도 낡아지지 말라. 새로움에 가볍지 말고, 이로움에 얕아지지 말며, 힘 앞에 작아지지 말라"는 글귀를 항상 명심하도록 당부해왔다.

3

대표적인 3대 성과 :
광주형 일자리, 인공지능 대표도시,
민관협치

우리 광주는 변화에 앞서 선도적으로 새로운 길을 개척하는 응변창신(應變創新)의 혁신을 통해 지난 4년 동안 대한민국 미래를 선도하는 수많은 성과를 창출했고 해묵은 현안들을 속속 해결했다.

그 중 대표적 성과로 3가지 사례를 소개한다. 광주발전과 미래일자리를 책임질 양대 축이자 한국경제의 새로운 희망이 되고 있는 광주형 일자리 사업과 인공지능 대표도시 그리고 지방행정의 나아갈 길을 제시한 민관 협치행정의 성공모델이다.

(1) 세계 유례없는 광주형 일자리모델 GGM 자동차공장 완공

가. 광주가 한국경제의 새로운 역사를 썼다.

무려 23년 만에 국내 자동차공장이 들어섰다. 2021년 9월, 광주글로벌모터스(GGM) 자동차공장이 완성차를 양산하기 시작했다. 광주형 일자리 업무협약을 체결한 지 2년 8개월, 광주글로벌모터스(GGM) 자동차공장을 착공한 지 1년 9개월 만에 자동차공장이 완공되어 자동차 본격 양산이라는 '기적'같은 일이 현실이 됐다. 아울러 광주형 일자리의 첫 결실인 경형SUV 자동차 '캐스퍼'는 온라인 판매 하루 만에 1만 9,840대 예약이라는 기록을 세웠다. 현대차의 내연 자동차 역사상 최고의 기록이기도 하다. 광주형 일자리모델의 첫 사업이 대박을 터트린 것이다.

3년 6개월 전, 내가 광주시장에 취임할 당시만 해도 광주형 일자리의 성공을 확신하는 사람은 거의 없었다. 시장 재임 기간 중 가장 어려웠던 일이 무엇이냐고 물으면 광주형 일자리를 꼽을 정도로 힘든 사업이었다. 우리나라에서 처음일 뿐만 아니라 세계적으로도 유례를 찾아보기 어려운 지자체 주도의 노사상생 모델이라서 예기치 못한 난관들이 참 많았다. 특히 이해관계가 서로 다른 노(勞)와 사(使)가 한 마음이 된다는 것은 현실적으로 매우 어려운 일이었다. 처음 시도되는 만큼 노동계는 '임금의 하향평준화, 낮은 질의 일자리'라는 이유로 반발했고, 경영계도 실현가능성에 의문을 제기하면서 양측의 상생방안 마련이 어려울 것이라는 전망이 우세했다.

한국노총 광주본부와 현대자동차의 서로 다른 입장차 조정, 거액의 자본금(2,300억 원)과 차입금(3,454억 원) 모집과정에서 겪은 어려움, 끊임없는 일부의 의혹 제기나 가짜 뉴스에 대응하는 것은 참으로 힘든 일이었다. 노사 간 이견을 조정하는 과정에서 아무리 전화를 걸어도 받지 않고, 몇 시간씩 기다리고도 만나지 못하고 돌아서야 할 때도 있었다. 광주형 일자리에 대한 오해로 현대차 노조의 반발이 극심할 때 울산까지 찾아가 진정성을 호소하기도 했다. 옛말에 사랑을 따르자니 부모가 울고, 부모를 따르자니 사랑이 운다는 말이 있듯이 노와 사를 모두 만족시키는 해법을 찾기는 정말 어려웠다. 개인 일 같았으면 아마 중도에 그만두었을 것이다.

하지만 주저앉고 싶을 때마다 일자리가 없어 고통받고 있는 우리 청년들의 간절한 눈빛을 떠올렸다. 한국경제의 고질적 문제인 '고비용 저효율' 문제를 해소하고, 새로운 희망을 만들어야 한다는 절박한 시대적 소명을 가슴에 새겼다. 자존심이나 체면을 모두 내려놓고 가장 낮은 자세로 사정하고 호소하면서 하나씩 난관을 극복했다.

그 결과 150만 광주시민과 온 국민의 뜨거운 성원, 문재인대통령과 정치권의 적극적인 지원, 그리고 노사의 상생결단 등에 힘입어 마침내 2019년 1월 31일 광주시와 현대자동차 투자협약 체결→2019년 9월 20일 (주) 광주글로벌모터스 설립→2019년 12월 26일 자동차 공장 착공→2021년 4월 29일 준공→2021년 9월 15일 '첫' 자동차 양산이 본격적으로 시작됐다. 캐스퍼 1호차 첫 시동이 걸리는 순간, 감개무량하다는 말로는 부족할 만큼 가슴이

벅차올랐다. 특히 GGM공장이 들어선 빛그린산단은 내가 2007년 건설교통부장관 때 노무현대통령을 모시고 산업단지 건설을 추진했던 터라 나에겐 그 의미가 더욱 특별했다.

"윤종해 의장님, 우리가 하는 일은 역사에 남는 일입니다"

광주형 일자리를 추진하면서 가장 어려운 일 중의 하나가 노동계를 설득하는 과정이었다. 힘들 때도 많았지만 절실함과 진정성, 은근과 끈기로 노동계 설득을 이어갔다. 흔들리지 않고 피는 꽃이 없듯이 여기까지 오는 과정에서 노동계와도 수없는 흔들림이 있었다. 처음 가보는 길이라 많은 난관에 봉착했지만 우리는 '봉산개도 우수가교(逢山開道 遇水架橋)'의 고사를 가슴에 새기면서 노동이 존중받고 기업하기 좋은 노사상생도시 광주를 만들자는 일념으로 함께 달려왔다.

특히 노동계의 대표 파트너였던 한국노총 광주지역본부 윤종해 의장에게 이런 얘기를 자주 했다. "윤 의장, 우리가 하는 일은 역사에 남는 일입니다. 훗날 우리 아이들이 배우는 교과서에 나올 일을 하고 있습니다. 노사상생의 일자리를 광주가 만들어내지 못하면 우리 청년들의 일자리 문제를 해결하지 못할 뿐만 아니라 한국경제의 미래도 없습니다. 우리가 독립운동하는 마음으로 이 어려움을 극복해 갑시다".

윤 의장도 노동계의 합의를 이끌어내는 과정에서 수많은 고뇌와 어려움이 있었다. 그럼에도 대한민국의 미래와 우리 청년들의 일자리 창출을 위해 큰 결단을 해주신 윤종해 의장님과 한국노총 관계자분들께 다시 한번 깊은 감사를 드린다.

나. 광주형 일자리사업의 4대 원칙

'광주형 일자리'란 광주에서 시작된 일자리 모델로서 사회적 대타협을 기반으로 한 노사상생의 일자리를 말한다. △적정 임금, △적정 노동시간, △원하청 관계 개선, △노사 간 공동책임 경영 등 4대 원칙을 기본으로 한다. 광주형 일자리는 당초 광주 청년들의 일자리 창출을 위해 시작되었지만, 이러한 4대 원칙이 갖는 중요한 역할로 인해 대한민국의 미래가 달린 중차대한 과제로 부각되었다.

날로 심각해지고 있는 제조업의 위기, 대기업들의 해외 공장 이전, 취업자 급감, 심화되고 있는 양극화 문제들을 그 누구도 외면할 수 없는 엄중한 상황에서 광주형 일자리 사업은 광주 청년들의 일자리 문제 해결을 뛰어넘어 한국 경제의 구조적 문제인 '

고비용 저효율' 문제를 해소하여 경제체질을 강화하고 경쟁력을 높이는 노사상생과 사회대통합의 혁신적 대안으로 평가받았다.

광주형 일자리 모델의 첫 번째 사업이 광주에서 완성차 공장을 생산해 지역 일자리를 창출하는 것이었다. 따라서 통상 광주형 일자리사업이라 하면 (주)광주글로벌모터스(GGM) 자동차공장 건설사업으로 일컬어지고 있다.

광주글로벌모터스 자동차공장 건설은 광주시 주도하에 지역 노·사·민·정(한국노총 광주지역본부, 현대자동차, 시민사회단체, 광주시)이 소통과 대타협을 통해 추진한 노사상생의 일자리사업이다. 국내는 물론 전 세계적으로도 유례가 없는 최초의 지자체 주도의 사회대통합형 노사상생 모델이다.

광주형 일자리모델의 4대 원칙이 2019년 1월 31일 광주시와 현대자동차 간에 체결된 투자협약서에서는 '적정 임금, 적정 노동시간, 원하청 동반성장, 노사 간 소통·투명경영'으로 구체화되어 있다.

'적정 임금'의 경우 광주글로벌모터스(GGM)는 평균 초임 연봉을 기존 완성차업체 임금의 절반 수준인 3,500만 원 수준으로 맞추어 원가 경쟁력을 높이고 대신 상대적으로 낮은 임금은 광주시가 정부와 협력하여 주거·문화·복지·보육시설 등의 지원을 통해 보전하는 방식이다. 그리하여 근로자들의 삶의 질을 기존 자동차공장 근무자와 비슷한 수준으로 끌어올린다는 구상이다.

'적정 노동시간'의 경우 1일 8시간 주 40시간 근무를 원칙으로 하고 있다.

'원하청 동반성장'의 경우 현대자동차와 광주글로벌모터스

(GGM)는 지역 일자리 창출과 지역경제 활성화를 위해 자동차 생산에 필요한 부품과 자재 조달에 최대한 지역기업들이 참여할 수 있도록 하고, 이로 인해 원하청 격차가 해소될 수 있도록 노력하는 것으로 합의했다.

'노사상생'의 경우 광주글로벌모터스(GGM) 내에 상생노사발전협의회를 구성·운영하여 노동이 존중받는 상생의 일자리를 만들기로 했다. 이렇게 되면 노동자에게는 안정된 일자리가 생기며, 기업은 임금이 적정화되고 노사분규에 시달리지 않아 경쟁력이 생기고, 지역사회와 광주시는 지역일자리 창출과 시민들의 소득 증대 나아가 지역경제 활성화를 꾀할 수 있다. 이런 이유로 사회대통합형 노사상생의 일자리 모델이라고 일컫는 것이다.

광주형 일자리는 이처럼 지자체 주도하에 사회적 대합의를 통해 대립적 노사관계 개선에 나선 세계적으로도 유례가 없는 모델이란 점에서 기존의 일자리와는 출발부터 달랐다.

다. 광주글로벌모터스(GGM)의 일자리 창출 효과

무엇보다도 광주형 일자리는 청년들의 일자리 문제를 해결할 돌파구였다. 광주글로벌모터스(GGM)는 직접 일자리 1천 개, 협력사 등 간접고용까지 합하면 1만 2천 개의 일자리가 창출될 예정이다. 매년 광주 순유출 인구 중 청년 비중이 60%를 넘는 상황에서 광주글로벌모터스(GGM)자동차공장은 착공 때부터 청년들의 큰 관심사였다.

직원 채용은 철저하게 공정하고 투명한 절차에 따라 이루어졌다.

2021년 1월 광주글로벌모터스(GGM) 1차 기술직 신입사원 186명 모집에 1만 2,603명이 지원해 67.8대 1의 경쟁률을 기록했다. 또 2월 중 신입사원 43명 공채에 3,274명이 지원하며 76대 1의 높은 경쟁률을 기록했다. 이처럼 높은 경쟁률은 그만큼 지역 청년들의 일자리가 부족하다는 것을 반증하는 것이라 마냥 기뻐할 수가 없었다. 시장으로서 청년들의 일자리 창출에 더욱 노력해야겠다는 다짐을 하는 계기가 되었다.

전체 채용 인원 중 광주·전남 지역민은 92.4%(광주 83.5%·전남 8.9%)인 것으로 집계됐다. 학력별로는 고등학교 졸업자가 22.1%에 달하고, 전문대 졸업 47.5%, 대학 졸업자는 29.5%였다. 향후 자동차 생산규모에 따라 1교대에서 2·3교대로 늘려가면서 1,000명까지 직접 고용할 계획이다.

또한 광주글로벌모터스(GGM)은 전국 최초의 지역상생형 일자리 기업으로서 공장 건설과정에서부터 지역상생을 적극 실천하는 등 지역경제 활성화와 지역일자리 창출에 크게 기여했다. 공장 신축과정에서 하도급 대상 공사금액(직접공사비)의 60% 이상을 지역업체가 참여할 수 있도록 시공사와 적극 협력했다. 건설공사 인력과 장비도 지역 근로자와 지역 업체를 최대한 고용·사용했다. 직원 채용도 지역 출신을 우대했다.

광주형 일자리 사업 추진에 따른 광주의 이미지 제고 효과도 컸다. 정치도시나 투자하기 어려운 강성도시로 인식되던 광주가 경제도시로 인식되는 계기가 되었다.

라. 광주형 일자리사업의 큰 의미는 한국경제 재도약의 마중물 역할

광주글로벌모터스(GGM) 자동차 공장의 성공은 그 자체의 지역 일자리 창출효과도 크지만, 다른 지역, 다른 업종의 성공을 불러오는 마중물 효과로서 더 큰 의미가 있다. 자동차에서 시작된 광주형 일자리 모델이 전국으로, 다른 업종으로 확산되면 한국경제는 체질이 강화되고 경쟁력이 제고되는 효과를 기대할 수 있게 된다.

이런 점에서 광주형 일자리는 광주에서의 고용창출 효과뿐만 아니라 고비용 저효율 구조와 대립적 노사관계 등 한국경제의 고질적인 문제들을 극복하기 위한 혁신적 대안으로 평가받고 있다. 청년들의 일자리 부족과 좌절, 제조업의 위기, 공장 해외 이전, 사회 양극화 등의 한국경제문제의 해결책이 될 수 있어 온 국민과 정부 및 정치권이 전폭적으로 지지해준 것이다.

실제로 광주형 일자리는 상생모델의 전국적 확산을 이끈 기폭제 역할을 하고 있다. 광주형 일자리 투자협약 체결 이후 7개 지역(밀양, 대구, 구미, 횡성, 군산, 부산, 신안)으로 상생협약이 확산되었다.[1] 정부 발표에 의하면 광주와 이 지역들을 모두 합하면 직접고용이 1만 2천 명(간접 포함 시 13만 명), 그리고 51조 원 이상의 투자가 기대된다.

정부는 광주형 일자리 타결 이후 상생형 일자리 대책을 수립하고, 상생형 지역일자리 지원센터를 설치했다. 또 균형발전특별법 개정 등 지원시스템을 제도화하여 정책의 안정성과 지속성 확보에 노력하고 있다. 산업통상자원부는 2020년 6월 15일 「국가균

---

1) 문재인정부에서 윤석열정부로 바뀌면서 '상생형 지역 일자리 사업'이 동력을 상실해 안타깝다.

형발전특별법」제11조의2에 의거하여 광주형 일자리 자동차 공장을 '제1호 정부 상생형 지역일자리'로 최종 의결했다. 광주형 일자리는 △노사민정 사회대타협의 상생 일자리, △청년들이 다시 돌아오는 일자리, △23년 만에 국내 완성차 생산의 전환점을 만든 일자리라는 점에서 높은 평가를 받았다.

이로 인해 광주글로벌모터스(GGM) 자동차공장에는 지방투자촉진보조금과 투자세액 공제 우대 등의 정부지원이 이뤄지게 되었다. 또한 △노사동반성장지원센터 건립, △거점형 공공직장 어린이집 건립, △빛그린산단 개방형체육관 건립·진입도로 개설·산학융합지구 조성, △친환경자동차 부품클러스터 조성, △친환경자동차 부품인증센터 구축, △경형SUV 부품 사업화 지원 등에 5,035억 원(국비 2,944억 원)을 지원하기로 결정됐다.

마. 친환경자동차 메카도시로 도약하는 계기

광주는 자동차 도시이다. 1965년 국내 최초 자동차 공장인 아시아 자동차공장이 광주에서 건립되었다. 지금은 울산에 이어 제2의 자동차 생산도시이다. 그간 자동차 산업은 광주의 최대 주력 산업 중 하나였다. 이런 상황에서 광주는 기아차에 이어 광주글로벌모터스(GGM)에서 현대차 브랜드의 자동차를 위탁 생산하면서 한 도시에서 두 브랜드의 승용차를 생산하는 최초의 도시가 됐다. 자동차 산업도시로 불러도 손색이 없다.

광주의 꿈은 이러한 기반을 바탕으로 친환경자동차 메카도시로 도약하는 것이다. 현재 친환경자동차 부품클러스터 조성사업이 2016-2022년까지 3,030억 원(국비 1,431억 원, 시비 1,405

억 원, 민자 194억 원)을 투입해 빛그린국가산업단지에 조성되고 있다. 또한 빛그린산단에 국내 유일의 친환경자동차 부품인증센터가 건설 중이다. 이와 함께 중소기업벤처사업부로부터 무인 저속 특장차 규제자유특구로 지정됐고, 국토교통부의 자율주행차 시범운행 지구 사업을 통해 빛그린산단, 수완지구, 평동산단 등 실제 도로환경에서 자율주행 자동차를 실증하는 일도 속도를 내고 있다.

또 광주시는 인공지능과 연계한 미래차 실증기반 조성을 본격화하고 있다. 첨단 3지구 내 인공지능산업융합 집적단지에 국내 최대 규모의 '인공지능형 자율주행 대형 드라이빙 시뮬레이터'를 구축한다. 이는 운전자가 차량에 탑승한 상태로 다양한 실제 주행상황을 가상에서 구현하고 이를 통해 자율주행 기능을 개발하고 검증할 수 있는 환경을 제공하는 첨단장비로 2023년 상반기에 준공할 예정이다.

이러한 사업들이 완료되면 광주시는 명실상부한 친환경자동차 선도 및 거점도시로 위상을 확고히 할 전망이다. 특히 더욱 유리한 점은 2021년 6월 3일 빛그린산단을 비롯한 4개 산단 및 지구(빛그린산단, 첨단 3지구, 에너지밸리일반산단, 도시첨단국가산단) 132만 4천평($4,371km^2$)이 경제자유구역으로 지정되었고, 2021년 1월 컨트롤타워인 '광주경제자유구역청'이 개청했다는 점이다.

바. 향후 광주글로벌모터스(GGM)의 과제

앞으로 광주글로벌모터스(GGM)의 최대 관건은 경쟁력과 지속가능성을 확보하는 것이다. 이를 위해서는 첫째, 무엇보다 노사상생 기업문화가 확실하게 정착되어야 한다. 광주글로벌모터스(GGM) 종사자들은 대표부터 신입사원까지 모두가 노동자이고 모두가 사용자라는 인식을 가져야 한다. 특히 꾸준하게 노사민정 대타협을 상생형 노사관계를 이뤄나가는 것이 무엇보다 중요한 과제다.

둘째, 적정 시점에 친환경 자율주행차로 전환하는 것이 관건이다. 일부에선 왜 전기차나 수소차로 시작하지 않았느냐는 지적도 있다. 당시 국내 자동차 시장에서 수소차, 전기차 비율이 10%가 채 되지 않았기 때문에 수익성과 대중성을 고려해서 내연 SUV 차를 생산하고 있으나 향후 자동차 시장 변화 추이를 예의주시하면서 친환경 자동차 생산 공장으로 바로 전환할 것이다.[2] 또한 좋은 내연차를 만든 경험이 있어야 좋은 전기차를 만들 수 있다는 점도 강점이다.

* 2020년 신규 등록 190만 대 중 전기차 수소차는 3만7천 대(1.9%)/ 하이브리드 포함 16만5천 대(8.6%)

GGM 자동차 공장은 친환경화·디지털화·유연화라는 3대 콘셉트로 건설됐으며, 현재 생산라인에서 바로 전기차와 수소차를 생산할 수 있는 최첨단 유연생산 시스템을 갖추고 있다. 아울러 3,000cc급 중형 가솔린 차량까지 라인 변경 없이 생산 가능하도록 설비를 구축했다. 이처럼 현재의 생산라인에서 어떤 차량이

---

2) GGM은 2024년 2월부터 6월까지 전기차 시험생산을 거쳐 하반기부터 본격적인 전기차 양산에 들어간다.

든, 어떤 브랜드든, 어떤 등급의 주문이든 생산할 수 있는 혼류 생산 시스템을 갖췄다는 것이 위탁 생산공장으로서 가장 큰 경쟁력이다.

셋째, 광주글로벌모터스(GGM)가 세계적인 다양한 브랜드의 차종을 위탁 생산할 수 있는 인지도와 기술력을 갖춰야 한다. 광주글로벌모터스(GGM)에서 처음 생산된 캐스퍼가 초기에 성능과 안전을 인정받아 판매 호조가 이어지고 있는데 이를 바탕으로 세계적인 친환경자동차 위탁 생산공장으로 발돋움해야 한다.

(2) 인공지능(AI) 광주시대 개막

불과 4년 전 시장에 취임할 때만 해도 인공지능 중심도시 광주(AI Hub City Gwangju)는 상상조차 할 수 없었던 일이지만, 지금 현실이 되고 있다. '인공지능 일등 국가 대한민국'을 견인할 '인공지능 대표도시'로 도약하고 있다. 4차 산업혁명시대의 핵심 동력이자 모든 주력 산업의 기반인 AI기술을 바탕으로 '의향'광주를 넘어서 '인공지능 광주시대'를 열어가고 있다.

기회는 위기의 옷을 입고 온다는 말이 있다. 코로나19 위기는 비대면 디지털 사회를 가속화시켜 인공지능(AI) 광주시대를 준비해온 우리에게 새로운 기회가 되었다. 우리시는 광주 시민들의 특별한 DNA, 소위 「시대발전을 선도하는 소명의식, 강한 문제의식과 도전정신, 새로운 세상을 꿈꾸는 창의력과 상상력」을 세계적 수준의 AI 집적단지와 결합시켜 누구도 따라올 수 없는 AI 광주시대를 열어 가고 있다.

이제 어떤 도시도, 산업도, 상품과 서비스도 인공지능과 결합되지 않으면 성공할 수 없는 세상이 도래했다. 전국 최대 규모의 국가 AI데이터센터 구축과 함께 경쟁력 있는 AI기업과 인재들이 광주를 찾고 있다. 2022년 5월 기준, 145개의 국내외 인공지능기업과 업무협약(MOU)을 체결했고, 이 중 97개의 기업이 광주에 사무실을 열었다. 우리 광주가 AI 창업생태계 구축으로 한국의 실리콘밸리로 부상하고 있다.

가. 왜 광주는 '인공지능'을 선택했는가?

우리 광주는 나라가 어려울 때마다 시대정신과 대의를 좇아 역사의 물꼬를 바로 돌린 정의로운 도시 의향이지만 그동안 오랜 차별과 소외로 인해 경제적으로는 많이 낙후되어 있었다. 그렇다면, 뒤처진 광주가 어떻게 해야 앞선 도시들을 추월할 수 있을까?

인류 역사상 3번의 산업혁명이 있었고, 매 산업혁명 때마다 국가와 도시의 운명이 바뀌었다. 1차 산업혁명은 영국이 주도했고, 2차·3차 산업혁명은 미국이 주도하면서 그 시대의 주역으로 등장했다. 나는 오래전부터 우리 광주가 선진 도시들을 추월해 세계적인 도시로 도약할 수 있는 유일한 돌파구가 4차 산업혁명이고 그 핵심이 인공지능이라고 생각해왔다. 혁명이 아닌 상황에서 앞선 도시들을 따라잡기 위해서는 차선을 바꾸고 속도를 내야하는 데 사실상 차선이 단선인 산업사회 상황에서 이는 매우 어려운 일이다.

그러나 시대정신과 경제시스템이 완전히 뒤바뀌는 산업혁명 시기에는 차선이 필요 없고 우리가 어떻게 하느냐에 따라 꼴찌가 일등이 되고 일등이 꼴찌가 될 수 있는 기회다. 내가 인공지능 중심도시 광주를 꿈꾸기 시작한 이유이다.

나. 혁신적 발상이 광주의 운명을 바꾸는 시작점이 됐다 : 국가 인공지능산업 융합집적단지 조성

우리가 꿈을 포기하지 않는 한 꿈은 우리를 버리지 않는다는 것이 평소 내 믿음이다. 마침내 우리에게 기회가 찾아왔다. 2018년 11월, 정부가 국가균형발전과 경제 살리기 차원에서 광역자치단체로 하여금 예비타당성조사 면제사업을 신청토록 했다. 다른 광역자치단체들은 모두 기존 방식대로 예산 규모가 큰 철도, 도로, 항만 등 SOC 건설사업을 신청했지만, 우리시만 발상을 전환해서 전국에서 유일하게 R&D사업인 '인공지능산업 융합집적단지 조성사업'을 신청했다. 4차 산업혁명시대 성장 동력과 일자리 창출의 보고가 될 것이라는 판단에서였다.

결국 2019년 1월 광주 인공지능 산업융합집적단지 조성사업이 예타가 면제되는 국가사업으로 확정됐다. 혁신적 발상이 광주의 운명을 바꾸는 시작점이 됐다. 지역발전 전략을 SOC 중심에서 벗어나 미래혁신 성장산업으로 방향 전환하는 새로운 계기를 마련했다는 점에서 의미가 컸다.

예산규모는 SOC 건설 사업과 비교할 때 적지만, 광주의 미래를 책임질 산업으로 여기에서 나올 일자리와 산업 유발 효과는 비교할 수 없을 정도로 크다. 이 사업예산은 '빙산의 일각'처럼 5년 간 4,116억 원(국비 2,798억 원, 시비 910억 원, 민자 408억 원)으로 작아 보이지만, 바다 밑에는 수십조 수백조가 깔려있다는 것을 당시 대부분 눈치 채지 못했다. 지금은 많은 분들이 광주가 인공지능을 선택한 것은 신의 한 수였다고 평가한다. 이제 어떤 도시도, 산업도, 상품과 서비스도 인공지능과 결합되지 않으면 성공할 수 없는 세상이 도래했다는 것을 알게 되면서다. 이후 문재인대통령께서는 2019년 10월 28일 'Deview 2019 개발자회의'에서 "문재인정부는 인공지능정부가 되겠다"고 천명했고, 12월 17일 '인공지능 국가전략'을 발표했다. 2019년 12월 19일 중앙도시계획위원회에서 광주 첨단 3지구 그린벨트(개발제한구역) 해제안이 극적으로 통과되면서 광주의 인공지능 집적단지 사업은 더욱 속도를 내게 되었다.

우리시는 2020년 1월 29일 광주인공지능 집적단지 비전과 추진전략을 발표하고 과학기술정보통신부와 함께 광주 인공지능 집적단지 조성사업의 컨트롤타워 역할을 할 '인공지능 산업융합사업단'도 발족시켰다. 여기에 오는 2024년까지 5년간 4,116억 원을 투입해 첨단 3지구(4만 7256㎡)에 국내 유일의 '국가 인공지능 산업융합집적단지'를 조성하고 있다. 집적단지는 인공지능 데이터 댐, 국내 최고 수준의 컴퓨팅 자원, 창업연구 인재양성 인프라를 집약한 곳으로 대한민국의 AI 핵심거점으로 육성될 예정이다. 사업별로 국가 AI데이터센터, 실증기반 등 AI 인프라 구축 2,559억 원, AI 융합연구개발 508억 원, 창업 및 기업성장 지원 556억 원, 융합인재 양성 315억 원이 투입된다.

2020년 6월에는 첨단 3지구를 포함한 4개 지구가 경제자유구역으로 지정되었다. 이어 2020년 6월 18일 과학기술정보통신부는 첨단 3지구 일대 미개발지 약 110만 평(361만 6,853㎡)에 이르는 대규모 부지를 인공지능 기반 과학기술 창업단지 중심의 연구산업 복합단지로 조성하는 개발계획을 확정했다.

2021년 2월 4일 세계적 수준의 국내 유일 국가 AI데이터센터가 착수식을 갖고 건설 중이다. 글로벌 경쟁력을 가진 인공지능 기업들이 광주에 둥지를 틀고 있고 인공지능 인재들이 광주에서 양성되고 있다. 우리 광주가 인공지능 4대 강국 대한민국을 뒷받침하고 있는 것이다.

이외에도 우리시는 2019년 1월 국가 AI산업 융합집적단지를 유치한 이후 광주를 세계적인 인공지능 도시로 만들기 위해 많은 노력을 해왔다. 주요 추진 경과를 날자 순서대로 보면 '인공지능대표도시 광주만들기 추진위원회' 출범(2019.9.23.)→실리콘밸리 현장방문(2019.10.6.-11.)→경기도 이재명 지사와 업무협약 체결(2019.10.23.)→'제1회 대한민국 AI클러스터 포럼' 개최(2019.10.23.)→전국 최초로 광주시에 인공지능산업국 신설(2019.11.)→초연결 인공지능 헬스케어 플랫폼 구축 결성식 개최(2020.12.19.)→스마트가전용 AI SoC 기술개발 사업 및 AI반도체 실증지원사업, 정부 공모사업 선정(2021.5.)→AI 기술을 접목한 스마트 하수관리 시스템 구축사업, 환경부 공모사업에 선정(2021.7.)→광주 인공지능 산학연협회 출범(2021.7.22.) 등이다.

다. 광주 AI산업 융합집적단지의 3대 성공 조건

나는 우리 광주에 조성되는 인공지능 산업융합집적단지가 성
공하기 위해서는 세 가지 조건을 갖춰야 한다는 판단 하에 여기
에 중점을 두어 추진했다.

첫째는 슈퍼컴퓨팅 시스템을 갖춘 AI특화 데이터센터가 구축
되어야 하고, 둘째는 인공지능 인재를 원활하게 공급할 수 있어
야 한다. 셋째는 기술과 아이디어만 있으면 누구나 창업하고 성
공할 수 있는 AI생태계 조성이 필요하다. 이렇게 되면 광주 AI집
적단지는 거대한 데이터 댐과 세계적 수준의 컴퓨팅 자원, 창업·
연구·인재양성 인프라를 한곳에 집약한 대한민국의 인공지능 심
장이 될 것이다.

① 슈퍼컴퓨팅 데이터센터 구축

산업사회 발전의 핵심동력이 '전기'였다면 AI시대의 전기는 '데이터'이다. 광주에 들어서는 국가 AI데이터센터는 국내 최대 규모이자 세계적 수준이다. 국가가 예산을 지원하는 국내 유일의 AI데이터센터이기도 하다. 광주 국가 AI데이터센터는 컴퓨팅 연산능력 88.5PF(페타플롭스), 저장용량 107PB(페타바이트)로 현재 구축규모로 세계 10위권(독일 슈퍼컴퓨터위원회 기준 세계 7위) 안에 드는 규모다. 우리나라 최대 규모인 한국과학기술정보연구원의 '누리온 5호기(25.7PF, 세계 17위 수준)'보다 3배 이상 큰 규모와 성능을 자랑한다.

우리시는 과학기술정보통신부와 협의하여 데이터센터 용량 88.5PF 중 20PF는 HPC(High Performance Computing, 고성능 컴퓨팅) 전용으로 구축해 국가나 공공목적의 연구에 활용토록 했고, 나머지 68.5PF는 민간부문에서 새로운 기술, 상품, 서비스 등을 개발하는 데 활용하여 기업 유치와 일자리 창출에 기여할 수 있도록 혼용방식으로 설계했다.

광주에 구축되는 AI데이터센터에 모이는 각종 데이터는 누구나 공유할 수 있도록 완전히 개방되어 각종 연구개발을 지원하고 다양한 산업들을 육성할 수 있는 최적의 클라우드 플랫폼 역할을 할 것이다.

또한 중소기업·연구기관·대학들은 자기들이 개발한 기술, 상품, 서비스의 성능과 효과를 이곳 데이터 실증센터에서 테스트하고 검증할 수 있다. 특히 우리 광주는 주력산업인 자동차, 에너지, 헬스케어, 문화콘텐츠 분야를 인공지능과 융복합시켜 광주만의 글로벌 경쟁력을 확보해 나갈 것이다.

2021년 1월 3일 인공지능산업융합사업단은 공모를 통해 인공지능 핵심시설인 데이터센터 구축·운영 사업자로 국내 3대 클라우드 사업자인 NHN을 선정하였다. 이어 우리시는 2021년 2월 4일 국가 인공지능데이터센터 착수식을 갖고 NHN과 데이터센터 구축·운영을 위한 업무협약을 체결했다. NHN은 이날 광주 인공지능 산업생태계 조성을 위해 2,100억 원을 추가로 투자하겠다고 공식 발표했다. 이로써 2023년까지 건설되는 국가 AI데이터센터에는 국비 923억 원에 NHN㈜의 추가 투자액 2,100억 원 등 총 3,000억 원이 투입돼 첨단 3지구에 조성된다.

아울러 NHN은 지역사회를 위한 상생협력사업으로 2022년 6월, SW전문인력 양성기관인 'NHN 아카데미'를 설립해 매년 60여 명의 IT전문인력을 양성한다. 또한 NHN은 IT일자리 창출 및 인재확보를 위한 'NHN R&D센터'를 2023년 설립해 2029년까지 매년 30여 명씩 총 180여 명의 지역 인재를 채용할 계획이다. 또 NHN은 2023년 AI데이터센터 개통 전까지 자체 보유하고 있는 클라우드를 활용해 기업들에게 2021년 4월부터 데이터 서비스를 제공하고 있다. NHN의 참여로 인해 인공지능 관련 기업들의 광주행은 더욱 탄력을 받고 있으며 지역 일자리 창출에도 크게 기여할 것으로 전망된다. AI허브 광주를 실현하는 데 NHN은 든든한 협력파트너가 되고 있다.

문재인대통령은 2021년 2월 4일 광주 김대중컨벤션센터에서 열린 광주인공지능데이터센터 투자협약 및 착수식에 영상 축사를 보내 "광주 '국가인공지능 융복합단지'는 대한민국 인공지능의 핵심거점으로, 정보통신 강국을 넘어 인공지능 강국으로 도약하고자 하는 대한민국의 꿈을 실현할 전진기지가 될 것이다. 광주에서 양성된 청년 인공지능 인재들이 세계시장에 도전해 광주를 세계적인 인공지능 창업도시로 발전시킬 것"이라고 말했다.

② AI인재 양성 및 공급

인공지능 경쟁은 곧 인재 경쟁이라고 할 정도로 인재 확보가 성공의 관건이다. AI사업의 성공여부는 인재 확보 및 인재의 원활한 공급에 달려있다. 광주에 AI기업들을 유치할 때 부딪히는 첫 번째 문제가 원활한 인재 공급이다. 기업들은 "수도권에 있어도 AI인재 구하기가 어려운데 광주에 가면 인재를 확보할 수 있을까요?"라고 묻는다. 여기에 답을 제시하지 못하면 광주가 인공지능도시로 도약하는 데에 한계가 있다.

초창기에 실리콘밸리와 판교테크노밸리 등에 있는 국내외 전문기관 및 전문가들을 찾아다니면서 협력체계를 구축한 것도 필요한 인재 확보 및 인재 양성에 도움을 받기 위한 것이었다. 그러나 인재를 빌려 쓰는 데에는 한계가 있다는 판단 하에 광주가 인공지능 인재를 직접 육성하기로 했다.

먼저 우리 광주를 인공지능 인재양성의 산실로 만들기 위해서는 유치원부터 대학원에 이르기까지 인재 양성 사다리를 구축하는 것이 필요하다고 판단하고 광주시와 광주시교육청, 국립광주과학관, 5개 대학(원)이 손을 잡았다. 유치원, 초·중·고, 일반 모두를 아우르는 인재 양성 사다리를 구축해 기초 소양교육부터 전문·실무교육에 이르는 모든 과정을 체계화·현실화하여 운영하는 등 인재 양성에 나섰다. 광주과학기술원(GIST)은 인공지능대학원을 설립해 2020년 3월부터 석·박사급 인재 양성에 들어갔다. 또 전남대와 조선대 등 지역대학에서는 인공지능 관련 대학과 학과를 운영하면서 인재를 키우고 있다.

그러나 이들 학교를 통해 인력들이 배출되는 데에는 시간이 걸려 바로 실무현장에서 필요한 인력을 공급하는 수요를 충족시키는 것이 절실한 과제였다. 그래서 취업·창업과 연계한 AI실무 전문가를 양성하는 전국 최초의 AI전문교육기관인 '광주인공지능사관학교'를 2020년 7월 개관했다. "프랑스 파리에 '에꼴42'가 있다면 대한민국 광주에는 'AI사관학교'가 있습니다"라고 자랑할 만큼 나는 관심과 애정을 많이 쏟았다.

AI사관학교는 수업료가 없다. 과학기술정보통신부로부터 '2020년 지역거점 인공지능 교육 운영 사업'에 선정되어 국비를 확보함으로써 인공지능 특화인재 육성에 탄력을 받았다.

국내 최고 수준의 코딩교육기관인 ㈜멋쟁이사자처럼(대표 이두희)과 컨소시엄을 구성해 사업을 준비해왔던 광주시는 2020년 5월에 곧바로 교육생을 모집하고 7월부터 본격적인 교육에 들어갔다. 1기 교육생 180명 모집에 전국의 내로라하는 젊은 인재 1,405명이 지원하여 그 인기를 실감케 했다. 수도권이 아닌 광주에서 진행하는 인재양성 교육에 전국적으로 우수한 인재들이 몰린 것 자체가 이슈가 됐다. 코로나19로 인해 개교식부터 비대면 온라인학습프로그램(LMS)으로 전환돼 진행됐지만 하루 8시간의 이론과정 등 총 960시간의 교육 수료, 창의적인 아이디어를 기반으로 동료들과의 문제를 해결하는 해커톤 대회, 인공지능 기업협력 프로젝트 실무과정에 이르는 6개월 과정을 차질 없이 진행됐다. 각종 해커톤 대회에서 우승하는 등 뛰어난 실력을 입증받은 1기 교육생 155명이 졸업했다.

2021년 6월 15일에는 제2기 교육생들이 입교식을 갖고 본격적인 교육에 들어갔다. 2기부터는 교육기간을 6개월에서 7개월로 늘리는 등 1기에서 지적된 일부 미비점을 보완하였다. 전국에서 3.38대 1이라는 높은 경쟁률을 뚫고 선정된 180명의 교육생들은 10월 말까지 AI알고리즘, 머신러닝, 딥러닝, 빅데이터 분석, 클라우드 컴퓨팅 서비스 등 중·고급 과정 480시간을 이수하고, 11월부터 12월까지는 자동차, 에너지, 헬스케어 등 지역특화산업과 공공 분야를 주제로 480시간 동안 현장중심의 프로젝트 실습과정의 교육을 받았다.

광주시는 전국 각지에서 온 교육생을 위해 30개실(2인 1실) 규모의 무료 기숙사와 점심을 제공했다. 이 밖에도 해커톤과 성과보고회 등을 개최해 우수한 성적을 거둔 교육생에게는 시상금 및 국내 연수 등의 기회를 제공하는 한편 취업지원위원회를 통해 교육 수료 이후에도 창·취업으로 이어지도록 적극 지원했다. 2기생은 최종 157명이 졸업했다.

2022년 12월 15일에는 광주인공지능사관학교가 9개월의 교육을 마치고 3기 302명의 전문인재를 배출했다. 3기부터는 AI인력 수요 증가에 대응하기 위해 모집정원을 180명에서 330명으로, 교육기간을 7개월에서 9개월로 늘렸다. 인공지능사관학교 운영기관은 3기부터 '멋쟁이사자처럼'에서 스마트인재개발원과 한국표준협회 그리고 엘리스 컨소시엄으로 변경됐다.

광주인공지능사관학교는 국내 최고 AI전문교육기관으로 자리매김하며, 우리 광주에 둥지를 트는 AI기업들에게 유능한 AI인재들을 원활하게 공급하고 있다.

③ 세계적 수준의 AI 생태계 조성

내가 AI 중심도시 광주 건설과 관련하여 가장 역점을 둔 것 중의 하나가 누구나 좋은 기술과 아이디어만 있으면 광주에서 쉽게 창업해 성공할 수 있는 AI창업 생태계를 구축하는 것이었다.

이를 위해 이들을 우선 체계적·종합적으로, 원스톱으로 지원·관리하기 위해 2020년 7월 25일 광주AI종합지원센터를 열었다. 이 센터는 AI기업 입주공간 제공, 투자유치 및 자금지원, 기술개발, 인력수급, 법률·특허·금융·경영 컨설팅·국제회의 등 원스톱 서비스를 지원한다.

먼저 AI종합지원센터에서는 기술력과 상상력을 어떻게 사업화할지 막막해하는 청년 창업가들에게 AI창업 멘토를 지원한다. 2020년 9월 25일 AI종합지원 멘토단 발대식을 갖고 본격적인 지원에 들어갔다. 다음 단계로 AI창업펀드를 조성해 창업자금을 지원하고 있다.

이렇게 해서 창업한 AI기업들에게는 창업 공간을 제공한다. 창업가들이 상상력과 창의력을 최대한 발휘할 수 있도록 의료, 교육, 주거, 문화 환경이 잘 갖춰진 도심에 AI창업캠프 문을 열어 사무실 공간을 제공하고 있다. 우리시는 AI인재들과 AI기업들이 광주로 몰려오면서 이들을 위한 사무실 마련에 고심해야 하는 행복한 고민에 빠졌다. 초창기에는 광주 동구 동명동에 위치한 '아이플렉스광주'를 제공했는데 얼마 가지 않아 포화상태가 되어 비상이 걸렸다. 우리시는 2020년 11월 11일 과학기술정보통신부(인공지능산업융합사업단)와 함께 'AI창업캠프 1호'를 개관했다. 개관하는 날 35개 기업 모두 100% 입주 완료했다. 2021년 9월 15일에는 옛 광주전남중소기업청사가 창업자와 투자자 그리고 창업지원기관이 집적된 '광주AI스타트업캠프'로 문을 열고 권칠승 중소벤처기업부장관 참석하에 개소식을 했다. 2021년 10월에는 우리시가 주관하는 'AI창업캠프 2호'가 개관했다.

이렇게 출발한 스타트업들이 죽음의 계곡으로 불리는 데스밸리(Death Valley)의 위기를 넘어 스케일업과 유니콘기업으로 성장할 수 있도록 AI종합지원센터에서 맞춤형 문제해결 서비스를 제공하고 있다. 여기에 AI데이터센터까지 완성되면 광주는 그야말로 세계적 수준의 AI 생태계를 갖추게 되는 것이다.

라. 향후 과제 : 광주집적화를 통해 AI 4대 강국 대한민국 달성

2021년 7월 말, 과학기술정보통신부가 갑작스럽게 인공지능산업을 전국으로 분산하는 '인공지능 전국 거점화' 구상을 발표했다. 인프라는 호남권, 연구개발은 충청권, 데이터활용은 강원권, 민간주도 글로벌화는 수도권 등 인공지능 정책과 산업을 쪼개고 분산시키겠다는 것이다. 우리 시로서는 도저히 받아들일 수 없는 청천벽력과 같은 믿기지 않는 소식이었고, 국가적으로도 매우 위험한 발상이었다.

나는 여름휴가 중에 이 소식을 듣고 바로 임혜숙 과학기술정보통신부 장관을 만나 인공지능 분산화 정책은 불가함을 설명했다. 임장관은 오해에서 비롯된 것이라면서 광주 인공지능 산업융합집적단지를 AI혁신거점으로 육성하고, 이를 바탕으로 전국으로 AI산업을 확산시켜나가겠다고 밝혔다.

2019년 7월 4일 세계적인 혁신기업가 손정의 소프트뱅크 회장이 문재인대통령을 접견한 자리에서 "앞으로 한국이 집중해야 할 것은 첫째도, 둘째도, 셋째도 ′인공지능′이다"고 말했다. 이후 국내에서 인공지능에 대한 관심은 크게 증가했다. 각 지자체들은 국가 인공지능 인프라의 분산 배치를 요구하기 시작했다. 각 지자체 입장에서는 당연한 요구일 수 있으나 이런 때일수록 국가(과학기술정보통신부)가 무엇이 인공지능 일등 국가 대한민국을 만드는 길인지 중심 잡고 흔들림 없이 가야할 것이다.

(3) 민관 협치행정의 성공모델 정착

가. 왜 협치행정인가?

나는 그동안 찬반이 첨예하게 엇갈려 장기표류하거나 정책 결정이 어려워 오랫동안 해결하지 못했던 지역의 숙원사업들과 중요 현안들에 대해 민관협치를 통해 민주적으로 최적의 해법을 찾아 해결했다. 협치 행정이 변화와 혁신을 이끌어내는 동력이 된 것이다.

행정에 관한 한 누구보다도 오랜 경험과 전문성을 가지고 있는 내가 밀어붙이지 않고 민관협치를 시정에 적극 도입한 데에는 이유가 있다. 지금은 집단지성의 시대이자 시민주권의 시대이기 때문이다. 끊임없이 변화하는 융복합의 시대에는 뛰어난 지도자 한 사람의 결단보다 어려운 문제일수록 다수 시민들의 의견을 수렴하여 지혜를 모아 결정하는 하는 것이 민주적일 뿐만 아니라 합리적이고 설득력 있는 최적의 결론을 이끌어 낼 수 있기 때문이다. 시간이 조금 더 걸리더라도 반대하는 목소리까지 수용할 수 있을 때 지역사회 분열과 갈등이 적어지고 합리적인 정책들을 만들 수 있다. 특히 민관협치는 어려운 난제일수록 시민의 뜻에 따라 결정한다는 점에서 가장 민주적인 의사결정 방식인데다, 정책 표류에 따른 사업 지연과 지역갈등 및 분열 등의 문제를 일거에 해소하고 후유증을 최소화할 수 있다.

이제 광주시의 협치행정은 주요 정책을 결정하는 효율적이고 민주적인 모델로 자리를 잡았다. 다만 시민들마다 광주를 사랑하는 방식과 가치가 다르고 이해관계가 다르기 때문에 다양한 의견들을 정제 없이 받아들이다 보면 바람직하지 못한 결론이 도출되거나 일을 진행할 수 없는 경우도 발생하게 된다. 따라서 사공이 많아 배가 산으로 가지 않고 순항할 수 있도록 나를 필두로 우리 공직자들이 중심을 잡고 흔들림 없이 기본과 원칙을 지키도록 했다.

나. '바로소통 광주' 시민 공론장 역할 톡톡

시민 누구나 생활 속에서 느끼는 아이디어를 직접 제안하고, 정책화를 지원하기 위해 2019년 3월 문을 열어 운영하고 있는 '바로소통 광주'가 온라인 민주주의 소통공간으로서 역할을 톡톡히 했다.

'바로소통 광주'는 시민들이 아이디어를 제안하고 시민권익위원회와 광주시가 토론과 숙의를 통해 정책화하기 위해 마련됐으며, 2019년 3월 문을 연 이후 2022년 5월까지 64만여 명이 방문하여 총 2,033건의 시민제안이 접수됐다.

　시민제안 내용으로는 지역현안 이슈와 시민들이 일상생활에서 느낀 불합리한 제도나 불편사항 그리고 고충민원 등 다양했다. '바로소통 광주'는 시민 제안이 이뤄지고 공감 수가 30일 동안 50명이 되면 다음 단계인 '토론'으로 이어지며, 시민권익위원회에서 광주시 관련 부서에 검토를 요청하게 된다. 또 '토론'에 참여한 시민이 30일 동안에 100명 이상일 경우 5개 분과위원회(일반행정, 도시재생교통건설, 문화관광체육, 복지교육환경, 일자리경제)와 관련된 부서가 참여한 가운데 토론과 숙의를 통해 실행방안을 논의한다. 마지막으로 시민권익위원회 전원위원회 회의에서 '정책 채택'으로 의견이 모아지면 광주시에 권고하고, 시민제안의 실행 계획과 이행 여부 등을 주기별로 모니터링해 '바로소통 광주'에 게시한다.

　이러한 시스템을 통해 시민권익위원회는 그간 총 56건의 정책을 광주시에 실행토록 권고했고 대부분 시정에 반영되었다. 이처럼 '바로소통 광주'는 시민들이 현안에 대해 관심을 갖고 사회적 이슈로 부상시키는 것은 물론 시민 의견이 직접 정책에 반영돼 실현되도록 하는 등 공론의 장으로서 자리매김하고 있다.

다. 민관협치 조례 제정 및 민관협치협의회 구성·운영

　우리시는 민관협치를 보다 체계적으로 뒷받침하기 위해 「민관협치 활성화 기본조례」를 2020년 제정하였으며, 이를 근거로 2021년 4월에는 행정과 시민이 함께 시책을 마련하는 민관협치

협의회를 구성해 운영하고 있다. 이에 따라 정책 형성 과정부터 지역사회가 다양하게 참여하여 건강한 논의와 토론을 통해 시정 현안 해결에 중요한 역할을 할 수 있는 협치 체계가 마련된 것이다. 민관협치의 제도적 장치가 마련된 만큼 시민사회단체들이 외부에서 비판하고 견제하던 방식에서 벗어나 이제는 협의체에 참여해 함께 좋은 정책을 만들 수 있는 확실한 기반이 마련되었다.

민관협치협의회는 시장과 시민대표 1명의 공동의장 체제로 운영되고 있다. 자치소통, 환경, 복지, 사회적 경제, 자치·마을공동체, 여성, 청년, 청소년, 문화, 인권교육 등 10개 분과를 구성해 운영하고 있다.

행정-시민-시민사회가 함께 시책을 마련하는 광주형 민관협치는 혁신적 협치성공모델로 자리 잡아가고 있다. 전국에서 벤치마킹의 대상이 되고 있다. 각계의 의견과 요구가 갈수록 다양해지면서 현안에 대한 시각 차이는 불가피한 현상이다. 하지만 서로가 다름을 인정하고 건강한 논의와 토론을 통해 합리적으로 결론을 내고 그 결과에 승복하는 민관협치의 모델이야말로 광주가 추구하는 민주도시의 방향과도 일치한다.

라. 도시철도 2호선 건설 등 해묵은 숙원사업, 민관협치로 속속 해결

민선 7기 들어 해묵은 사업이나 현안 과제들을 시민 공론화나 시민사회와의 협치를 통해 해결한 성과는 수없이 많다. 그중 몇 가지를 소개한다.

① 무려 16년간이나 찬반양론으로 지역사회의 분열과 갈등을 초래했던 도시철도 2호선 문제를 시민 공론화를 통해 해결

도시철도 2호선 건설문제는 내가 시장이 되고 나서 리더십을 평가받는 첫 번째 현안 사업이었다. 이 사업은 미래 교통수단으로 조속히 건설해야 한다는 찬성 쪽과 광주에서는 지하철이 필요하지 않다는 반대론자들이 맞서면서 무려 16년 동안이나 광주 지역사회가 분열했던 지역의 대표적 갈등사업이었다. 전임 시장 때 저심도 방식으로 도시철도 2호선을 건설하기로 잠정 결론이 난 상태여서 이 방식을 그대로 밀어붙여도 크게 문제 될 것이 없었다.

그러나 내 생각은 달랐다. 조금 시간이 걸리더라도 협치행정의 성공모델을 만들어 새로운 생활민주주의를 정착시켜 보고 싶었다. 그렇지 않고서는 임기 4년 동안 발생되는 중요 사안마다 계속 한편에서는 반대하고 다른 한편에서는 찬성하면 지역이 분열되어 성과를 내기 어렵다고 판단했기 때문이다. 2호선 논란을 공론화의 협치로 풀어내면 앞으로 직면하게 될 현안들도 투쟁과 논쟁을 뛰어넘어 대화와 합리로 풀어갈 수 있을 것으로 판단했다.

공론화 과정을 거치겠다고 결정한 또 하나의 이유는 광주의 도시 이미지를 바꾸어 놓고 싶었다. 외지에서 보는 광주는 반대만하는 시민단체, 강성노조, 조정 능력 없는 지방정부로 평가받고 있었고 사업하기 어려운 지역으로 인식되어 투자를 기피하고 있었다. 이러한 강성 도시 이미지를 바꾸지 않으면 광주의 미래는 없다. 시간이 조금 더 걸리더라도 소수의견까지 모아내고 토론과정을 거쳐 시민이 원하는 결론을 도출하는 새로운 의사결정의 문화를 정착시켜야 '기업하기 좋은 도시'가 될 수 있다는 것을 증명할 수 있다고 판단했다.

이러한 이유로 나는 취임 직후 공정하고 투명한 공론화를 통해 어느 방안이 시민 편의와 광주 발전 그리고 광주시의 재정건전성 등에 가장 바람직한지 찬바람 불기 전에 결론을 내리겠다고 발표했다. 그랬더니만 '이용섭이 공무원 출신이라 결단력이 부족하다, 책임회피다, 16년이나 논의했는데 또 무슨 공론화냐'면서 많은 비판을 받아야 했다. 지지율은 떨어지고 비판은 거세지는 등 무척 힘든 과정이었지만 소신껏 진행했다. 2호선 건설을 밀어붙이면 진행은 빨라지겠지만 광주공동체가 함께 갈 수 없고 멀리 갈 수 없다는 판단에서였다.

본격적인 공론화는 시민권익위원회 주관 하에 중립적인 전문가 7인으로 구성된 공론화위원회에서 8월초부터 11월 12일까지 약 3개월 동안 숙의형 공론화 방식으로 진행되었다. 광주시민 2,500명에 대한 표본 여론조사→시민참여단 250명 선정→숙의 과정→종합토론회→최종 설문조사 등의 과정을 거쳤다. 공론화위원회는 11월 12일, 도시철도 2호선 건설을 당초 계획대로 저심도방식으로 건설하라는 최종 권고안을 시장인 나에게 전달했다. 시민참여단 250명 중 끝까지 243명이 참여했고 이중 도시철도 2호선을 당초 계획대로 건설하자는 찬성의 비율은 78.6%로, 건설 반대를 선택한 21.4%보다 월등하게 높았다. 공론화 과정이 전국에 알려지면서 서울시 등은 참관인을 파견해 공론화 과정을 벤치마킹하기도 했다.

당초 건설을 반대했던 시민단체들까지도 모두 공론화 결과를 대승적으로 수용함으로써 대화와 합리로 현안문제를 해결하는 혁신의 길을 열었다는 평가를 받았다. 광주에서 처음으로 협치행정이 빛을 보게 된 모범 사례이다. 이로 인해 일방적으로 건설을 밀어붙였을 때 예상되는 지역사회의 갈등 심화와 반대시위 등을 방지하고, 광주공동체가 분열 없이 함께 가고 멀리 갈 수 있는 소중한 기반을 다지게 됐다.

또한, 소수 의견까지 충분히 담아내며 토론과정을 거쳐 다수의 시민들이 원하는 결론을 도출하는 새로운 의사결정 문화를 만들어 내며 시민들과 함께 협치 행정의 성공모델을 실현시켰다. 이전의 다른 어떤 공론화보다도 가장 공정하고 투명한 공론화를 통해 협치 행정의 성공 모델을 만들었고, 생활 민주주의의 새로운 장을 열었다.

이후 2019년 6월 13일 국토부 사업계획 승인이 완료되고, 기획재정부와 협의 결과 총사업비가 2조 1,761억 원(국비 1조 3,057억 원, 시비 8,704억 원)으로 확정됨에 따라 도시철도 2호선 건설을 위한 행정절차가 모두 마무리됐다. 드디어 2019년 9월 5일 우리 시민들이 17년을 기다렸던 도시철도 2호선 기공식을 가졌다. 도시철도 2호선 건설 찬·반을 놓고 16년 동안 끌어왔던 논쟁을 '공론화'라는 대화와 합리로 해결한 지 7개월 만이다.

대화와 합리로 해결한 도시철도 2호선 공론화 방식은 협치행정의 성공 모델로 전국에서 벤치마킹의 대상이 됐고, 이후 많은 현안들이 이 방식을 준용해 속속 정상화됐다. 또한 학술적인 가치를 인정받으면서 광주시는 (사)한국정책학회 주관으로 2018년 12월 7일 '제7회 한국정책대상' 시상식에서 지방자치단체 광역단체부문 '정책대상'을 수상했다.

② 세계 유례없는 지자체 주도 노사상생의 광주형 일자리사업을 '노사민정'의 사회적 대타협으로 성공시켜 마침내 23년 만에 국내에 완성차 공장을 건설하여 지금 캐스퍼가 생산되고 있다.

③ 도시공원 일몰제를 앞두고 '민관거버넌스 운영'을 통해 24개 도시공원을 지켜냈다.

특히, 민간공원 특례사업의 경우 공원 면적비율이 90.4%로, 전국(평균 81%)에서 가장 높은 비율의 공원 면적을 확보했고, 건설업체의 과다 이익은 공원사업에 환수토록 하는 등 전국에서 가장 모범적인 사례로 평가받고 있다.

④ 개발과 보호 주장이 대립했던 황룡강 장록습지를 시민사회와의 공론화를 통해 국내 최초 도심 국가습지 지정을 이끌어 냈다.

⑤ 무등산 신양파크호텔 부지를 무등산 난개발 방지 '민·관·정·학 협

의회'를 통해 공유화란 결론을 도출해 냈다.

⑥ 우리 정부나 EU 국가들보다도 5년이나 빠른 '2045 탄소중립 에너지 자립도시'라는 무겁고 쉽지 않은 거대한 목표를 'RE100추진위원회' 등 다양한 협치 기구들과 논의를 진전시키며 실행해가고 있다.

⑦ 전국 최초 '코로나19 민관공동대책위원회' 운영과 선제적 방역조치를 통해 광주 공동체의 안전을 지켜내고 K-방역의 성공을 견인했다.

전국에 울림을 준 대구에 병상제공(2020.3.1.) 제안도 시민사회단체와의 연대를 통해 이루어졌다. 2021년 8월 미국의 저명한 과학자인 알리누리박사(미국 과학자연맹 전 회장, 바이든 정부 에너지부의 차관보 역임)가 자신의 트위터를 통해 광주시의 모범적 방역시스템과 조치들을 미국을 비롯한 세계 각국들이 따라 배울 것을 촉구하는 글을 올려 세계의 이목을 집중시킨 바 있다.

⑧ 턱 없이 부족한 예산으로 2019 세계수영선수권대회를 역대 가장 성공적인 '저비용 고효율 대회'로 치를 수 있었던 동력도 3천여 자원봉사자와 1만 2천여 시민서포터즈 등 시민들의 폭넓은 참여를 이끌어 냈기 때문에 가능했다.

4

국가균형발전과
지방분권을 위한 제언

국가균형발전과 지방분권은 국가경쟁력 제고는 물론 수도권과 지방이 골고루 잘 살기 위한 핵심과제이다. 지역특성에 맞는 자원과 사업들을 과감하게 지방으로 이전하여 온 나라의 균형 있는 발전을 추구해야 한다. 또한 중앙권한의 대폭적인 지방이양 등 지방분권을 강화하여 지역 경쟁력을 높이고, 지방의 재정능력 향상을 통해 지역발전 역량을 극대화해야 한다.

무엇보다도 정부의 지역균형발전 정책이 지역국가(Region State) 개념의 초광역화 전략으로 전면 전환돼야 한다. 그리해야 지방의 인구소멸 문제 등 지역위기를 해결하고 우리 아이들이 지역을 떠나지 않고도 세계를 최고를 미래를 꿈꿀 수 있는 환경과 기반이 만들어질 수 있다.

(1) 수도권도 살리고 지방도 살리는 국가균형발전 해법[3]

2019년을 기점으로, 국토면적의 11.8%인 수도권 인구가 전체 인구의 절반을 넘어섰다. 수도권은 경제력 집중과 과밀포화로 인해 주택난·교통난·환경오염 등의 문제가 심각하다. 반면 지방은 228개 시군구 중 113곳이 인구소멸지역으로 지정될 만큼 존립 자체가 위태롭다. '수도권은 덜어내고, 지방은 채워서 살리는' 상생 균형발전 전략이 절실하다.

과거 산업사회는 '국가 간 경쟁시대'였다. 한정된 자원을 수도권에 집중시켜 국가경쟁력을 키웠다. 그러나 세계화·지방화·지식정보화시대인 지금은 '도시 간 경쟁시대'다. 각 도시가 저마다의 고유함을 살려 전 국토가 균형 있게 발전해야 국가경쟁력을 높일 수 있다. 400m 육상경기에 비유하자면, 과거에는 전 구간 혼자서 잘 달리는 선수 한 명만 있어도 됐다. 그러나 지금은 계주의 시대다. 4명 선수 모두가 잘 달려야 글로벌 경쟁에서 이길 수 있다.

이에 따라 역대 정부에서는 국가균형발전을 위해 공공기관과 대형 국책사업 지방 이전 등 여러 정책을 추진했다. 그런데도 수도권 집중은 더욱 가속화되고 지방은 날로 공동화됐다. 이는 수도권 일극체제를 깨뜨리기 위해서는 특단의 균형발전 전략이 필요함을 의미한다.

윤석열정부는 6대 국정목표 중 하나로 '대한민국 어디서나 살기 좋은 지방시대'를 채택하고, 120대 국정과제 중 지방시대 10

---

3) 2023년 2월 12일 매경시평(매일경제)에 게재된 기고글

대 과제도 제시했다. 그러나 '지방분권 강화, 재정력 강화, 지역인재 육성, 공공기관과 기업의 지방이전, 균형발전 추진체계 개편' 등 눈에 익은 정책들을 강조하는 수준이다. 오랜 기간 정부와 국회 그리고 지자체에서 균형발전과 지방분권을 다루어본 전문가 시각에서 볼 때 이런 방식으로는 성과를 낼 수 없다. 수도권 블랙홀을 막아낼 수도 없고 낙후된 지역경제와 인구소멸 문제도 극복할 수 없다.

국가균형발전 정책의 패러다임 대전환이 필요하다. 자치단체 간 통합과 연합(메가시티)을 통해 자생력과 자립경제가 가능한 '지역국가(Region State)' 개념의 초광역경제권을 구축하는 것이 답이다. 각 광역자치단체가 조그마한 나라가 되어야 한다. 부산울산경남권, 광주호남권, 대구경북권, 대전충청권 등의 초광역권이 형성되면 수도권 일극 집중구조에서 다핵 분산구조로 재편되어 수도권 집중 추세를 반전시킬 수 있다. 경제적 낙후와 인구소멸 문제를 해결할 수 있을 뿐만 아니라 정부가 추진하는 각종 균형발전 정책들도 효과를 낼 수 있다. 그렇게 되면 우리 청년들이 지역을 떠나지 않고도 좋은 일터와 삶터에서 마음껏 꿈을 펼칠 수 있고 세계를, 최고를, 미래를 꿈꿀 수 있다.

이러한 관점에서 나는 광주시장 재임 중이던 2020년 9월, 광주·전남 통합을 제안했다. 광주(144만 명)와 전남(182만 명)과 같은 소규모 지방자치단체로는 수도권의 블랙홀을 막아낼 수 없고 경제적 낙후와 인구소멸의 문제도 극복할 수 없다고 판단했기 때문이다.

행정통합과 메가시티 구축이 어려운 강원도나 제주도 등은 다른 도시들이 따라올 수 없는 천혜의 관광자원 기반의 특별자치단체로 자립과 발전이 가능하도록 지원체계를 갖추어야 한다.

2021년 32년 만에 지방자치법 전면 개정으로 2022년 1월부터 두 개 이상의 지자체가 공동으로 특별지자체를 설치하여 운영할 수 있게 되었다. 이에 따라 2022년 4월 전국 최초의 특별지방자치단체로 출범한 '부산울산경남특별연합'이 설치되어 2023년 1월 본격적인 사무 개시를 앞두고 있었으나, 2022년 6월 실시된 지방선거에서 자치단체장이 바뀌면서 사실상 무산되었다.

정부가 적극 나서서 행정통합과 메가시티 구축이 촉진될 수 있도록 제도를 보완하고 지원을 강화해야 한다. 자치단체의 초광역화는 지역이 주도하고 정부가 지원하는 인센티브 전략이 바람직하다. 정부가 관련 법률을 개정하여 절차를 간소화하고 지원을 강화하면 초광역화는 급물살을 탈 것이다. 빠른 시일 안에 '지방자치및지역균형발전에관한특별법'을 개정하여 광역자치단체의 초광역화 사업을 국가균형발전의 핵심 정책으로 반영하고, 적극적 재정 지원과 함께 범정부 통합 지원체계도 가동해야 할 것이다.[4] 또한 신속한 성공모델 창출을 위해 정부가 나서서 초광역 특별협약과 분권협약과 같은 절차도 도입하여 지원할 필요가 있다.

시골 기초자치단체의 낙후와 인구소멸 문제는 대도시를 품에 안은 초광역자치단체의 주도하에 추진해야 비로소 성과를 낼 수

---

4) 2023년 11월 1일, 대통령 직속 지방시대위원회는 제1차 지방시대종합개혁(2023~2027)을 발표했다. 이 종합계획에는 지방인구 감소를 막고 지역경제를 활성화하기 위해 수도권에 버금가는 초광역경제권 7곳을 구축하는 내용이 포함되어 있다. 그러나 광역자치단체 간 통합을 통한 지역국가 개념과는 차원이 전혀 다른 특정 프로젝트 중심의 이런 느슨한 협력 관계로는 성과를 기대하기 어려울 것으로 보인다.

있다. 정부가 내건 지방시대 10대 과제 역시 초광역화의 큰 구도 하에서 시행해야 효과의 확장성과 지속성이 담보되어 진정한 지역발전의 마중물 역할을 할 수 있다. 지역이 자립 발전할 수 있는 규모의 경제를 실현하기 위한 자치단체의 초광역화는 글로컬사회의 시대정신이고 세계적인 추세이다. 국가 백년대계의 초석을 다지는 일인 만큼 정부와 자치단체장들이 역사적 혜안과 소명의식을 갖고 추진해야 한다.

국가균형발전 정책의 경과

국가균형발전 정책이 중요한 국가 의제로 채택되어 범정부 차원에서 집중적으로 추진된 것은 노무현정부가 처음이었다. 노무현정부는 과거 어느 정부에서도 시도하지 않았던 종합적이고 체계적인 국가균형발전 정책을 과감하고 적극적으로 펼쳤다. 수도권 위주의 '일극집중' 국토관리정책에서 지역별 특성과 장점을 살려 전국이 균형 있게 잘사는 '다핵분산' 구조로 혁신을 시도하였다. 그 대표적인 것이 행정중심복합도시, 혁신도시, 기업도시를 조성하는 것이었고, 이를 통해 지방이 자립할 수 있는 '군불'과 '마중물'을 제공하였다.

국가균형발전 정책은 정부가 바뀜에 따라 달라지는 '변수(變數)'가 아니라 국가 차원에서 지속되어야 할 '상수(常數)'이다. 그럼에도 이명박정부에서는 이러한 정책들이 단절되고 말았다. 세종 행정중심복합도시를 무산시키려하는 등 국가 균형발전 정책의 일관성과 연속성이 무너지면서 국가균형발전 징책은 더 이상 진진되지 못헸으며, 징책 효과는 당초 예상헀던 결과에 크게 미치지 못했다.

예를 들면 수도권의 공공기관들이 이전된 혁신도시는 일종의 혁신의 씨앗이었다면 좋은 토양에 뿌리를 내리고 꽃을 피우고 열매를 맺을 수 있는 환경이 갖춰져야 했다. 그러나 이명박정부와 박근혜정부에서 이렇다 할 후속 지원조치가 이어지지 못하고 국가균형발전에 대한 관심이 떨어지면서 그간 추진되어 온 국가균형발전 정책들은 동력을 잃어 버렸다.

문재인정부는 노무현정부의 국가균형발전 정책을 이어받은 기조였고, 특히 광역자치단체 간 통합이나 메가시티 등 초광역경제권 구축에 적극적인 모습을 보인 것은 매우 바람직한 정책 전환이었다. 다만 2차 공공기관 지방 이전이 현실화되지 못한 것은 아쉬운 일이다.

윤석열정부에서는 지방시대위원회를 출범시키고 2023년 11월 1일 초광역 경제권 7곳 구축 등을 골자로 하는 '제1차 지방시대 종합계획'을 발표하였다.

(2) 실질적인 지방분권 및 재정자립 이루어져야

분권형 선진국가가 우리나라가 나아가야 할 방향이다. 국가균형발전이 이루어지기 위해서는 실질적인 지방분권과 지방의 재정자립이 이루어져야 한다. 자치단체들이 자기만의 고유함과 독특함을 살려 경쟁력을 살려갈 수 있도록 대대적인 분권화가 필요하다. 지금처럼 예산과 조직 및 인사가 사실상 중앙정부에 예속되어 있는 상황에서는 자치단체들이 자기만의 경쟁력을 살려가기가 어렵다. 중앙 권한과 기능의 지속적인 지방 이양 등 획기적인 자치분권과 지방의 재정자립 실현을 위한 강력한 재정분권이 요구된다. 이를 위해 지방자치 관련 조항이 2개 밖에 없는 헌법

규정이 시급히 보완되어야 한다.

문재인정부에서 준연방제 수준의 지방분권을 약속했지만 기대만큼의 성과를 거두지는 못했다. 그래도 지방자치법이 제정된 이후 처음 전면개정이 이루어졌으며, 자치경찰제도가 도입되고, 2차 '국가사무지방일괄이양법'이 제정된 것은 평가받을만 하다.

또한 재정분권 없이는 자치분권이 실현되기 어렵다. 그래서 역대 정부가 지방재정 확충을 위해 국세비중을 줄이고 지방세 비중을 높여가겠다는 의지를 보였고, 문재인정부에서 지방세 비중을 20%대 초반에서 20%대 후반으로 올린 것은 나름 성과로 평가할 만하다. 그러나 대부분의 세원이 수도권에 집중되어 있기 때문에 국세를 지방세로 단순 이양하게 되면 재정이 양호한 수도권 지자체에 대부분의 세금 수입이 귀속되고 재정자립도가 매우 취약한 지방 지자체에는 효과가 거의 나타나지 않는다. 국가 전체로서 지방세 비중이나 지방재정 자립도는 올라가지만 자치단체 간 부익부 빈익빈이 심화되고 재정격차가 심화되는 심각한 문제를 야기한다. 일부에서 이상적으로 얘기하는 국세와 지방세의 비율 6대 4는 자칫 이런 문제를 심화시킬 수 있으므로 재정이 취약한 지자체의 재정자립도가 향상될 수 있는 확실한 안전장치와 함께 국세와 지방세 조정은 이루어져야 한다.

재정자립을 위해 한발 더 나아가 일부에서 지방세 조례주의를 요구한다. 지방세의 부과·징수사무는 지방자치단체의 고유사무이지만 조세법률주의 원칙에 따라 지방자치단체가 조세의 종목과 세율 등을 마음대로 조례로 정할 수 없고 지방세 관련 법령에서 정한 범위 내에서만 가능한 현실적 제약이 있다. 그러나 조세법률주의 원칙을 너무 엄격하게 운영하다보면 지방자치단체가 자기 지역의 특성에 맞게 지방세를 운용할 수 있는 여지가 과도하게 축소되는 문제가 있다. 따라서 조세법률주의 원칙에 위반되지 않는 범위 내에서 포괄적 위임 등 조례가 규정할 수 있는 범위를 확대해 나갈 필요성이 있다.

윤석열정부가 국가균형발전위원회와 정부혁신지방분권위원회를 통합하여 2023년 7월 10일에 지방시대위원회를 출범시켰다. 이에 앞서 5월 25일 지방분권법과 국가균형발전법을 통합한 '지방자치분권및지역균형발전에관한특별법'이 국회를 통과하였다. 이는 정부가 그간 지방분권과 균형발전이 분산적으로 추진되어 상호 연계가 미흡하고 지방소멸에 효과적으로 대응하지 못했다는 판단하에 통합을 추진한 결과이다. 이에 따라 정부는 2023년 11월 1일 지난 20년 동안 각각 수립되었던 '국가 균형발전 5개년 계획'과 '지방분권 종합계획'을 통합해 '제1차 지방시대 종합계획'(2023-2027)을 발표했다. 지방시대위원회가 국가균형발전과 지방분권 역사에 남는 성과를 내기 위해서는 우선 통합에 따른 시너지 효과는 극대화하면서 조직 비대화로 인해 비효율이 초래되거나 유명무실한 기구로 전락되지 않도록 조직 설계 및 운영을 잘 해야 한다. 특히 균형과 분권의 양대 영역을 유기적으로 잘 결합시켜 지방화 시대를 열 수 있는 이 분야의 경험과 전문성 그리고 리더십을 갖춘 위원장 선임이 성공을 결정짓는 매우 중요한 관건이라고 할 수 있을 것이다.

(3) 국가균형발전을 위한 국회 양원제(상원·하원) 도입 방안

국토 면적의 11.8%에 불과한 수도권 인구가 우리나라 전국 인구의 절반을 넘어섰고 수도권 국회의원 수가 지방 의원들보다 많아지고 있어 지역발전을 위한 입법이나 정책이 힘을 잃어 가고 있다. 지방의 자율성과 재정권 담보 등 지역균형발전을 위해 헌법을 개정해 지역대표형 상원제를 도입하자는 의견들이 제시되고 있다.[5] 헌법개정시에 검토해볼 가치가 충분하다.

우리나라가 채택하고 있는 단원제 국회는 인구수 기준으로 국회의원을 선출하기 때문에 입법 과정에서 국토의 균형발전이나 지방 그리고 다양한 계층의 목소리를 담아내는데 한계가 있다. 예를 들면 도와 광역시에서 각각 2명씩 등가로 대표하는 상원을 구성하면 단원제 국회보다 입법과정에서 지방의 목소리를 담아내는데 큰 도움이 되어 수도권 집중 완화와 지역 균형발전에 크게 기여할 것으로 기대된다. 지금 농촌지역은 청·장년층의 인구 유출과 저출산 고령화의 인구절벽 문제로 소멸 위험 자치단체가 늘어나고 있다.

상원은 꼭 지역균형발전만을 위해서 필요한 것은 아니다. 여러 갈등이 존재하고 있는 현재의 우리나라 상황에서 상원제는 소수 다양한 계층의 목소리를 수용해 갈등을 완화시키는 소통의 창구 역할을 해낼 수 있다. 또한 상원은 하원에 비해 정당과 일정한 거

---

5) 초대 국회 때는 수도권 대 비수도권 국회의원 비율이 20% 대 80%로 비수도권 비율이 압도적으로 높았지만, 현재는 그 비율이 크게 역전돼 비수도권의 대표성이 갈수록 약화되고 있다.

리를 두기 때문에 지역·정당간 갈등을 완화하는 효과가 있으며 특히 인구가 적은 지역을 대표하기 때문에 대의민주주의의 대표성을 크게 높여줄 수 있다.

우리나라도 실제 양원제를 도입해 운영한 적이 있다. 우리나라 헌정사에서 양원제가 처음 도입된 것은 1952년 제1차 헌법 개정 때로 하원인 민의원과 상원인 참의원을 두도록 했다. 헌법 대로라면 제3대 국회의원 선거에서 부터 참의원 의원이 선출되어야 했지만, 제1공화국 때는 여당인 자유당의 반대로 참의원이 한번도 구성되지 못했다. 제2공화국 때인 제5대 국회의원선거에서 처음으로 참의원 의원이 선출되었으나, 5.16 군사정변으로 8개월(1960-1961)만에 막을 내리고 다시 단원제로 돌아가 후 현재에 이르고 있다.

국제적으로 보면 현재 미국, 영국, 프랑스, 독일, 일본, 이탈리아, 캐나다 등 G7 국가 모두가 양원제를 시행하고 있으며, OECD 37개국 중에서는 스위스, 스페인, 그리스 등 20개국이 시행하고 있다. 특히 GDP 상위 15개 국가 중 양원제를 채택하지 않은 나라는 대한민국이 유일하다.[6]

---

6) 중부일보 '지역대표형 상원제' 실현안은? 장병갑 기자 (2021.12.28)

(4) 광주전남 대도약을 위한 양대 과제 :
통합과 지역정치 대변혁[7]

역사는 준비된 자의 것이고 시간은 꿈꾸는 자의 것이다. 광주전남이 경제적 낙후와 인구 감소 문제를 극복하고 크게 도약할 수 있는 해법은 무엇일까? 지역의 역사를 바꿀 큰 틀의 대전환이 있어야 한다. 나는 광주전남 통합과 지역정치 대변혁을 제안한다.

첫째, 광주전남을 통합해 자생력과 자립경제가 가능한 지역국가(Region State) 개념의 단일 초광역경제권을 구축해야 한다.

나는 광주시장 재임 중이던 2020년 9월, 광주·전남 통합을 제안했다. 광주(144만 명)와 전남(182만 명)과 같은 소규모 지방자치단체가 따로따로 가면 수도권의 블랙홀을 막아낼 수 없고 경제적 낙후와 인구소멸의 문제도 극복할 수 없다고 판단했기 때문이다. 그해 11월 김영록 전남도지사와 전격 합의문을 발표하고 광주전남연구원에 행정통합에 대한 연구용역을 맡겼다.

광주·전남은 천년을 함께 해온 공동운명체이고, 같은 생활권이기 때문에 통합에 따른 효과가 막대할 것으로 전망된다. 정서적 일체감 회복, 양 자치단체간 불필요한 경쟁과 중복투자 해소, 도시 경쟁력과 브랜드 가치 제고 등 다양한 시너지 효과를 내면서 상호 동반성장하고 상생하는 기폭제가 될 것이다. 광주전남의 새로운 미래가 열릴 것이다. 특히 농축수산물 생산기지이며 항만과 천혜자원인 2천여 섬을 지닌 전남과 의료·교육·문화·서비스

---

7) 2023년 1월 3일 전남매일에 게재된 특별기고글

등 도시 인프라를 갖춘 광주가 하나가 되면 강력한 경제블록이 형성되며 실질적인 지방자치도 가능해질 것이다.

여론조사 결과를 보면 광주·전남 시도민 절반 이상이 통합을 찬성하고 있다. 다만 지역민들은 광주·전남이 통합할 경우 중앙정부의 지원규모가 줄어들 수 있다는 걱정을 하고 있다. 정부와 국회가 통합 시 오히려 지원을 확대하는 정책을 입법화하면 자치단체 간 통합 등 초광역화가 급물살을 탈 것이므로, 윤석열정부가 이를 적극 뒷받침해야 할 것이다.

현직 광주시장과 전남지사 입장에서는 광주·전남 통합 추진에 따른 혼란과 불안정 등을 걱정할 수 있겠지만 크고 멀리 보아야 한다. 광주와 전남이 지속적으로 크게 발전할 수 있는 가장 큰 변수가 통합인 만큼 역사적 소명의식을 갖고 추진해야 한다. 그러나 민선8기 들어 광주전남연구원을 광주연구원과 전남연구원으로 분리하고, 광주와 전남 통합도 추진되지 않고 있어 매우 안타깝다.

둘째, 광주전남 대도약을 위해 시급한 또 하나의 과제는 지역정치의 대변혁이다.

광주는 민주화의 도시이지만 지역정치는 매우 후진적이다. 자신들이 뽑은 국회의원 등 선출직에 대해 불만투성이다. 한마디로 경쟁구도의 부재와 과도한 일당 독점이 가져온 결과이다.

사실 영호남에 대한 국민의힘과 더불어민주당의 독점체제는 그간 많은 폐해를 초래해왔다. 공천만 하면 당선되기 때문에 유능함이나 경쟁력보다 공천기구를 장악한 지도부의 의중이 반영된 편법과 밀실공천이 비일비재 했다. 그런 과정을 거쳐 당선된 정치인들은 시대정신이나 지역발전에 대한 통렬한 고민과 과감한 도전정신이 결여된 채 오직 당과 실세에만 충성하다가 무능한 정치인으로 임기를 마치는 경우가 많았다. 이러한 현상은 영남보다도 광주전남이 더욱 심각하다. 시도민들이 지역 국회의원과 자치단체장 등을 뽑는 것이 아니고 더불어민주당이 임명하는 결과를 가져왔다.

따라서 광주에서 과도한 일당 독점체제가 무너지고 인물 위주의 경쟁구도가 만들어지면 광주도 살고 민주당도 살고 한국정치도 산다. 우선 유능하고 투철한 공직관을 가진 인재들이 지역의 지도자나 일꾼으로 일할 수 있는 기반이 열리고, 이들 선출직들은 지역발전과 시민의 삶에 보다 많은 관심을 갖게 될 것이다. 또한 민주당은 처음에는 텃밭이 약화되어 어려움을 겪겠지만 정책정당·수권정당으로 다시 태어나는 새로운 전기가 될 것이다. 그간 호남은 역사성 때문에 민주당을 맹목적으로 지지해왔지만 이것이 오히려 민주당의 개혁 동력을 떨어뜨린 측면도 적지 않았다.

지역정치의 대변혁은 선거구제 개편, 정당설립요건 완화와 건전한 제3당 출현, 시민의식의 혁신에서 시작될 수 있을 것이다. 광주 국회의원 선거를 예로 든다면 현재 8개 지역구에서 1명씩 뽑는 소선거구제에서 1개 지역구서 4명씩 뽑는 중선거구제로 개편하게 되면 정당간에 치열한 인물 경쟁이 펼쳐지고 유능한 인재들이 정치권에 진출하는 환경이 마련될 것이다. 건강한 제3당의 출현도 대안이 될 수 있을 것이다.

이러한 토대 위에서 지역민들이 민주당에 대한 묻지마 투표에서 인물위주 투표를 하게 되면 민주당도 위기의식을 갖고 혁신정당으로 거듭날 수 있고. 광주도 보수·진보 정권에 상관없이 중단없는 발전을 할 수 있으며, 한국정치도 고질적 문제인 지역주의에서 벗어나 새로운 시대를 맞이하게 될 것이다. 시대를 선도해 온 광주전남이 한국 정치변화의 중심에 서야 할 때이다.

물론 광주전남 통합과 지역정치 대변혁은 어려운 과제이고 적지 않은 갈등과 저항을 가져올 수도 있다. 그러나 대변혁의 시대에 생존과 도약을 위해서는 미래를 준비하는 적극적인 대전환이 필요하다.

5

공직자는 공직자다울 때 가장 아름다워

공직생활만 50년 …

이용섭 전 광주시장님은 시장님으로 불러야 할지, 의원님으로 불러야 할지, 장관님으로 불러야 할지 참으로 헷갈렸다. 징관을 세 번이나 했고, 국회의원도 재선을 역임했다. 뿐만 아니다. 가장 잘 나가고 유능한 사람이 간다는 재정경제부 세제실장까지 역임했다(지금의 기획재정부가 과거에는 재정경제부였다). 그리고 공직생활의 마지막이 광주광역시장이었으니, 부를 때마다 자연스럽게 호칭이 섞였다. 공직생활만 반평생을 한 것이다. 잘 훈련되고 세련됨을 뛰어넘어 공직모델 그 자체가 아닌가 싶은, 이용섭 전 시장과 날이 꽤 추운 날, 시도지사 협의회에서 홍선기 부장이 만나 대담을 나눴다.

장소 | 대한민국시도지사협의회 시도지사실　　　　　　　　　　　　　　　대담자 | 홍선기

Q1 대한민국시도지사협의회 홍선기 부장(이하 호칭 생략) ; 안녕하세요. 지난 6월 말을 끝으로 광주시장 임기를 마치셨습니다. 1973년에 행정고시에 합격하고 이후 공직생활을 시작하셔서, 국세청장, 관세청장, 건설교통부장관, 행정자치부 장관을 거치고 18, 19대 국회의원을 역임하셨습니다. 그리고 민선 7기 광주시장까지 50년 가까이 공직생활을 하셨는데요. 최근 근황을 여쭙고 싶습니다. 어떻게 지내시는지요?

이용섭 전 광주시장(이하 호칭생략) ; 제 인생에서 가장 편안한 시간을 보내고 있습니다. 오랜 기간 공직에서 절제된 생활을 하다 보니 못해본 것이 너무 많았습니다. 모처럼 한가한 시간이 주어진 만큼 가족과 여행도 하고 휴식을 취하면서 재충전도 하고 앞으로 어떻게 살 것인지 깊게 고민하고 있습니다. 남은 삶은 좀 아름답게 살고 싶은데, 어디서 무엇을 하든 영원한 국민의 공복이라는 자세로 보람 있는 일하면서 살아갈 것입니다.

Q2 앞서 말씀드렸다시피, 행정공무원을 시작으로 50여 년 동안, 중앙행정과 지방행정, 의회까지 모두 경험하셨습니다. 공직자로서 소회가 어떠신지요?

숨 가쁘게 달려온 시간이었고 힘들 때도 많았지만 국가와 국민을 위해 일할 수 있다는 것 자체가 제게는 큰 기쁨이고 보람이었습니다. 매 순간 최선을 다하려고 노력했지만 돌이켜 생각해 보니 아쉬운 점도 적지 않습니다. 그간 제가 국가의 중요한 일들을 할 수 있었던 것은 저를 인정하고 아껴주신 좋은 분들을 만났기 때문에 가능했고 이분들께 감사드립니다.

특히 광주시장에 취임하면서 '역사에 남는 시장, 박수받으면서 떠나는 시장이 되겠다'고 다짐했는데, 코로나19 등 어려운 여건 속에서도 많은 역사적 성과를 남기고 명예롭게 떠날 수 있도록 도와주신 우리 시민들과 직원들께 감사드립니다.

Q3 내친김에 공직자란 무엇인지, 공직자는 어때야 하는지, 이 전 시장님께서 생각하시는 가장 중요한 공직자의 자질이란 무엇이라고 생각하시는지에 대해서도 여쭙고 싶습니다.

공직자는 공직자다울 때 가장 아름답고 경쟁력이 있습니다. 공직자는 무엇보다도 국가에 '헌신'하고 국민에게 '봉사'하고 그러기 위해 개인적인 욕구를 '절제'하는 '선공후사'의 투철한 공직관(public mind)을 가지고 있어야 합니다. 공직자는 부(富)보다 가치와 보람을 추구해야 합니다.

또한 지금은 변화와 협치의 시대이므로 미래 변화를 예측하고 선제적 정책을 펼칠 수 있는 혁신과 소통의 리더십이 요구됩니다. 아울러 전문성과 도덕성도 매우 중요한 자격요건입니다.

제가 항상 마음속에 두고 있는 채근담에 나오는 글귀를 후배 공직들이 귀감으로 삼아주었으면 좋겠습니다. "옳더라도 굳어지지 말며, 좋더라도 치우치지 말고, 맞더라도 낡아지지 말라. 새로움에 가볍지 말고, 이로움에 얕아지지 말며, 힘 앞에 작아지지 말라."

Q4 말 나온 김에. 좌우명이 있으시면 얘기해 주실 수 있으세요?

궁불실의 달불이도(窮不失義 達不離道)입니다. 맹자에 나오는 말인데 "궁하다고 하여 의를 저버리지 말고, 뜻을 이루었다고 하여 도에서 벗어나지 말라."는 뜻입니다.

Q5 좌우명으로 삼으신 이유가 있으신가요?

옛 선비와 같은 자세로 원칙과 정도의 공직생활을 하고 싶었습니다. 선비는 아무리 추워도 곁불을 쬐지 않고, 지위가 상승해도 초심을 잃지 않습니다. 제가 공직자의 자세로 '헌신·봉사·절제'를 꼽는 이유와도 일맥상통합니다. 그러나 돌이켜보면 아쉬운 대목도 적지 않습니다.

Q6 어렸을 때부터 장관이나 국회의원이 꿈이셨나요?

초등학교 다닐 때의 꿈은 서부영화에 나오는 정의로운 보안관이 되는 것이었습니다. 제가 어렸을 때 우리 집은 농사를 지었는데 모내기 등을 할 때 어머니가 농주를 담갔습니다. 왜냐면 주조장에서 막걸리를 사다 먹으면 농사가 남는 것이 없었거든요. 그런데 많은 경우 세무서 밀조주 단속반에 적발되어 벌금을 물어야 했고 그때마다 부모님이 무척 힘들어하셨어요. 그러면서 어린 마음에 총 잘 쏘는 정의의 보안관이 돼서 선한 사람들을 괴롭히는 나쁜 공무원들을 혼내주려고 생각했습니다.

커가면서 현대판 보안관은 힘 있는 공직자라고 생각하게 됐고 절실한 마음으로 행정고시를 준비해서 재학 중에 합격하여 일찍이 공무원이 됐습니다. 당시에는 장관이 되겠다는 것은 생각조차 할 수 없었습니다. 왜냐하면 제가 공직생활을 시작했던 1970년대는 학연·지연·혈연과 같은 연고주의가 무척 심했는데, 저는 지방대를 나온 호남 출신이었기 때문에 장관은커녕 생존하기도 어려운 매우 열악한 여건이었기 때문입니다.

그냥 제가 꿈꾸는 세상 '선하고 가슴 따뜻한 사람들이 강해지는 사회, 원칙과 정도를 지키는 사람들이 우대받는 사회'를 만들기 위해서는 제가 힘이 있어야 한다고 생각하고, 성실하면서도 나름 혁신적인 공직생활을 하려고 노력했습니다.

제가 공직에서 성장할 수 있었던 결정적 배경은 이러한 저를 알아주는 좋은 분들을 만날 수 있었기 때문입니다. 딱 두 분만 꼽으라면 김대중대통령 그리고 노무현대통령과의 만남이 오늘의 저를 있게 했습니다.

1997년 12월 호남의 고졸 출신인 김대중 후보가 대통령으로 당선되면서 적어도 학연과 지연 때문에 불이익을 보지 않고 공정하게 경쟁할 수 있는 기반이 마련된 것입니다. 1997년 12월 당시 재정경제부에서 본부 국장급 이상 간부 중 호남 출신은 제가 유일했는데, 김대중정부 마지막 해인 2002년에 관세청장까지 할 수 있었습니다.

제 공직 인생의 하이라이트는 노무현정부 시절이었습니다. 노대통령님께서는 일면식도 없고 아무런 인연도 없는 저를 국세청장으로 발탁해주시고 이후 혁신관리수석과 두 번의 장관으로 중용해 주셨습니다. 그 때마다 발탁 배경으로 저의 혁신성을 높이 평가해 주셨습니다.

특히 저는 내성적이고 거짓말하면 금방 얼굴이 빨개지는 사람이라서 정치는 생각조차 하지 못했습니다. 그런데 노무현대통령을 모시면서 '세상의 큰 일은 정치를 통해야 이룰 수 있고 정치만이 세상을 바꿀 수 있다'는 얘기를 자주 들으면서 내 꿈을 이루기 위해 정치를 시작하게 되었습니다.

이따금 저에게 공직 성공 비결이 무엇이냐고 묻는 분들이 있습니다. 제 경험을 바탕으로 '꿈과 만남'이라고 얘기합니다. 저는 어려서부터 늘 가슴에 꿈을 품고 살았고, 좋은 분들을 만나 그 꿈을 실현하고, 또 다른 꿈을 꾸는 일을 반복해 왔습니다. 그래서 저는 꿈과 함께 '만남'을 중시 여깁니다. 제가 2022년 초에 '인생도 역사도 만남이다'라는 책을 쓰게 된 이유도 여기에 있습니다.

Q7 시장님 업적 중에 히트작이라고 표현할 수 있는 것은 무엇일까요?

지난 4년 동안 제 히트작이 많은데 딱 두 개만 고른다면 노사 상생의 광주형 일자리 성공과 인공지능 광주시대 개막을 들고 싶습니다. 제가 이 두 가지를 역점적으로 추진하게 된 것은 광주에 주어진 시대적 소명을 다하기 위한 것이었습니다.

광주는 시대를 선도해 온 의향(義鄕)입니다. 나라가 어려울 때마다 시대정신과 대의를 좇아 자기희생을 통해 역사의 물길을 바로 돌렸습니다. 임진왜란 이후 의병활동이 가장 왕성했고, 일제강점기 시절에는 가장 많은 독립운동가를 배출했고, 독재정권 하에서는 민주화운동이 가장 치열했던 도시입니다. 그렇게 광주는 나라를 지켜왔고 민주주의를 이루어냈습니다.

저는 여전히 광주를 중심으로 한 '약무호남 시무국가(若無湖南 是無國家)'는 유효한 명제라고 생각하고 시대적 소명을 광주가 앞장서서 해결해야 한다고 생각했습니다. 제가 시장으로서 시대 가치인 노사상생, 인공지능, 출산율 제고, 기후위기 대응에 앞장서 해법을 제시한 것도 이러한 광주의 소명이라는 역사적 맥락에서 비롯된 것입니다.

Q8 그럼 광주형 일자리 성공을 첫 번째 히트작으로 내세운 배경과 내용에 대해 설명 바랍니다.

광주가 한국경제의 고질적 문제인 '고비용 저효율 구조'와 늘 대립과 갈등의 관계였던 노와 사가 모두 만족하는 노사상생의 일자리 창출에 대한 해법을 제시했기 때문입니다.

광주형 일자리사업은 '적정 임금, 적정 노동시간, 원하청 동반성장, 노사상생'의 4대 원칙 하에 광주에 자동차 공장을 건설하는 사업입니다. 이는 우리나라는 물론 세계적으로도 유례가 없는 지자체가 주도한 사회통합형 노사상생의 일자리를 만드는 것이라서 4년 전 광주시장에 취임할 때만 해도 성공을 확신하는 분들이 거의 없었지만, 현실로 만들었습니다.

23년 만에 처음으로 국내 자동차공장을 건설했고, 이곳에서 첫 양산되고 있는 '캐스퍼'는 그야말로 대박이 났습니다. 아울러 광주에 국내 유일의 친환경자동차 부품클러스터와 국가 부품인증센터가 들어서고 무인저속특장차 규제자유특구로 지정되면서 광주가 '친환경 자율주행차 메카도시'로 도약하고 있습니다.

현대자동차와 광주형 일자리사업 업무협약(2019.1.31.)을 맺은 지 2년 8개월 만에, GGM(광주글로벌모터스) 자동차공장을 착공(2019.12.26.)한 지 1년 9개월 만에 '완성차 생산'이라는 결실을 맺게 된 것입니다. 거의 기적에 가까운 일이 단시간 내에 이루어낸 것입니다.

광주형 일자리 사업이 성공할 수 있었던 3대 성공요인을 꼽으라면 청년들의 일자리 문제 해결을 바라는 광주시민과 국민들의 간절한 염원, 한국노총과 현대자동차의 미래를 내다본 상생 결단, 중앙정부와 정치권의 초당적 지원을 들 수 있습니다. 온 국민, 정치권, 중앙정부가 한뜻으로 광주형 일자리를 성원해 준 이유는 광주지역 일자리를 창출하는 차원을 뛰어넘어 무엇보다도 한국경제의 고질적인 문제인 고비용 저효율 구조를 해소하여 경제 체질을 강화하고 국가 경쟁력을 높일 수 있는 대안이라고 생각했기 때문입니다. 노사상생과 원하청 기업 간 동반성장을 통해 양극화를 해소하고 국민통합을 이룰 수 있는 해법이기 때문입니다.

문제는 노사상생의 광주형 일자리모델이 자동차에서 다른 산업으로 광주에서 다른 지역으로 확산되어야 한국경제의 새로운 대안으로 자리 잡을 수 있다는 점입니다. 따라서 앞으로 정부차원의 뒷받침이 없으면 지속적 동력을 확보할 수 없습니다. 윤석열정부가 문재인정부의 성과라고 해서 무관심하지 말고 계속 관심을 갖고 지원해 주면 반드시 한국경제의 효자노릇을 톡톡히 할 수 있을 것입니다.

Q9 또 하나 대표적 히트작으로 인공지능 광주시대 개막을 말씀하셨는데 광주가 다른 지자체들이 별로 관심이 없을 때 인공지능을 선택한 배경과 구체적인 내용에 대해 말씀해 주시지요.

제가 시장에 취임하던 불과 4년 전만 해도 AI중심도시 광주(AI Hub City Gwangju)는 상상할 수 없던 일이었지만, 현실이 되어 광주가 한국의 실리콘밸리로 부상하고 있습니다. 언론 등에서는 광주가 인공지능(AI)을 선택한 것은 '신의 한 수'라고 평가하고 있습니다. 그렇다면 우리 광주는 왜 인공지능을 선택했을까요?

'광주는 정의롭다는 이유만으로도 잘 살아야 된다. 그리해야 역사가 교훈을 줄 수 있다'는 것이 저의 평소 생각이었습니다. 저는 경제적으로 크게 뒤처진 광주가 앞선 도시들을 추월할 수 있는 유일한 돌파구가 지능형 경제전쟁이라 불리는 4차 산업혁명이고, 그 핵심인 인공지능을 선점하는 것이라고 판단했습니다.

마침내 우리 광주에 기회가 찾아왔습니다. 2018년 11월, 정부가 국가균형발전과 경제 살리기 차원에서 광역자치단체로 하여금 예비타당성조사 면제사업을 신청토록 했습니다. 다른 광역자치단체들은 모두 기존 방식대로 예산 규모가 큰 철도, 도로, 항만 등 SOC 건설사업을 신청했지만, 우리 시만 발상을 전환해서 전국에서 유일하게 R&D사업인 '인공지능 산업융합 집적단지 조성사업'을 신청했습니다. 인공지능이 4차 산업혁명시대 성장 동력과 일자리 창출의 보고가 될 것이라는 판단에서였습니다.

그 결과 2019년 1월 광주 인공지능 산업융합 집적단지 조성사업이 예타가 면제되는 국가사업으로 확정됐고, 현재 국내 유일의 국가 AI융복합집적단지가 광주 첨단 3지구에 조성되고 있습니다. 집적단지는 인공지능 데이터 댐, 국내 최고 수준의 컴퓨팅 자원, 창업연구 인재양성 인프라를 집약한 곳으로 대한민국의 AI 핵심 거점이 될 것입니다. 혁신적 발상이 광주의 운명을 바꾸는 시작점이 됐습니다. 지역발전 전략을 SOC 중심에서 벗어나 미래혁신 성장산업으로 방향 전환하는 새로운 계기를 마련했다는 점에서 의미가 컸습니다.

이어 2020년 6월에는 첨단 3지구를 포함한 4개 지구가 경제자유구역으로 지정되고, 이어 2020년 6월 18일 과학기술정보통신부는 첨단 3지구 일대 미개발지 약 110만 평(361만 6,853㎡)에 이르는 대규모 부지를 인공지능 기반 과학기술 창업단지 중심의 연구산업 복합단지로 조성하는 개발계획이 확정되었습니다.

산업사회 발전의 핵심동력이 ´전기´였다면 AI시대의 전기는 ´데이터´입니다. 광주에 들어서는 국내 유일의 국가 AI데이터센터는 국내 최대 규모이자 세계적 수준입니다. 컴퓨팅 연산능력 88.5PF(페타플롭스), 저장용량 107PB(페타바이트)로 현재 구축 규모로 세계 10위권(독일 슈퍼컴퓨터위원회 기준 세계 7위) 안에 드는 규모로서 우리나라 최대 규모인 한국과학기술정보연구원의 ´누리온 5호기(25.7PF, 세계 17위 수준)´보다 3배 이상 큰 규모와 성능입니다.

AI사업의 성공 여부는 인재 확보 및 인재의 원활한 공급에 달려있습니다. 광주과학기술원(GIST)에 인공지능대학원을 설립해 2020년 3월부터 석·박사급 인재 양성에 들어갔고, 또 전남대와 조선대 등 지역대학에서는 인공지능 관련 대학과 학과를 운영하면서 인재를 키우고 있습니다. 그러나 이들 학교를 통해 인력들이 배출되는 데에는 시간이 걸려 바로 실무현장에서 필요한 인력을 공급하는 수요를 충족시키는 것이 절실한 과제여서, 취업·창업과 연계한 AI실무 전문가를 양성하는 전국 최초의 AI 전문교육기관인 ′광주인공지능사관학교′를 2020년 7월 개관했습니다. "프랑스 파리에 ′에꼴42′가 있다면 대한민국 광주에는 ′AI사관학교′가 있습니다"라고 자랑할 만큼 나는 관심과 애정을 많이 쏟았습니다. 광주인공지능사관학교는 국내 최고 AI전문교육기관으로 자리매김하며, AI기업들에게 유능한 AI인재들을 원활하게 공급하고 있습니다.

제가 AI 중심도시 광주건설과 관련하여 가장 역점을 둔 것 중의 하나가 누구나 좋은 기술과 아이디어만 있으면 광주에서 쉽게 창업해 성공할 수 있는 AI창업 생태계를 구축하는 것이었습니다. 이를 위해 이들을 체계적이고 종합적으로 원스톱 지원하고 관리하기 위해 2020년 7월 25일 ′광주 AI종합지원센터′를 열었습니다. 이 센터에서 기술력과 상상력을 어떻게 사업화할지 막막해하는 청년 창업가들에게 AI창업 멘토 지원, AI창업펀드를 조성해 창업자금 지원, 창업공간 제공, 이렇게 출발한 스타트업들이 죽음의 계곡으로 불려지는 데스밸리(Death Valley)의 위기를 넘어 스케일업과 유니콘기업으로 성장할 수 있도록 맞춤형 문제해결 서비스를 원스톱으로 세공하고 있습니다.

이처럼 세계 Top 10 안에 드는 국내 유일의 국가 AI데이터센터가 건설되고 있고, 100개가 넘는 AI기업들이 광주에 둥지를 트는 등 AI기업과 인재들의 광주행 러시도 이어지고 있으며 AI창업

생태계도 잘 구축되어가고 있습니다. 'AI 4대 강국 대한민국'을 광주가 견인해 가고 있으며, 민주·인권의 도시 의향 광주가 인공지능 중심의 경제도시로 바뀌고 있는 것입니다. 이러한 기반을 바탕으로 저는 인공지능 반도체특화단지 유치를 추진하다가 시장직을 마무리했습니다.

끝으로 윤석열정부에 부탁드리고 싶은 것은 광주를 미국의 실리콘밸리처럼 인공지능 중심도시로 집중 육성해 달라는 것입니다. 최근 들어 국내에서 인공지능에 대한 관심이 크게 증가하면서 각 지자체들은 국가 인공지능 인프라의 분산배치를 요구하기 시작했습니다.

그러나 코끼리가 크다고 두 개로 나누면 두 마리가 되는 것이 아니고 코끼리는 죽게 되는 것처럼 인공지능 인프라의 분산은 결국 대한민국의 인공지능 경쟁력을 추락시킬 것입니다. 인공지능 후발주자인 우리가 앞서가고 있는 국가나 도시들을 따라잡기 위해서는 선택과 집중의 집적화 전략이 반드시 필요합니다. AI인프라는 광주에 집적화시키고 그 성과는 전국에서 향유하는 전략으로 가야 합니다. 그간 여러 차례에 걸쳐 윤석열대통령께서 광주를 인공지능 중심도시로 키우겠다고 말씀하셔서 안심이 되기는 합니다만 계속 애정 어린 관심을 부탁드립니다.

Q10 이 전 시장님께서는 광주에 노사상생형 일자리 GGM공장을 건설하시고, 거기서 출시된 캐스퍼가 성공했음에도 광주나 전남으로의 의미 있는 인구 유입이 이뤄지지 않는 것 같습니다. 이는 대학교육이 교육정책의 거의 80%를 좌우하는 현실에서, 소위 말하는 명문대학이 전부

서울에 몰려 있기 때문인 것 같습니다. 그래서 서울대와 전남대, 경북대 등과 같은 지방거점국립대학의 통폐합과 같은 교육정책에 대해서는 어떻게 생각하시는지?

지방대학 육성은 국가경쟁력 제고, 지역균형발전, 학벌주의 완화, 공교육 정상화, 사교육비 경감을 위해 매우 중요한 국가적 과제입니다. 그러나 서울대와 지방거점국립대학의 통폐합은 현실적으로 실현되기 어려울 것입니다. 저는 대안으로 국립대학 공동학위제를 제안합니다. 실현 가능한 대안입니다.

국립대 공동학위제는 서울대와 9개 지역거점 국립대학(부산대·경북대·전남대·충남대·강원대·충북대·전북대·경상대·제주대)이 연합체제를 구축하여 △입시는 공동 선발기준에 의해 각 대학이 독자적으로 학생을 모집하고, △입학 후에는 강의 완전 개방·학점 완전 교류·교수 교류를 통해 대학 간 경쟁과 협력으로 교육의 질을 높이며, △졸업 시에는 10개 대학 공동명의의 학위를 수여하는 제도입니다.

국립대 공동학위제가 실시되면 학생, 교수, 대학, 학부모 모두가 윈윈(win-win)할 수 있습니다.

우선 학생은 수강신청 대상이 전국 10개 국립대 교수로 넓어져 원하는 교수로부터 양질의 교육을 받을 수 있고 낮은 등록금, 취업 보장, 공동학위제 등으로 수도권 대학으로의 진학 필요성이 사라지게 됩니다.

교수는 대학 간 교수 교류가 제도화되며 실력 있는 교수에게는 전국에서 학생들이 몰리고, 실력 없는 교수는 자연도태가 이루어지게 되므로 연구경쟁이 치열해집니다.

대학은 자기 대학 정원과 수강신청 학생 수가 공개되므로 대학별 특성화 등 경쟁력을 높이기 위한 혁신이 일상화되어 분야별로 세계 Top 수준의 대학이 현실화됩니다.

국가는 입학성적 중심의 대학서열화 대신 개인별 학업성과 경쟁으로 전환되므로 학벌주의가 타파되고, 지방 곳곳에 명문대학이 있게 되므로 입시경쟁이 완화되고 학부모들의 사교육비 부담이 크게 감소됩니다.

Q11 공동학위제에 관심이 가는데 그간 추진 경위 등에 대해 이야기를 좀 더 해주시겠어요?

제가 19대 국회의원이던 2012년에 민주당 정책위의장을 하면서 '다음 대선 승부는 교육개혁이다'라는 생각을 하고 교육과학기술위원회로 갔습니다. 당시 지방대학발전지원특별법 제정안과 국가교육위원회 설치법안을 발의하면서 국립대 공동학위제를 제안했습니다. 사회적으로 어느 정도 반향을 불러일으켰지만 뜻을 이루지는 못했습니다.

저는 지방대학을 나와 중앙에서 활동했기 때문에 누구보다도 출신대학이 인생 전체에 얼마나 큰 영향을 끼치는지 절실하게 느끼고 있고 서울 명문대학에 가려고 하는 심정을 충분히 이해합니다. 따라서 중요한 것은 서울에 있는 명문대학에 가지 않더라도 차별받지 않는 환경을 구축하는 것입니다.

지역 젊은이들에게 왜 많은 비용에도 불구하고 서울에 있는 유명대학에 가려고 하느냐고 물으면 교육 수준이 높기 때문이라고 얘기하는 사람은 거의 없고, 향후 취업 등 사회에서 성공하기 위해서는 서울의 명문대학 졸업장이 필요하다는 뜻으로 얘기합니다.

공동학위제는 지역에서도 가장 훌륭한 교수를 찾아 강의를 들을 수 있고 졸업장은 공동 졸업장을 받기 때문에 꼭 서울에 있는 대학에 입학해야 하는 필요가 없어질 뿐만 아니라 전반적으로 교육의 질도 향상되는 장점이 있습니다. 또한 초중등교육의 정상화를 통해 과다한 사교육비를 줄이고 개별 대학의 과도한 서열화를 막아 지방대 육성을 통해 수도권 집중 완화 및 지역균형발전에 크게 기여할 것입니다.

윤석열정부가 교육개혁 차원에서 이 문제를 사립대까지 넓혀 적극 검토해 주었으면 좋겠습니다

Q12 출산율이 광주만 올랐는데요. 이건 국가적 과제이기도 합니다. 우리나라는 세계 1위 저출산 국가입니다. 앞으로 5년이 골든타임이라고 합니다. 그런데 2021년 광주는 '아이 낳아 키우기 좋은 맘(MOM) 편한 광주' 정책을 실시해 17개 시도 중 유일하게 출산율이 증가했다고 하는데요. 맘 편한 광주, 출산율 높이는 데 기여했던 핵심이 무엇인지 설명 좀 해주세요.

통계청 자료에 의하면 2021년 우리나라 출생아 숫자는 26만 500명입니다. 2001년 56만 명에서 20여 년 만에 거의 반 토막입니다. 아이 울음소리가 이곳저곳에서 들리지 않는 국가나 도시는 미래가 없습니다.

우리나라 2021년 합계출산율은 0.81명으로 미국 1.6명, 프랑스 1.8명, 일본 1.3명, OECD 평균 약 1.6명보다 크게 낮습니다. 지방 소멸은 이미 진행 중에 있고 지구상에서 가장 먼저 사라질 나라로 대한민국이 꼽힐 정도로 저출산 문제는 매우 심각한 국가적 과제입니다.

시대적 화두인 저출산문제 해결에도 우리 광주가 새로운 희망을 쏘아 올렸습니다. 광주는 2021년 17개 광역자치단체 중 유일하게 출생아 수가 11개월 연속 증가하는 등 저출산 문제 해결을 선도하였습니다. 2015년 이후 출생아수가 지속적으로 감소하였으나, 6년 만인 2021년에 반등에 성공한 것입니다. 2021년에 합계출산율이 광주광역시와 세종시를 제외한 모든 시도에서 전년 대비 감소했습니다.

이는 반짝 효과나 우연한 일이 아닙니다. 저는 취임 직후부터 '아이 낳아 키우기 좋은 맘(MOM) 편한 광주'를 실현하기 위해 만남-결혼-임신-출생-육아돌봄-일·생활균형 등 6단계에 걸친 생애주기별 지원정책을 꾸준히 진행해 왔으며 이런 정책들이 효과를 낸 것입니다. 2022년부터는 중앙정부가 이러한 광주 정책들을 벤치마킹하여 전국적으로 시행하고 있는 것 또한 자랑스러운 성과입니다.[8]

---

8) 그러나 이러한 정책들이 민선 8기 들어 지속되지 못하면서 광주의 합계출산율이 다시 감소하고 있다. (합계출산: 2021년 광주 0.9 / 전국 0.81→ 2022년 광주 0.84 / 전국 0.78)

Q13 4년 재임기간 동안만으로는 부족했던 시정, 그래서 후임 시장이 이것만큼은 꼭 이어서 시정을 완수시켜 주었으면 좋겠다는 시정이 있을까요?

임기의 절반 이상을 코로나19 팬데믹이라는 전대미문의 상황 속에서 4년 임기는 역사적 성과들을 시작해서 완성하기에는 너무나 짧은 기간이었습니다. 광주형 일자리 시즌1인 GGM이 세계적인 자동차공장으로 도약하고 시즌2(친환경자동차 메카도시)도 꼭 성공되기를 기대합니다. 아울러 AI산업을 유치하기 위한 다른 도시들의 추격이 만만치 않은 만큼 광주AI를 잘 지켜주고, AI반도체 특화단지도 완성시켜 주길 부탁드립니다. 이 두 가지 사업만 제대로 발전시켜도 광주의 미래 먹거리와 일거리 걱정은 물론 한국경제의 많은 문제가 해결될 수 있을 것입니다.

또한 저는 지난 4년의 성과를 바탕으로 누구도 따라올 수 없는 '더 크고 더 강한 광주시대'를 열고 싶었습니다. 이는 광주·전남 통합과 달빛고속철도를 통해 1,800만 동서 광역 경제권을 구축해 지역적 경제적 공간을 확대하고 광주 중심의 지방화시대를 개막하는 한편, '그린스마트펀 시티(Green-Smart-Fun City)'를 만들어 도시 경쟁력과 시민 삶의 질을 획기적으로 높이자는 것입니다.

중국의 선전은 1979년 인구 31만 명의 한적한 농어촌이었지만 지금은 상주인구 1,750만 명에 달하는 세계적인 도시로 발돋움했습니다. 중국의 선전처럼 세계적인 첨단산업도시로 도약하는 기적을 만들고 싶었습니다만 이를 완성하기에는 4년이라는

기간이 너무 짧았습니다. 후임시장과 공직자들이 잘 이어 달려주
길 기대합니다.

Q14 **마지막입니다. 민선 8기 시도지사분들에게 좀 따끔한 지적이나 충고**
의 말씀은 무엇일까요?

제가 충고드릴 입장은 아니지만, 정책의 지속성과 일관성이 유
지되기를 바랍니다. 선출직 단체장은 속성상 전임자들의 흔적을
지우려는 경향이 있습니다. 때로는 그러한 과거 지우기가 새로운
변화를 가져오는 장점도 있지만, 정책의 일관성과 지속성 면에서
많은 부작용이 있는 것도 사실입니다. 따라서 민선 8기 단체장들
이 전임자들의 정책이라는 이유로 이를 부정하거나 폐기하려 하
지 말고 지역발전과 지역민들의 삶에 도움이 되는 좋은 정책은
이어받아 발전시키는 자세를 견지해 주면 좋겠습니다.

대나무가 하늘 높이 자랄 수 있는 것은 일정한 간격으로 매듭
을 지어 마디가 만들어지고, 또 그 매듭 위에서 새로운 줄기가 시
작되기 때문입니다. 민선 8기에서 민선 7기 성과들을 매듭 삼아
그 바탕 위에서 중단 없는 행정을 펼쳐 또 하나의 튼튼한 마디와
매듭을 남겨주길 부탁드립니다.

특히 중앙정치에 흔들리지 말고 역사와 지역발전만 보고 당당
하게 나아가길 바랍니다.

그의 공직 생활 50년 경험을 더 듣고 싶었지만, 아쉽게 광화문 일대를 함께 걷는 것으로 이 날의 인터뷰를 마쳤다.

6

광주 역사에 혁신시장으로
기억되고 싶습니다.[9]

존경하는 시민 여러분!

사랑하는 직원 여러분!

저는 오늘 광주시장 임기를 마치고 정들었던 광주시청을 떠납니다.

지난 4년 광주는 저의 '모든 것'이었고 '전부'였습니다.

저에게 '광주시장'직은 '정의롭고 풍요로운 광주'를 실현하라는 시대의 부름이자 시민들의 엄중한 명령이었습니다.

매일 매일, 정의롭고 풍요로운 광주의 역사를 새롭게 쓴다는 각오로 광주발전과 시민만 보고 쉼 없이 달려왔습니다. '일밖에

---

9) 제13대 광주광역시장 퇴임사(2022. 6. 29.). 광주시장 재임 중의 혁신조치들과 성과들을 일목요연하게 볼 수 있어 게재하였다.

모르는 시장'이라는 별칭이 붙을 정도로 원 없이 일했던 가슴 벅찬 시간이었습니다. 힘들 때도 많았지만 고향 발전을 위해 일할 수 있다는 것 자체가 제게는 큰 기쁨이고 보람이었습니다.

저는 시장에 취임하면서 '역사에 남는 혁신시장, 박수 받으면서 떠나는 우리시장이 되겠다'고 다짐했습니다. 임기 4년 중 2년 5개월을 코로나19와 싸운 어려운 여건이었지만, 광주의 미래를 바꿀 수많은 성과들을 남기고 명예롭게 떠날 수 있도록 도와주신 시민 여러분과 우리 직원들에게 깊은 감사를 드립니다.

〈민선7기의 시정철학과 시정에 임한 자세〉

제가 시장에 취임할 때만 해도 우리 광주는 투자가와 기업가들이 외면하고, 사람들은 일자리를 찾아 다른 도시로 떠나는 매우 어려운 상황이었습니다. 자랑스러운 역사를 가졌지만 오랜 차별과 소외로 많이 아팠습니다.

저는 정의로운 도시, 광주가 잘 살아야 역사가 교훈을 줄 수 있다는 일념으로 민선7기 시정 비전을 '광주, 대한민국의 미래로!', 시정 목표를 '정의롭고 풍요로운 광주'로 정했습니다.

이러한 비전과 목표를 달성하기 위한 3대 정책수단으로 △광주다움의 상품화·브랜드화·산업화, △좋은 일자리 창출, △인공지능 대표도시 광주를 제시했으며, 3대 시정가치로 '혁신·소통·청렴'을 내세웠습니다.

특히 시장인 저는 ①시대정신을 실현하는 혁신행정, ②시민들과 함께 하는 협치행정, ③반칙과 특권이 통하지 않는 공정행정, ④외부의 부당한 청탁과 비리를 철저히 배격하는 청렴행정, ⑤시민을 주인으로 섬기는 봉사행정 등 5대 시정원칙을 '광주시장 5계명'으로 가슴에 새기고 시정을 이끌었습니다.

무엇보다 지난 4년, 광주시정을 관통하는 정신은 '혁신'이었습니다.

저는 광주의 새로운 미래를 열기 위해 임기 내내 '인기 있는 일보다는 가치 있는 일, 오늘보다는 내일을 준비하는 일, 쉬운 일보다는 어렵더라도 보람있는 일'에 주력해왔습니다.

어려운 결정을 해야 할 때마다 '훗날 역사는 어떻게 평가할 것인가' '무엇이 광주발전과 시민행복에 더 기여하는가'. 이 두 가지를 판단 기준으로 삼았습니다. 그간 광주형 일자리, 인공지능 광주시대 개막, 출생아수 증가, 기후위기 선제적 대응, 공정투명한 인사문화 정착 등 광주의 역사를 바꿀 수많은 성과를 창출할 수 있었던 동력이 바로 혁신이었습니다.

각종 인사나 사업 등 시정 운영에 있어 연고나 정실을 철저하게 배제하고 원칙과 정도를 지키는 혁신행정을 강조하다보니 한편에서는 '사람이 차다, 너무 원칙론자다, 스킨십이 부족하다'는 서운함을 토로하기도 했습니다.

하지만 광주발전을 위해 가야할 길을 갔기 때문에 후회는 없습니다. 힘들더라도 우리 세대가 나무를 심어야 다음 세대가 그늘을 즐길 수 있습니다. 인기에 영합하지 않고 혁신의 길을 가는 고독한 리더만이 광주의 역사와 시민의 삶을 바꿀 수 있습니다.

〈민선7기 10대 성과〉

우리 광주는 변화에 앞서 선도적으로 새로운 길을 개척하는 응변창신(應變創新)의 혁신을 통해 지난 4년 동안 대한민국 미래를 선도하는 수많은 성과들을 창출했고 해묵은 현안들을 속속 해결했습니다.

민주·인권도시 광주가 인공지능 대표도시, 광주형 일자리로 상징되는 노사상생 도시, 미래자동차 중심도시, 기후위기 대응 선도도시, 아이낳아 키우기 좋은 맘(MOM)편한 도시로 도약하면서 대한민국의 중심으로 자리잡아가고 있습니다.

특히 광주형 일자리 사업과 인공지능 산업은 광주발전과 미래 일자리를 책임질 양대 축이자 한국경제의 새로운 희망이 되었습니다.

① 광주형 일자리 사업의 첫번째 모델인 GGM공장의 완공과 캐스퍼 생산은 누가 뭐라고 하든 광주시민이 이룬 역사적인 성과이고 쾌거입니다.

세계적으로도 유례가 없는 지자체 주도의 사회대통합형 노사상생의 일자리사업으로 광주시민의 자존심이고 광주의 저력입니다.

노사합의를 통한 현대자동차와 투자협약체결(2019.1.31)이후 자본금 2,300억 모집, 차입금 3,454억 조달, 국내에서 23년만에 첫 자동차공장 완공(21.4.29), 캐스퍼 양산 시작(21.9.15일)까지 2년 8개월밖에 걸리지 않았다는 것은 그야말로 기적에 가까운 일이었습니다.

4년 전 시장 취임 당시만 해도, 모두가 어려울 것이라고 입을 모았던 사업이 성공하기까지는 시민 여러분과 수많은 분들의 열정과 헌신이 있었기에 가능했습니다. 이 자리를 빌려 감사드립니다.

　이러한 성과들이 여기서 멈추면 안됩니다. 민선8기에서 친환경 자동차로의 적기 전환, 노사상생 문화 정착, 사회적 임금시스템 구축을 통해 GGM을 세계적인 친환경 자동차공장으로 키워내야 합니다. 광주형 일자리 시즌2를 통해 우리 광주를 친환경자동차 메카도시로 완성시켜 나가야 합니다.

② 불과 4년 전에는 상상할 수도 없었던 대한민국 인공지능 대표도시 광주의 꿈이 현실이 되면서 청년들이 찾아오는 광주가 실현되고 있습니다.

　2018년 예비타당성조사 면제사업으로 광주가 대형 SOC 대신에 인공지능을 선택한 것은 신의 한 수였다고 평가받을 정도로 혁신적 발상이었습니다.

　민선7기는 짧은 기간동안에 인공지능 대표도시 실현의 3대 성공조건이라고 할 수 있는 세계적 규모의 인공지능 데이터센터 착공, 인공지능 인재양성, 인공지능 창업생태계 조성을 속도감 있게 추진해 왔습니다.

　무엇보다 광주 인공지능 산업융합집적단지는 광주의 미래는 물론 인공지공지능 4대강국 대한민국을 견인할 전진기지인 만큼 정부와 합심하여 반드시 성공시켜야 합니다. 최근 인공지능산업을 유치하기 위한 다른 도시들의 도전과 추격이 만만치 않은 만큼 민선8기에서 이를 잘 지켜주시고, 그간 추진해온 '인공지능 반도체 특화단지 조성사업'도 꼭 완성시켜 주길 부탁드립니다.

③ 광주는 2021년 17개 광역자치단체 중 유일하게 출생아 수가 11개월 연속 증가하는 등 국가적 과제인 저출산 문제 해결을 선도하고 있습니다.

지난 4년간 추진해온 '아이 낳아 키우기 좋은 맘(MOM)편한 광주' 실현을 위한 6단계 생애주기별(만남·결혼·임신·출산·육아돌봄·일가정 양립) 지원정책들이 가시적 성과를 내기 시작했습니다. 금년부터는 중앙정부가 이러한 광주정책들을 벤치마킹하여 전국적으로 시행하고 있는 것 또한 자랑스러운 성과입니다.

④ 국내 최초로 2045년 탄소중립 에너지 자립도시를 선언하고 관련 정책들을 속도감 있게 추진하는 등 세계적 화두인 기후위기 대응을 선도하면서 친환경 생태도시 기반을 구축하였습니다.

'2045년 탄소중립'은 정부나 유럽의 선진 국가들 계획보다 5년이나 앞서는 담대한 도전입니다.

시민햇빛발전소, 에너지 전환마을, 광주RE100 추진 등을 통해 녹색전환도시를 조성하고 있습니다. 에너지산업 융복합단지 지정, ESS발전 규제자유특구 지정, 수소연료전지 발전소 건립, 수소생산기지 착공, 국가친환경 공기산업 클러스터 및 청정 대기산업 클러스터 유치를 통해 녹색산업도시를 만들어 가고 있습니다.

아울러 대대적인 민간공원 조성사업, 장록습지를 국내 첫 도심습지로 지정, 광주 최초 시립수목원 조성, 무등산 신양파크호텔 공유화 추진, 3천만그루 나무심기 등을 통해 기후 안심도시를 조성하고 있습니다.

⑤ 2년 5개월 이상 지속된 코로나19에 선제적이고 효과적으로 대응

하여 광주공동체의 안전을 지키고 K-방역 성공을 견인했습니다.

우리시는 전국 최초 민간공동대책위원회 운영, 전국 최초 격리 해제 전 의무검사 시행, 해외입국자 도착 즉시 시설격리 등 정부와 다른 지자체보다 한발 앞선 대응으로 지역감염 확산을 차단하고 대한민국의 방역을 선도하였습니다.

특히 2020년 3월 1일, 우리시는 코로나19 확산 초기에 병상이 부족하여 입원조차 하지 못하는 대구 환자들을 광주에서 치료하겠다고 발표하였습니다. 이와 같은 병상연대는 이후 전국 지자체로 확산되면서 국민적 역량을 결집시켜 성공적인 K방역의 성공을 이끄는 동력이 되었고 대한민국을 세계적인 방역 모범국가로 우뚝 세우는 계기가 되었습니다.

또한 장기간 계속된 사회적 거리두기로 큰 어려움과 고통을 겪고 있던 지역경제를 살리기 위해 16차례에 걸쳐 민생안정대책을 시행하였습니다.

⑥ 16년간 지역사회의 분열과 갈등을 가져왔던 도시철도 2호선 건설 문제 등 해묵은 숙원사업들을 민관협치로 속속 해결하였습니다.

도시철도 2호선 공론화는 전국 지자체가 벤치마킹하는 성공 모델이 되었고, 학술적 가치를 인정받아 정책대상을 수상하기도 하였습니다. 이외에도 좀처럼 풀기 어려운 현안들을 시민들과 함께 해결하는 민관협치행정을 정착시킨 것도 민선7기의 커다란 성과입니다.

지금과 같은 변화의 시대, 집단지성의 시대에는 뛰어난 리더 한 사람의 결정보다도 시민과 함께 결정하는 것이 보다 합리적이고 설득력 있는 최적의 결론을 이끌어 낼 수 있습니다. 행정에 관한 한 누구보다도 오랜 경험과 전문성을 가지고 있는 제가 민관협치를 시정에 적극 도입한 이유입니다.

도시철도 2호선 사업을 시작으로 민관협치로 해결한 현안들은 △노사민정 대타협을 통한 광주형 일자리, △민간공원특례사업 민관거버넌스 운영, △대구 코로나19환자에게 병상 제공, △장록 습지를 국내 1호 도심 국가 습지로 지정, △코로나19 민관공동 대책위원회 운영, △무등산난개발 방지를 위한 민·관·정·학협의회, △2045탄소중립 에너지 자립도시 실현을 위한 탄소중립도시 추진위원회 등 열거하기 어려울 정도로 많습니다.

⑦ 가장 광주다운 것을 브랜드화·상품화·산업화하여 경쟁력을 높이기 위한 노력들이 성과를 맺으면서 품격 있는 문화일류도시, 국제 스포츠도시로서의 입지를 확고히 다졌습니다.

문화경제부시장 신설, 광주관광재단 출범, 문화예술 통합플랫폼 구축 등 문화예술발전을 위한 역량을 강화하였습니다.

국악 상설공연 운영, 동명동 문화마을·양림동 역사문화마을·충효동 생태문화마을 조성, 상무소각장을 광주 대표문화공간으로 건설 추진 등 광주다움을 담은 대표 콘텐츠와 인프라 구축에 역량을 쏟았습니다.

광주문학관과 광주전통생활음악당 건립을 추진하고 광주역사민속박물관 개관, 한예종 예술영재교육원 광주 캠퍼스 개원, 아시아문화중심도시 조성특별법 개정 등 문화예술인들의 숙원사업을 속속 해결하였습니다.

이외에도 전라도 천년기념 희경루 중건, 호남의병기념관 건립, 신창동 유적체험학습관 건립, 명장의 전당 개관, 전국 최대규모의 e스포츠 경기장 개관, 광주실감콘텐츠 큐브 준공, 전국 유일 문화산업투자진흥지구 확대 지정, 아시아예술공원 조성, 공공건축가 운영 등의 성과도 거양하였습니다.

아울러 2019 광주세계수영선수권 대회를 턱없이 부족한 예산, 북한 선수단 불참, 스타선수 부재라는 3대 악조건 하에서도 역대 최대 규모인 191개국에서 1만 2,800명의 선수단이 참가하여 수많은 신기록을 양산한 역대 가장 성공적인 대회로 치러냈습니다. 이는 3천여 명의 자원봉사자와 1만2천여명의 서포터즈, 그리고 우리 시민들의 저력과 성숙한 시민의식이 바탕이 되었기에 가능했습니다.

또한 우리시는 금년에 양궁월드컵대회를 성공적으로 개최하였고 2025년 세계양궁선수권대회를 유치한데 이어 2038년 광주-대구 하계아시안게임 유치에도 박차를 가하고 있습니다.

여자프로배구단인 AI페퍼스를 유치하여 겨울 스포츠 부재라는 오랜 숙제를 해결하고 지역 스포츠 활성화의 새로운 동력을 마련하였습니다.

⑧ 5.18 역사바로 세우기 등을 통해 세계적인 민주·인권 대표도시 광주의 위상을 크게 높였습니다.

민주인권평화국을 신설하여 5·18 역사 바로 세우기와 정의로운 '의향 광주'를 완성하는 일에 역량을 집중하였습니다. 오랜 숙원이었던 5·18 관련 3법(5·18 왜곡처벌특별법, 5·18진상규명특별법, 5·18 유공자예우법)이 국회를 통과했습니다.

5·18민주화운동 40주년이었던 2020년에는 광주시 조례를 개정하여 5월 18일을 지방공휴일로 지정하고, 추모기간인 18일부터 27일까지 태극기를 조기로 게양하도록 했습니다. 사각지대에 놓인 5·18 유공자와 유족에게는 2021년부터 민주명예수당을 지원하고 있습니다.

광주의 과거, 현재, 미래가 담긴 공간으로 전일빌딩 245를 개관했고, '국립 국가폭력트라우마치유센터'를 유치했습니다. 옛 505보안부대를 5.18 역사공원으로 재탄생시켰고, 옛 광주교도소를 민주인권 기념파크로 조성 중에 있습니다.

또한 광주적십자병원을 비롯하여 국군광주병원, 故홍남순 변호사 가옥 등을 미래 세대를 위한 살아있는 역사교육 장소로 활용할 수 있도록 원형복원사업을 추진하고 있습니다.

광주정신인 '나눔과 연대'의 상징인 주먹밥을 광주 대표음식으로 선정하여 보급하고 있습니다.

이외에도 광주광역시 명예의 전당 개관, 김대중 평화주간 지정 운영, 친일잔재 청산 단죄문 설치 등 의향 광주의 정의로움을 계승 발전시켰습니다.

⑨ 장애인 등 사회적 약자들을 소외와 차별 없이 따뜻하게 보듬는 복지공동체 실현에도 많은 성과를 남겼습니다.

사회적 약자들을 보듬는 복지정책이야말로 그 도시의 수준을 가늠하는 척도입니다. 민주·인권·평화의 도시 '의향' 광주에서 복지는 다른 도시의 복지보다 더 중요한 의미가 있습니다.

민선7기 복지정책의 기본방향은 일할 수 있는 분들에게는 일자리를 드리고 일할 수 없는 분들에게는 맞춤형 복지를 제공하는 것입니다. 3,000여 종의 생애주기별 맞춤형 복지 정보를 한 곳에서 볼 수 있는 광주복지플랫폼 개통, 사회서비스원 설립, 광주복지연구원 출범 등 복지 인프라를 대폭 확충했습니다.

전국 최초 연중 무휴 1대1 최중증발달장애인 융합돌봄센터 운영, 장애인회관·장애인수련시설·청각언어장애인복지관·시립장애인복지관·공공어린이 재활의료센터 건립 추진 등 장애인 숙원사업을 해결하였습니다.

복지시설 종사자 처우개선, 노동자 작업복 세탁소 개소, 공동주택 비정규직 근무환경 개선 등 노동복지 실현에도 성과를 남겼으며, 노인회관 건립, 치매특화형 노인복합시설 건립 추진, 신중년들을 위한 빛고을 50+센터 개소 등 어르신들의 오랜 숙원사업도 해결하였습니다.

⑩ **인사가 만사입니다. 청탁이 필요 없는 과감한 인사혁신을 단행해 채용, 승진, 전보 등 인사관련 부조리를 근절시켰고 깨끗하고 공정한 인사문화를 정착시켰습니다.**

공무원들이 인사에 신경쓰지 않고 업무에만 전념할 수 있도록 전자희망인사시스템을 구축하고 시장 핫라인도 개통하여 직원들이 인사철에 외부에 청탁하고 부탁해야 할 필요성을 근본적으로 제거하였습니다.

또한 과거 기관별·부서별로 채용하던 산하공공기관 직원과 시청 공무직을 통합채용 방식으로 전환하여 채용의 공정성과 투명성을 획기적으로 제고 했습니다. 이로 인해 인사청탁이 통하지 않는 '냉정한 시장'이란 비난과 서운한 말도 들어야 했지만, 인사부조리가 원천적으로 차단되어 능력있는 신규 직원들이 채용되고 있습니다.

이 외에도 영호남의 20년 숙원사업이었던 달빛고속철도 건설사업을 국가철도망 계획에 반영시켰고, 불과 4년만에 국비 1조원 시대(2018년 1조9,743억원)에서 국비 3조원 시대(2022년 3조2,155억원)를 열었습니다. 광주 최초로 경제자유구역청이 문을 열었으며, 광주상생카드와 공공배달앱이 지역경제의 든든한 지킴이가 되어주고 있습니다.

광주역, 송정역, 상무지구 일대는 도시재생사업을 통해 혁신거점으로 대변신을 꾀하고 있으며 광주형 평생주택과 누구나집 공급 추진은 집없는 설움을 겪고 있는 청년, 신혼부부, 저소득층 무주택 가구 등에게 큰 반향을 일으켰습니다.

〈광주의 대변화가 성공하려면〉

존경하고 사랑하는 시민 여러분!

지난 4년은 누구도 따라올 수 없는 '광주의 시간'이었습니다.

일자리가 부족하고 미래가 불확실해 떠나던 도시에서 사람과 기업이 찾아오는 광주로 바뀌고 있습니다. 우리 광주는 전국에서 유일하게 4년 연속 정부일자리정책 평가에서 최우수상을 수상하였습니다.

정치만 강한 도시에서 경제도 강한 도시로 탈바꿈하고 있습니다. 강성 이미지 때문에 기업과 투자가들이 기피하던 광주는 이젠 옛날 얘기가 되었습니다.

아쉽게도 광주 안에서는 이러한 성과들이 제대로 평가받고 있지 못하지만 다른 도시들은 시대적 화두를 선도하는 광주의 대변화를 주목하고 있습니다.

하지만 아직 가야할 길이 멉니다. 민선7기 4년 동안 정의롭고 풍요로운 광주, 더 크고 더 강한 광주를 실현하기 위해 부단히 노력했고 많은 성과를 창출했지만 이를 불가역적으로 정착시키거나 완성하기에는 너무 짧은 기간이었습니다.

대나무가 하늘 높이 자랄 수 있는 것은 일정한 간격으로 매듭을 지어 마디가 만들어지고 또 그 매듭 위에서 새로운 줄기가 시작되기 때문입니다. 민선8기에서 민선7기 성과들을 매듭 삼아 그 바탕 위에서 중단 없는 시정을 펼쳐 우리 아이들이 광주를 떠나지 않고도 세계를, 최고를, 미래를 꿈꿀 수 있는 '더 크고 더 강한 광주'를 완성시켜 주길 바라고 기대합니다. 시민 여러분께서도 관심 갖고 도와주십시오.

광주가 지속적으로 발전하기 위해서는 무엇보다 우리 직원 여러분의 역할이 매우 중요합니다. 그런 의미에서 주마가편의 심정으로 채근담의 글귀를 통해 다시 한번 끊임없는 혁신을 당부드립니다.

"옳더라도 굳어지지 말며, 좋더라도 치우치지 말고, 맞더라도 낡아지지 말라. 새로움에 가볍지 말고, 이로움에 얄아지지 말며, 힘 앞에 작아지지 말라"

〈퇴임인사〉

존경하고 사랑하는 시민여러분!

이제 민선7기에 대한 모든 평가는 역사와 시민들께 맡기고 저는 평범한 '광주시민 이용섭'으로 돌아갑니다. 앞으로 어디에서 무슨 일을 하든 좌우명인 궁불실의 달불이도(窮不失義 達不離道, 궁해도 의로움을 잃지 않고, 잘되어도 도를 벗어나지 않는다)를 지키는 광주사람으로 부끄럽지 않게 살아가겠습니다. 항상 광주라는 두 글자 가슴에 새기고 광주발전에 힘을 더하겠습니다.

인생도 역사도 만남입니다.

위대한 광주시민들과 함께 일할 수 있었던 지난 4년, 참으로 행복했습니다. 지금 생각해보니 두번 다시 오지 않을 축복의 시간이었습니다. 너무 혁신·청렴·원칙만을 지키다보니 좀더 따뜻한 시장이 되지 못했습니다. 그럼에도 성원을 아끼지 않으신 시민 여러분, 감사합니다 그리고 사랑합니다.

사랑하는 직원여러분!

일밖에 모르는 시장을 만나 그동안 너무 고생이 많았습니다. 그럼에도 힘든 내색 없이 전심전력을 다해준 여러분 덕분에 많은 성과들을 창출할 수 있었습니다. 그래서 더욱 미안하고 고맙기만 합니다.

회자정리 거자필반(會者定離 去者必返)이라고 했습니다. 광주와 대한민국 발전을 위한 또 다른 길목에서 다시 만날 수 있기를 기대합니다.

감사합니다!

사랑합니다!

3부

세금 그랜드슬래머
이용섭의 세금혁신 이야기

1. 세금 그랜드슬램 달성[1]

요즘 부캐(부캐릭터)가 유행이다. 평생을 공직자로 살았던 나도 부캐가 있다. 바로 '세금쟁이'다.

나는 40년 이상을 청와대, 기획재정부, 행정자치부, 건설교통부, 국세청, 관세청을 비롯한 정부 부처는 물론 국회의원과 광역자치단체장 등 여러 기관에서 다양한 일을 했다. 특히 세금은 내 삶의 일부라고 할 정도로 나는 오랜 기간 세금 분야에서 일해 왔다.

정부에서 조세정책을 총괄하는 재정경제부 세제실장, 세금 불복업무를 처리하는 국세심판원장, 국세 집행업무를 담당하는 관세청장에 이어 국세청장으로 발령을 받자 언론에서는 '세금 그랜드슬램'이라는 별칭을 붙여주었다. 그랜드슬램(Grand Slam)은 통상 골프나 테니스에서 4대 메이저 대회를 모두 우승한 경우를 말하는데, 유일하게 세금에 관한 4대 주요 공직을 모두 거친 경력 때문에 영광스러운 수식어까지 얻었다.

나는 국세청장 이후에도 지방세 업무를 총괄하는 행정자치부 장관에 이어 국회의원으로서 세법을 제·개정하는 기획재정위원회에서 직접 입법 활동까지 했다. 세금은 조세법률주의가 기본원칙이기 때문에 국회의 역할이 매우 중요하다. 이렇게 모든 조세(내국세+관세+지방세)에 관해 정책 수립-입법-법령 시행-불복

---

1) 2022년 9월 27일 조세일보에 게재된 기고글

심판까지 모두 거친 경력은 지금까지도 없었고 앞으로도 나오기 어려울 것이라는 평가다.

이렇게 평생 '세금쟁이'로 살면서 우리나라의 조세제도 및 세무행정의 발전과 나라 살림에 필요한 재원을 뒷받침하는 데 나름대로 크게 기여했음을 큰 보람으로 여기고 있다.

내가 세금과 만난 것은 운명적이었다. 공직자의 길에 들어선 것도 따지고 보면 세금 때문이었다. 나는 전라남도 함평의 작은 시골 마을에서 농부의 아들로 태어났다. 내 어릴 적 꿈은 서부영화에 나오는 정의로운 보안관이었다. 어린 나이에 겪었던 세무서와의 아픈 경험이 내 삶에 큰 영향을 미쳤다.

내가 어린 시절에는 농업이 기계화가 전혀 되지 않았던 때라 모심고 벼를 베는 큰 농사일에는 인부들이 많이 필요했다. 그리고 인부들에게 오전과 오후 새참 때, 그리고 점심과 저녁 식사 때 막걸리를 대접했다. 먹는 것이 시원찮은 가난한 시절이라 '막걸리 힘'으로 일한다고 얘기할 정도로 막걸리를 많이 먹을 수밖에 없었던 시절이었다.

그런데 막걸리 값에 대한 부담이 너무 컸다. 이 많은 막걸리를 주조장에서 사서 인부들에게 주고 나면 농사지어 남는 것이 없을 만큼 농사 이윤이 박했다. 그래서 당시 농촌에서는 모내기와 추수 등 큰 농사일이 있을 때는 의례 집에서 직접 막걸리를 담가 농주로 쓰곤 했고 우리 집도 예외는 아니었다.

우리 마을에는 막걸리를 제조 판매하는 주조장이 한 곳 있었다. 주조장 사장이 제일 부자이고 마을의 유지일 정도로 주조장이 당시 지역의 가장 큰 사업체이었다. 주조장에서 매일같이 하는 중요한 일 중의 하나가 동네 결혼식, 모내기 등 막걸리 수요가 있을 만한 큰 행사들을 파악하는 것이었다. 집안에 이런 큰 행사가 있는데도 막걸리를 사지 않으면 주조장에서는 밀주를 담갔을 것이라는 의심을 품고 담당인 나주세무서에 신고하여 해당 집에 밀조주 조사를 나오도록 했다. 당시에는 주세가 매우 중요한 세목이라서 밀주 단속이 세무서의 주요 업무 중의 하나였다. 세무서 단속원들은 밀조주 찾는 데는 귀신들이라 숨긴 곳을 여지없이 찾아내고 만다. 그런 날이면 우리 집은 초상집을 방불케 할 정도로 처참한 상황이 되곤 했다. 막걸리 값 아끼려다가 더 많은 벌금을 물어야 했기 때문이다.

농촌에서 1970년대까지 어린 시절을 보낸 세대는 더러 세무서 직원 때문에 아픔을 겪었던 기억이 있을 것이다. 지금은 농가에서 판매 목적이 아니라 자가 소비 목적이라면 술을 담글 수 있도록 법이 개정되었다. 그래서 요즘 젊은이들은 그 시절 세무서의 밀조주 단속원에 대한 분노와 두려움을 실감하기는 어려울 것이다. 이외에도 취사와 난방을 위해 산에서 가져온 나무 때문에 산감(山監)에게 적발되어 힘들었던 집들이 비일비재했다.

나는 어린 시절 이러한 일들을 겪으면서 자연스럽게 "왜 공무원들은 착하게 살아가는 사람들에게 이렇게 고통을 주는 것일까" "나쁜 공무원들로부터 착한 이웃들을 보호하는 방법은 무엇일까' 고민을 하기 시작했다.

이렇게 시골 초등학교 시절을 보내고 있을 때 우리 학교에서는 1년에 몇 번씩 단체로 함평읍내 극장에서 영화를 보여주었다. 그 당시 내 마음을 사로잡은 주인공이 '서부영화의 보안관'이었다.

그때부터 꿈을 꾸기 시작했다. 영화처럼 용감한 보안관이나 정의로운 총잡이가 되어 나쁜 공무원들을 혼내주고 착한 사람들을 보호해야 되겠다는 생각하게 되었다.

보안관이 되겠다는 어릴 적 꿈은 중고등학교를 거쳐 대학에 진학하면서 자연스럽게 공무원의 꿈으로 바뀌어갔다. 당시에는 공무원들이 주도적으로 국가를 운영하던 시절이어서 정의로운 보안관의 역할을 할 수 있을 것으로 생각했다. 대학 2학년 여름방학 때부터 본격적으로 행정고시 준비를 시작해 대학 4학년이었던 1973년 10월, 행정고시에 합격했다. 만 22살의 젊은 나이, 전남대에서 재학생 중 행정고시를 합격한 것은 내가 처음이었다. 여기서 한 가지 짚고 넘어가고 싶은 것은 나는 학교 다닐 때 공부를 잘하는 수재형 학생은 결단코 아니었다. 내가 행정고시에 합격할 수 있었던 것은 꿈을 이루겠다는 절실함과 집중력 덕분이었다.

행정고시 합격 후 6개월 수습과정을 거쳐 총무처로부터 발령받은 곳이 국세청이었다. 1975.4.7 여수세무서 조사과장이 첫 보직이었다. 세무공무원을 혼내주고 싶어 보안관이 되려 했는데, 세무서에서 공무원 생활을 시작했고 훗날 세무공무원의 수장인 국세청장까지 지내면서 누구보다도 세금과 세무공무원을 사랑하는 사람이 됐으니 인생은 참으로 아이러니하고 알다가도 모를 일이다. 이후 여수세무서 원천세과장과 목포세무서 부가가치세과장으로 근무하였다.

집행부서인 국세청에서 근무해서는 내가 꿈꾸는 정의롭고 공정한 사회를 만드는 데 이바지하기 어렵다는 판단하에 1979년 10월 중앙 경제부처인 재무부(현 기획재정부의 전신)로 옮겼다.

재무부의 첫 보직은 세제국 국제조세과였다. 되돌아보면 세금 그랜드슬램의 씨앗은 이때부터 잉태하기 시작했다.

2. 에베레스트 산이 세계에서 가장 높은 것은[2]

　살면서 종종 '성공비결이 무엇이냐'는 질문을 받는다. 시골 중고등학교와 지방대학을 나온 '촌놈' 출신이 세금 그랜드슬램을 비롯해 남들은 한번 하기도 어려운 중요한 자리들을 10여 차례나 맡다 보니 그 이유를 궁금해하는 분들이 계신다. 나는 이런 질문을 받을 때마다 '꿈'과 '좋은 만남' 덕분이라고 얘기한다. 어렸을 때부터 나는 늘 가슴에 꿈을 품고 살았다. 그리고 나를 인정해 주는 좋은 분들을 만나 그 꿈을 이루었고 또다시 새로운 꿈을 꾸는 일을 반복했다. 누가 누구를 만나느냐에 따라 사람의 운명도 달라지고 국가나 지역의 역사도 바뀐다. 그래서 나는 언제부터인가 '인생도 역사도 만남'이라는 믿음을 가지게 됐다.

　국세청에서 재무부로 전입한 후 첫 근무지는 세제국 국제조세과(사무관)였다. 당시 재무부의 꽃은 힘과 권위의 대명사처럼 불려온 이재국이었으나 나에게는 언감생심이었다. 흔히 "모피아"(MOFIA, 재무부의 MOF와 마피아 합성어)로 불리는 재무부의 막강한 힘은 대부분 바로 이재국에서 나왔다.

　지금은 많이 달라졌지만, 당시 재무부에서 가장 기피하던 곳이 세제국이었고 세제국 내에서도 국제조세과는 대표적인 비선호부서였다. 국제조세과는 외국과 이중과세방지협약을 체결하고 비거주자 조세정책을 수립하는 부서여서 업무는 어려운 반면 소

---

2) 2022년 9월 30일 조세일보에 '인생도 역사도 만남이다'라는 제목으로 게재된 기고글

위 힘이 없는 곳이어서 인기가 없었다. 나는 여러 부서에서 다양한 업무를 해보고 싶었지만 1985년 말 서기관 승진할 때까지 6년 여를 남들이 꺼리는 국제조세과에서 일해야만 했다. 그 이후에도 금융 관련 보직에는 접근이 어려웠고 주로 세금 분야에서 근무하였다.

내가 사무관 과장 국장으로 일했던 1970년대~90년대는 연고주의가 매우 심했던 시절이었다. 농경사회와 산업사회가 혼재된 때여서 사회가 투명하지 못해 비밀이 많았고 변화도 느렸던 시절이었기 때문에 혁신적인 사람보다는 믿을 수 있는 사람을 선호했다. 따라서 당시에는 학연·혈연·지연이 성공의 지름길이었다. 대한민국 최고의 엘리트 경제 관료들이 군웅할거 하던 재무부도 예외는 아니었다. 학력이나 출신이 대단한 사람들이 모여있는 조직 속에서 나는 태어나고 자란 출신성분 때문에 일종의 '희귀종' 취급을 받으면서 공직생활 전반 20여 년을 참으로 힘들게 보내야 했다. 면(面)에 소재한 중고등학교와 지방대학을 나온 전라도 출신은 재무부에서 그야말로 비주류의 종합세트였다. 조직을 통틀어 찾아봐도 선후배 등 연고 있는 사람을 찾아볼 수 없었으니 인사나 업무에서 소외당하는 것은 그 당시로서는 어찌 보면 당연한 결과였다.

에베레스트산이 세계에서 가장 높은 것은 히말라야산맥에 있기 때문이다. 히말라야산맥에 있으면 돌덩이 하나도 높은 산이 된다. 그러나 나는 산맥은커녕 기댈 언덕조차 없었다. 대단한 학력의 '엘리트' 공직자들과의 경쟁에서 비주류로 출발했던 나는 남들보다 두 배로 노력해야 했다. 이런 환경은 나에게 연고 때문에 차별받는 일이 없는 정의롭고 공정한 세상을 만들어야 한다는 사명감을 심어주었고, 훗날 기관장이 됐을 때 철저하게 연고주의 인사를 배제했다.

그런데 살아보니 인생사 새옹지마고 전화위복이다. 화가 오히려 복이 되는 경우가 많다. 내 삶이 그러했다. 나의 성장 배경과 출신성분이 한때는 내게 좌절과 아픔을 주기도 했지만, 이러한 불리한 조건들이 오히려 도전 정신과 인내심을 키워주었으며, 더욱 노력하고 청렴하고 겸손하도록 나를 강하게 단련시켰다.

그 결과 시간이 흐르면서 자연스럽게 성실하고 능력 있는 공직자라는 평가가 쌓여 결국 실력으로 연고주의를 뛰어넘는 롤모델이 되기도 했다. 또한 오랜 세금분야 근무를 통해 자타가 인정하는 최고의 조세전문가로 성장했다. 내가 1985년에 썼던 '국제조세'는 오랜 기간 이 분야의 최고 전문서적이 되기도 했다.

내가 공직에서 크게 성장할 수 있었던 것은 특히 두 분과의 만남이 결정적인 역할을 했다. 우선 1997년 12월 고졸 학력의 전남 출신 김대중 후보가 대통령으로 당선되면서 연고주의 악몽에서 벗어나 능력 위주의 공정한 경쟁을 통해 성장할 수 있는 전기가 마련됐다. 당시 재정경제부(재무부의 후신) 국장급 이상 본부 간부 중 유일한 호남 출신이었던 나는 김대중정부 5년 동안에 국장에서 1급으로 승진하여 재정경제부 국세심판원장과 세제실장을 거쳐 차관급인 관세청장까지 역임할 수 있었다. 1급 국세심판원장으로 승진했을 때는 모일간지에서 이용섭원장 때문에 재경부 1급 7명이 모두 서울대 출신이라는 오명(?)을 벗었다고 보도한 적도 있었다. 물론 나는 그전에 김대중대통령과 일면식도 없었고 소위 동교동 정치인들과도 어떤 인연이나 관계도 없었다.

내 공직 인생의 하이라이트는 노무현정부 시절이었다. 국세청장→청와대 혁신관리수석비서관→행정자치부장관→건설교통부장관까지 내 공무원 생활의 전성기였다. 노무현대통령 및 그 주변 분들과 전혀 인연이 없었는데도 이처럼 계속해서 중용한 이유로 청와대는 혁신성을 꼽았다.

노무현정부 5년을 관통하는 정신은 '혁신'이었다. 대통령은 정부혁신을 보다 종합적 체계적으로 추진하기 위해 대통령비서실에 혁신관리수석비서관을 신설하고 2005년 4월 나를 초대 혁신관리수석으로 임명했다. 국세청장 2년 기간동안에 이룬 접대비실명제 등 많은 혁신적 성과를 높이 평가한 것이다.

다음 해인 2006년 3월 2일, 대통령은 4개 부처의 개각을 단행하면서 나를 정부혁신을 총괄하는 행정자치부 장관 내정자로 발표했다. 공직생활 32년 만에 공무원들의 꿈이라고 할 수 있는 국무위원이 된 것이었다. 후에 둘만의 오찬 자리에서 장관 내정에 대한 감사의 말씀을 드리자 대통령께서는 빙긋이 특유의 미소를 지으시면서 "인연입니다. 혁신으로 맺은 우리 인연이 국가발전에 기여할 수 있도록 좋은 성과를 내주십시오" 라고 당부하셨다.

그러나 나는 행정자치부 장관을 오래하지 못했다. 참여정부 말에 집값이 급등해 온 나라를 들끓게 했다. 나는 집값을 안정시키라는 특명을 받고 행정자치부장관 재임 8개월만인 2006년 12월 11일에 건설교통부장관으로 임명되었다. 집값은 분양가상한제와 원가공개제를 주 내용으로 한 2007년 1·11 대책 등에 힘입어 2007년 후반기부터 안정세로 전환되었다.

노무현대통령이 얼마나 학력과 같은 연고보다 혁신성을 중시했는지 잘 나타내주는 강의내용 일부를 소개한다.

2007년 4월 8일 노무현대통령 EBS 특강 중 일부 내용

"지금 저도 인사를 해보지만 역시 서울대, 연대, 고대가 많은 것은 사실이지만 지방대학 출신들, 지금 쟁쟁한 자리에 다 있습니다. 지금 건설교통부 장관 하는 분은 국세청장 했는데, 국세청장하고 청와대 혁신수석 하다가 거기서 또 일 잘해 가지고 행정자치부 장관 갔다가 거기서 또 일 잘해서 자기 임기도 못 채우고 건설교통부로 또 발탁되지 않았습니까.

사람이 성실하게 하고 항상 창의적인 생각을 가지고 끊임없이 의문을 제기하고 끊임없이 불편을 해소해 나가려는 그런 창의적 창조적 자세, 도전적 자세를 가지고 있으면요, 설사 대학교 좀 이름 없는데 가도요, 얼마든지 성공할 수 있어요. 저는 단언할 수 있습니다. 얼마든지 성공할 수 있습니다"

또 하나 노무현대통령과의 만남은 내 인생의 항로를 완전히 바꾸는 전환점이 되었다. 공직자에서 정치인으로 변신하게 된 것이다. 대통령께서는 나에게 정치를 하라고 직접 말씀하신 적은 없었지만, '세상의 큰일은 정치를 통해서만 이룰 수 있고, 정치만이 세상을 바꿀 수 있다'라는 말씀을 가끔 들려주셨다.

그간 공직생활하면서 정치하겠다는 생각을 해본 적이 없었지만, 결국 나는 2008년 4월 7일 치러지는 제18대 국회의원 선거에 출마하기 위해 그해 2월 1일 건설교통부장관을 사직했다. 우리 사회의 큰 문제들은 정치를 통해 해결할 수밖에 없다고 판단했다. 당시 나는 분명 성공한 공직자였고 가는 곳마다 혁신을 통해 많은 변화를 일으켰지만 정의롭고 공정한 사회를 향한 내 꿈은 여전히 큰 진전이 없었다. 공직자로서는 내 꿈을 이루는 데 현실적 한계가 있음을 절감하던 때라서 대통령 말씀이 더욱 설득력 있게 다가온 것이다.

나는 고향이나 다름없는 광주광역시에서 18대와 19대 국회의원에 당선되어 누구보다도 활발한 의정활동을 펼쳤다. 특히 당시 정치권의 주요 쟁점이었던 '부자감세' 논란 과정에서 그리고 세법을 다루는 국회 기획재정위원회에서 조세제도 선진화를 위해 적지 않은 기여를 했다. 세금은 조세법률주의가 기본원칙이기 때문에 국회의 역할이 매우 중요하다. 그러나 세법이 원체 복잡해서 국회에서 심도 있는 심의가 되지 못하는 경우가 왕왕 있었는데, 이런 전문성 부족을 보완해주는 역할을 톡톡히 했다.

이처럼 중요한 공직을 두루 하다보니까 사상 최초로 3번의 국회인사청문회(국세청장 청문회, 행정자치부장관 청문회, 건설교통부장관 청문회)를 거쳤으나 공직생활 내내 척박한 환경에서 절제된 생활을 한 덕분에 문제없이 통과할 수 있었다.

3. 운명처럼 다가온 국세청장 자리[3]

참여정부 첫 국세청장 발탁!

젊은 시절 세무서에서 공직을 시작했던 나에겐 그 의미가 남달랐다. 금의환향하는 내 모습은 어려운 여건 속에서도 사명감 하나로 버티면서 밤낮없이 일하고 있던 후배들에게 희망이 되고 용기가 되었다. 또한 오랜 기간 기획재정부에서 수립해온 조세정책과 제도가 현장에서 어떻게 집행되는지 피드백할 수 있는 좋은 기회였다. 그리고 이후 중요한 공직을 계속해서 맡게 된 결정적인 계기가 되기도 했다.

노무현정부가 출범하던 당시 나는 관세청장으로 재직 중이었다. 새 정부가 들어서면 통상 정무직은 그만두는 것이 관례였고 당시에도 모든 청장들이 바뀔 것이라는 얘기가 공공연히 돌고 있었다. 특히 나는 노무현대통령은 물론 그 주변 분들과도 어떤 인연이나 연결고리가 없었으므로 1년여의 관세청장직을 조용히 마무리 중에 있었다.

2003년 3월 3일. 참여정부 첫 차관 및 청장 인사가 발표된 그날의 기억은 아직도 또렷하다. 아침 일찍 일어나 관세청장으로서의 마지막 행사인 '납세자의 날' 기념식 참석을 준비하고 있었다. 그런데 이른 아침부터 TV자막에 참여정부 첫 국세청장 내정자로 내 이름이 나오고 있었다. 누구로부터도 사전에 국세청장 내정

---

3) 2022년 10월 3일 조세일보에 게재된 기고글

통보가 없었기 때문에 놀랄 수밖에 없었다.

정부는 그날 오전 10시 예정대로 차관 및 청장 인사를 공식 발표했다. 청와대는 나를 발탁한 이유로 세금에 대한 전문성과 관세청장 시절 보여준 개혁성을 꼽았다. 과거 기준으로 보면 국세청장자리는 대통령과 비밀을 공유할 수 있는 측근 중의 측근이 가는 자리인데 어떻게 대통령과 일면식도 없는 내가 발탁되었는지 너무나 궁금했지만, 그 당시 물어볼 사람조차 없었다. 세상이 바뀌었음을 실감했다.

전해들은 얘기로는 3월 3일 아침 총리에게 보고된 인사안에는 나는 기획예산처 차관으로 내정되어 있었고 국세청장에는 모 지방국세청장이 내부 승진하는 것으로 되어있었다고 한다. 그런데 청와대가 최종 결정하는 과정에서 운명이 바뀌었다. 그 내막은 그로부터 8년이 지난 후에야 비로소 알게 됐다. 18대 대선을 앞두고 문재인 후보가 2011년 6월에 발간한 '문재인의 운명'(214~215쪽)을 보면 당시 국세청장 발탁 배경을 대강 알 수 있는 대목이 나온다.

"이용섭 관세청장을 초대 국세청장에 발탁한 것은 내 아이디어였다. 그는 우리와 전혀 인연이 없었고, 나하고도 알지 못하는 사이였다. (중략) 마침 호남출신인 이용섭 관세청장의 개인 업무평가와 부처 혁신평가가 대단히 좋았다. 비국세청 출신을 통해 국세청의 고질적 문제를 개혁해보자는 취지도 있었다. 인사회의에서 그렇게 추천했는데 모두 찬성했고, 당선인도 좋아했다. 그는 나중에 우리 쪽과 인연과 연줄이 전혀 없는데도 발탁된 게 신기했고, 그 때문에 참여정부의 인사 철학을 높이 평가하게 됐다는 심정을 토로하곤 했다.

> 그는 국세청장 재임 시 박원순 변호사를 위원장으로 하는 세정개혁위원회를 둬 접대비 상한제, 골프와 유흥업소의 접대비 불인정 등 많은 세정개혁을 했다. 대통령도 그의 혁신 능력을 높이 평가해 이후 청와대 혁신관리수석비서관, 행정자치부장관, 건설교통부장관 등으로 계속 기용했다. 지금도 국회의원으로 전문성이 돋보이는 의정활동을 하고 있는 것을 보면 흐뭇하다"

참여정부 시절 문재인 전 대통령은 청와대 수석비서관과 비서실장을 역임했고 나는 국세청장, 청와대 수석비서관, 장관으로 일하면서 서로 이야기할 기회가 많았지만 그 분은 단 한 번도 나의 발탁에 대해 언급한 적이 없다. 참으로 심지가 깊은 분이라고 생각했다.

그 후에도 문재인대통령과의 인연은 계속되었다. 2017년 19대 대통령선거 때 나는 문재인캠프 비상경제대책단장을 맡았고, 2017년 5월 10일 출범한 문재인정부에서는 일자리위원회 초대 부위원장(위원장 : 문재인대통령)으로 일했다. 그리고 2018년 2월 7일 나는 부위원장을 사직하고 광주광역시장에 출마해 당선되었다. 시장이 되고 나서도 광주형 일자리 성공, 인공지능 대표도시 광주를 만드는 과정에서 문 대통령은 어려운 광주에 많은 도움을 주셨다.

내가 국세청장으로 임명될 당시 국세청의 여건은 참으로 어려웠다. 세풍사건, 언론사 세무조사 등의 여파로 세무조사의 중립성에 대한 국민의 신뢰가 크게 훼손되어 있었고, 세금 부조리도 큰 문제였다. 권력기관이라는 이미지 때문에 국세청장에 대한 국회 인사청문회까지 도입되기에 이르렀다.

나에게 맡겨진 시대적 소명은 분명했다. 권력기관으로 인식되던 국세청을 국민의 봉사기관으로 탈바꿈시키는 것이었다. 국세청장으로 취임하자마자 국세행정의 패러다임과 시스템을 바꾸는 강도 높은 혁신을 추진하였다. 취임 3일만에 혁신적인 직원들로 '세정혁신추진기획단'을 출범시켰고, 보름만에 각계각층의 외부 전문가로 구성된 '세정혁신추진위원회'를 발족하여 세정혁신의 목표와 방향 그리고 혁신과제를 확정하였다. 숨 돌릴 틈도 없이 시작된 개혁의 걸음들이었다.

　　반발도 만만치 않았다. 보수성이 강한 조직에 1988년 이후 15년만에 외부 출신 청장이 취임하고 전면적인 혁신을 추진하자, 과거 연고에 의해 인사나 세금문제를 해결해왔던 안팎 기득권층의 저항이 거셌다. 1만7천여명의 국세공무원을 이끌고 세정 불신의 벽을 넘는 것은 매우 험난한 도전이었다.

　　그럼에도 노무현대통령의 신뢰와 뜻 있는 직원들의 적극적인 참여를 바탕으로 2년이라는 짧은 기간 동안에 많은 성과를 창출할 수 있었다. 많은 저항을 감내해야 했던 접대비실명제 실시, 과세자료 양성화를 위해 세계 최초로 도입한 현금영수증제도 시행, 20년 이상 유지되어온 특별세무조사 폐지를 비롯한 투명한 세무조사시스템 확립, 납세자들에게 자긍심을 드리기 위한 세금포인트·모범성실납세자·고액납세기념탑 제도 도입, 청탁과 로비가 통하지 않는 '전자희망인사시스템' 구축 등의 성과를 남겼다. 무엇보다도 값진 변화는 권력기관으로 인식되던 국세청이 국민의 봉사기관으로 새롭게 거듭났다. 그 결과 내가 청장으로 재임하던 2003과 2004년 우리 국세청은 2년 연속 정부업무종합평가 최우수기관과 혁신선도부처로 선정되었다.

　이러한 국세청장 시절의 개혁성을 인정받아 나는 참여정부 초대 혁신관리수석비서관과 행정자치부장관으로 발탁되어 정부혁신을 총괄하는 소중한 기회를 경험할 수 있었다. 이후에도 내가 과거 근무경험이 전혀 없는 행정자치부와 건설교통부의 장관으로 임명된 것을 보면 노무현대통령의 가장 중요한 인사기준은 ′혁신성′이었던 것이 분명하다. 그 분은 진정한 ′혁신대통령′이셨다.

4. 윤석열정부 조세정책 성공하려면[4)]

◆ 내년도 예산안이 우여곡절 끝에 오늘(12월 24일) 국회를 통과했다.

2014년 국회선진화법 시행 이후 처음으로 예산안이 법정 처리 시한(12월 2일)과 정기국회 종료일(12월 9일)을 넘기는 사태가 벌어졌다. 핵심 이유 중의 하나가 법인세율 수준에 대한 여야 간 의 이견 때문이었다.

윤석열정부의 첫 세제개편안이 국회심의 과정에서 제동이 걸 린 것은 표면적으로는 여야 간 입장 차이에서 비롯됐지만, 본질 적으로는 새 정부가 들어섰음에도 향후 조세재정 운용방향에 대 한 큰 그림 제시 없이 세제개편을 단편적으로 접근하여 폭 넓게 국민적 공감대를 얻지 못했기 때문이다.

◆ 정부가 조세정책과 관련하여 가장 먼저 해야 할 일은 임기 5년의 재정지출규모를 전망하고, 이 중 세금으로 얼마를 조달할 것인지 거시적인 적정 조세부담률 목표를 설정한 후 이를 세목별 세원별 로 공평하게 부담시킬 방안에 관해 큰 틀의 조세정책방향을 제시 해야 한다.

세금은 국민의 삶과 기업의 경제활동에 중요한 영향을 미치 기 때문에 '규모의 적정성'(조세부담률)과 '부담의 공평성'(응능 부담원칙)이 요체이다. 세금이 과중하거나 공평하지 못하면 조

---

4) 2022년 12월 24일 조세일보에 게재된 기고글

세저항을 야기하고 과소하면 본연의 기능인 나라 살림을 뒷받침할 수 없다.

내년을 비롯해서 향후 세제개편은 이러한 중장기 조세정책방향을 단계적으로 실현하기 위한 방안으로 마련하여야 조세정책의 예측성·일관성·안정성이 유지되고 국민적 공감대를 확보할 수 있다

◆ 조세부담률은 재정건전성을 담보할 수 있는 수준으로 적정화해나가야 한다.

「재정건전성」은 우리와 같은 소규모개방경제(Small Open Economy)가 대외충격을 흡수하면서 지속적이고 안정적인 성장을 위해 반드시 지켜야 할 성역이다. 우리가 97년 IMF외환위기와 2008년 세계금융위기를 조기에 극복할 수 있었던 것도 대규모의 공적자금과 재정을 투입할 수 있는 건전재정이 뒷받침되었기에 가능했다.

OECD 발표에 의하면 우리나라 조세부담률은 2020년 기준으로 20.0%(국민부담률 27.7%)로서 OECD 국가의 평균 조세부담률 24.3%(국민부담률 33.5%)에 비해 상당히 낮은 수준이다. 그렇다면 우리의 적정 조세부담률 수준은 얼마일까? 이는 재정여건을 종합적으로 감안하여 정부가 제시해야할 사항이나, 분명한 것은 현재보다 떨어져서는 안될 것이다.

그 이유로는 먼저 우리나라는 세계에서 유일하게 분단된 국가로서 매년 막대한 국방비(22년 54.6조원, GDP 대비 2.6%)를 지출하고 있다. 또한 빠른 속도로 저출산 고령화가 진행되고 사회

양극화가 심화되면서 재정수요 역시 그 어느 나라보다도 빠르게 증가하고 있다. 그 결과 재정수입이 재정지출을 따라가지 못하면서 매년 대규모 재정적자가 발생하고 있고, 이로 인해 국가채무가 급증해 재정 건전성에 대한 우려가 커지고 있다.

이러한 재정적자나 국가채무의 증가 원인이 재정규모가 비대해서 생긴 것이라면 재정지출을 줄여서 해결하면 될 일이다. 그러나 GDP대비 일반정부 총지출이 우리나라는 37.7%(21년 기준)로서 OECD 평균 46.4%보다 크게 낮다. 오히려 정부의 더 적극적인 역할이 요구되는 상황이다.

이처럼 한국의 재정여건과 재정규모 그리고 국제적인 조세부담 수준을 종합적으로 고려할 때 현재보다 조세부담률을 낮추는 대규모 감세 조치는 극히 경계해야 한다. 민생안정과 경제활력 제고 등을 위해 감세 조치가 불가피하다면 대체 세원을 발굴하여 조세부담률이 떨어지는 것을 막아야 한다. 조세부담률을 적정화해 '저부담 저복지'에서 '적정부담 적정복지'로 가게 되면 양극화 해소, 소비진작, 성장률 증가 등 경제에 미치는 긍정적 효과가 많다.

◆ 세금의 생명인 '공평성'을 제고하고 국민이 공감하는 조세정책을 펼쳐야 한다.

우리 조세부담률이 다른 선진국에 비해 낮은 데도 많은 국민들이 세금이 무겁다고 생각하는 것은 세금부담의 공평성과 관련된다. 세금이 각자 능력에 맞게 공평하게 부담되면 체감부담은 낮아지고, 반대로 내는 사람만 많이 내면 체감부담은 커지게 된다. 이처럼 국민이 체감하는 조세부담은 국가 전체의 조세부담률 수준이 아니라 "왜 내 세금이 다른 사람보다 많은가? 왜 과거보다 세금이 크게 증가했는가? 왜 내 세금을 이런 곳에 낭비하는가?"에서 비롯되는 경우가 많다. 따라서 조세당국은 '불환빈 환불균(不患貧 患不均ㆍ백성은 배고픔보다 불공정한 것에 분노한다)'의 교훈을 항상 가슴에 새겨야 한다.

또한 조세정책은 이론적 타당성이나 논리적 정당성만으로 성공할 수 없고 국민들의 수용성이 뒷받침되어야 한다. 세금은 국민경제생활이나 기업경영에 큰 영향을 미치기 때문에 정부가 일방적으로 밀어 붙이면 반드시 실패한다. 국민이 공감하는 세제가 가장 좋은 세제이므로 조세개혁은 국민과 함께 만들어 간다는 자세를 가져야 한다. 우리가 어떠한 조세제도를 갖느냐의 문제는 우리사회의 의식구조와 국민들의 납세의식 등 현실여건에 큰 영향을 받는다. 아무리 취지가 좋은 세금이라도 국민들이 악세라고 생각하면 세금내기를 꺼려하고 조세 마찰이 발생한다.

◆ 국가정책수단으로서 사회양극화 완화를 위한 조세정책의 역할은 높이되, 경기진작수단으로서 역할은 최소화해야 한다.

개방화 자율화 시대에 재정은 국가가 정의를 실현할 수 있는 가장 강력한 수단인데, 우리나라 재정의 소득재분기능은 OECD 국가 중 최하위수준이다. 재정이 부익부 빈익빈 등 양극화 문제에 적극적인 역할을 못하거나, 조세가 도덕적 해이(moral hazard)를 조장한다면 시장경제는 건전하게 발전할 수 없다. 따라서 조세정의와 사회양극화 해소를 위해 조세의 소득재분배 기능은 강화해야 한다. 많이 벌고 조금 내는 '양극화 심화' 세제에서 여유 있는 계층이 더 많이 내는 '양극화 시정'세제로 전환해 나가야 한다.

조세는 재정지출에 비해 경제성장 등 경기조절기능이 매우 제한적이고 간접적이므로 꼭 필요한 경우에 한시적이고 제한적으로 사용되어야 한다. 능력있는 경제주체로부터 적정한 세금을 거두어 재정지출을 통해 시급한 민생안정이나 경제활력 분야에 사용하는 것이 경기회복에 더 효과적일 뿐만 아니라 양극화도 완화할 수 있다.

대기업·고액재산가·고소득자에 대한 감세를 통해 경제를 살리겠다는 낙수경제론이 비판받는 것도 경기활성화 효과에 견주어 조세부담의 공평성과 소득재분배 기능을 결정적으로 훼손시키고 재정건전성을 무너뜨리기 때문이다. 강조하자면 조세는 '소득이 있는 곳에 세금이 있다'는 원칙에 충실하여 중립적으로 운영하고, 가급적 정책수단으로 이용되는 것을 최소화해야 조세정책이 남용되지 않고 효율성을 높일 수 있다. 특히 세금을 이념적·감정적 대응수단으로 이용하면 반드시 실패한다.

◆ 지금은 자본과 노동이 자유롭게 이동하는 '국가선택시대'이므로「넓은 세원, 낮은 세율」체계를 통해 조세의 국제경쟁력을 높여가야 한다.

국가간 조세경쟁이 심화되고 조세정책의 국가간 연관성이 커져 독불장군식 조세정책은 더 이상 통용될 수 없다. 하나의 시장을 놓고 세계가 경쟁하는 시대이므로 국내적 공평성 못지않게 국제적 공평성과 조세의 국제경쟁력도 중시해야 한다. 과거에는 세금이 무거우면 저항하거나 탈세로 대응했지만 지금은 세부담의 국제적 공평성과 조세경쟁력이 떨어지면 사람과 돈과 기업 등 세원이 해외로 이전하는 결과를 가져온다.

「넓은 세원 낮은 세율」은 세부담의 공평성 제고, 조세제도의 경쟁력 강화, 국민의 체감조세부담 경감을 동시에 달성할 수 있을 뿐만 아니라 각국의 세율인하 경쟁에 효율적으로 대처하면서 건전재정을 뒷받침할 수 있다. 높은 명목세율은 탈세를 조장하고 근로의욕과 사업의욕을 감퇴시킨다. 또한 지금은 개방화 자율화와 인터넷의 즉시성과 탈지역성으로 누진과세 등 수직적 형평성을 고집하기 어려운 환경이므로 비과세 축소 등 과세대상을 넓히는 수평적 공평성에 중점을 두어야 한다.

5. 한국의 조세부담수준 적정한가?[5]

윤석열정부는 지난 7월 첫 세제개편안을 발표하고 9월에 관련 세법개정안을 국회에 제출했다. 이번 세제개편으로 5년간 13조 1천억원의 세수감소가 예상된다. 이는 전면적이고 대대적인 감세에 나섰던 이명박정부의 첫해인 2008년 세제개편(33조9천억 감세) 이후 14년 만에 가장 큰 감세규모이다. 정부 여당은 경제활력과 민생안정을 위한 감세라는 주장이고, 야당은 부자감세라는 입장이어서 국회 심의과정에서 감세논쟁이 뜨거워질 전망이다.

오늘은 우리 국민이 내는 세금 규모가 적정한지와 전반적인 감세 필요성이 있는지에 대해 살펴보고자 한다.

(1) 조세부담률과 국민부담률, 국제적으로 낮은 수준

국가 간에 세금부담 수준을 비교하는 지표로는 조세부담률이 널리 이용된다. 조세부담률은 소득 중에서 세금으로 얼마만큼 부담하느냐를 나타내주는 지표로 국민이 1년 동안 낸 세금총액을 국내총생산(GDP)으로 나눈 비율을 말한다.

국민의 부담수준을 더 정확하게 나타내는 지표로는 국민부담률이 이용되고 있다. 국민부담률은 국민이 낸 세금과 사회보장기여금이 국내총생산에서 차지하는 비중을 의미한다.

---

5) 2022년 10월 7일 조세일보에 게재된 기고글

OECD 발표에 의하면 우리나라 조세부담률은 2020년 기준으로 20.0%이고 국민부담률은 27.7%로서 OECD 국가의 평균 조세부담률 24.3% 및 국민부담률 33.5%에 비해 상당히 낮은 수준이다.

이러한 수치를 근거로 바로 증세를 정당화하거나 감세를 비판하는 것은 옳지 않다. 조세부담 수준의 적정성은 그 나라가 처한 상황에 따라 달라지기 때문이다. 이런 점에서 한국의 적정 조세부담 수준을 논하기 위해서는 먼저 우리의 재정여건을 살펴보아야 한다.

(2) 한국의 재정여건과 적정 조세부담률

우리나라는 세계에서 유일하게 분단된 국가로서 매년 막대한 국방비(22년 54.6조원, GDP 대비 2.6%)를 지출하고 있다. 스톡홀름국제평화연구소(SIPRI)에 따르면 우리나라 국방비 규모는 세계 10번째이며 이중 GDP 대비 비중은 5번째로 높은 국가이다.

또한 빠른 속도로 저출산 고령화가 진행되고 사회 양극화가 심화되면서 재정수요 역시 그 어느 나라보다도 빠르게 증가하고 있다. 그 결과 재정수입이 재정지출을 따라가지 못하면서 매년 대규모 재정적자가 발생하고 있고 이로 인해 국가채무가 급증하면서 재정의 지속가능성에 대한 우려가 커지고 있다. 22년 재정적자(관리재정수지)는 110.8조에 이르고 국가채무는 1,068.8조로서 GDP의 50%를 넘나들고 있다. 사실상 국가가 최종 책임져야 할 공공부문 부채까지 포함하면 국가채무는 천문학적 규모이다.

이러한 재적적자나 국가채무의 증가 원인이 재정규모가 비대해서 생긴 것이라면 재정지출을 줄여서 해결해야 할 것이다. 그러나 GDP대비 일반정부 총지출이 우리나라는 37.7%(21년 기준)로서 OECD 평균 46.4%보다 크게 낮다. 오히려 정부의 더 적극적인 역할이 요구되는 작은 정부라는 얘기이다. '저부담 저복지'에서 '적정부담 적정복지'로 나아가기 위해서도 재정규모를 늘려가야 할 상황이다.

요약하면 한국의 재정여건과 재정규모 그리고 국제적인 조세부담 수준을 종합적으로 고려할 때 한국의 현재 조세부담률은 적정수준보다 낮다. 따라서 현재보다 조세부담률을 낮추는 대규모 감세 조치는 극히 경계해야 한다. 민생안정과 경제활력 제고 등을 위해 감세 조치가 불가피하다면 대체 세원을 발굴하여 조세부담률이 떨어지는 것을 막아야 한다.

(3) 정책 제언

역사적으로 보면 조세정책이 국가의 흥망성쇠를 좌우한 경우가 많다. '세금이 바로 서야 나라가 바로 선다.' 이는 역사적 교훈이다. 이런 점에서 새 정부에 몇 가지 제언을 드린다.

① 무엇보다도 먼저 중장기 조세부담수준을 제시해야 한다. 그리해야 상황에 따라 조세정책이 오락가락하지 않고 예측성·일관성·안정성을 유지할 수 있다. 이런 점에서 정부가 첫 세제개편안을 발표하면서 임기 중 조세부담률과 국민부담률에 대한 큰 그림과 비전을 제시하지 않은 것은 매우 아쉬운 부분이다.

우리는 정권에 따라 조세정책이 오락가락한 경험이 있다. 보수정권인 이명박정부와 박근혜정부에서는 작은 정부와 감세정책을 견지해왔고, 진보정권인 노무현정부와 문재인정부는 일하는 정부와 증세 정책을 추진해왔다. 세금 내기를 좋아하는 국민은 없다. 그렇다고 조세정책이 대중적 인기나 표심 위주로 흐르다 보면 나라가 흔들리게 된다. 조세정책은 정권 차원의 이해관계를 떠나 국가 백년대계를 보고 고독한 길을 가야 한다.

② 조세는 재정지출과 비교해 경기조절기능이 매우 제한적이고 간접적이므로 꼭 필요한 경우에 한시적이고 제한적으로 사용되어야 한다. 여유 있는 경제주체로부터 적정한 세금을 거두어 재정지출을 통해 시급한 민생안정 분야에 사용하는 것이 경기회복에 더 효과적일 뿐만 아니라 부익부 빈익빈 양극화도 완화할 수 있다. 조세정책의 왜곡과 남용도 방지할 수 있다.

대기업, 고액재산가, 고소득자에 대한 감세를 통해 경제를 살리겠다는 낙수경제론은 질 좋은 성장을 저해하고 사회양극화를 심화시키며 무엇보다 재정건전성을 무너뜨리므로 신중해야 한다.

③ 세금의 생명은 공평성이다. 우리나라 조세부담률이 다른 선진국에 비해 낮은 데도 많은 국민들이 세금이 무겁다고 생각하는 것은 세금부담이 불공평하고 걷은 세금이 낭비되고 있다고 생각하기 때문이다.

국민이 체감하는 조세부담은 국가의 조세부담률 수준에서 나오는 것이 아니고, "왜 내 세금이 다른 사람보다 많은가? 왜 과거보다 세금이 크게 증가했는가? 왜 내 세금을 이런 곳에 낭비하는가?"를 기준으로 평가한다. 따라서 조세당국은 '불환빈 환불균(不患貧 患不均· 백성은 배고픔보다 불공정한 것에 분노한다)'의 교훈을 항상 가슴에 새겨야 한다. 소위 '부자감세'가 비판받는 것도 경기활성화 효과에 견주어 조세부담의 공평성과 소득재분배 기능을 결정적으로 훼손시키기 때문이다. 재정은 국가가 정의를 실현할 수 있는 가장 강력한 수단인데, 우리나라 재정의 소득재분기능은 OECD국가 중 최하위수준이다.

결론적으로 세금은 국민의 삶과 기업의 경제활동에 중요한 영향을 미치기 때문에 '규모의 적정성'(조세부담률)과 '부담의 공평성'(응능부담의 원칙)이 요체이다. 세금이 과중하거나 공평하지 못하면 조세저항을 야기하고 과소하면 나라 살림을 뒷받침할 수 없다.

따라서 정부는 우선 적정 부담수준에 대한 장단기 거시목표를 확실하게 제시하고 이 틀 속에서 각자의 능력에 맞게 공평하게 부담시켜야 한다. 이를 통해 조세정책의 일관성 안정성 예측성을 확보해야 조세저항과 시장왜곡을 최소화하면서 재정건전성을 뒷받침할 수 있다.

6. 역사적 교훈을 남긴 세금들[6]

태어나면서부터 죽을 때까지 따라다니는 것이 세금이다. 더 나아가 세금은 국가의 운명을 결정짓는 주요 요인이기도 하다. 세계사의 흐름을 바꾸고 나라의 흥망성쇠에 영향을 미친 세금 사례를 소개한다.

◆ **세계 3대 시민혁명(영국 청교도혁명과 명예혁명, 프랑스 대혁명, 미국 독립혁명)은 모두 가중하고 불공정한 세금이 도화선이 됐다.**

영국의 청교도혁명(1642-1651)은 찰스 1세가 왕권신수설을 굳게 믿고 1628년 왕권 수호 목적의 강력한 상비군을 만들기 위한 세금을 부과하려 하자, 의회가 '의회의 동의 없이 국왕이 세금을 거둘 수 없도록 하는' 권리청원을 제출한 것이 발단되어 명예혁명으로 이어졌다.

미국의 독립혁명(1775-1783)은 오랜 전쟁으로 재정이 바닥난 영국이 미국 식민지에 일방적으로 세금 부과를 결정하자 주민들이 "대표 없는 곳에 세금 없다(No tax without representatives)"는 주장을 앞세우며 시작되었다.

세계사의 흐름을 바꿔 놓은 프랑스 대혁명(1789-1794)의 경우, 고소득계층인 성직자와 귀족들에게는 면세정책을 펴고 국민

---

6) 2022년 10월 11일 조세일보에 게재된 기고글

대다수에게는 가중한 세금 부담을 안겼던 불공평한 조세제도가 하나의 도화선이 되었다.

◆ **무리한 조세정책 추진으로 정권이 바뀌거나 치명타를 입은 경우도 많다.**

일본은 1986년 12월, 일반 소비세인 5%의 매상세 도입을 발표한 후 다음 해 중의원 선거에서 자민당이 참패하고 1987년 11월 나까소네 수상이 실각하기에 이르렀다. 후임자인 다께시다 수상은 세율을 3%로 인하하여 소비세법을 통과시켰다.

영국에서는 1990년 4월, 지방세인 재산세(Rates) 과세대상에서 주거용 자산을 제외하는 대신 성인 1인당 평균 365파운드의 Community Charge를 부과했다. 인두세의 부활이라며 주민들의 조세저항이 거셌고, 이는 대처 총리가 정권에서 물러나는 중요 원인이 되었다. 후임자인 존메이저 총리는 1991년 이를 폐지했다.

박정희 정부가 1977년 도입한 부가가치세는 물가상승 등으로 민심 이반을 야기했고 부마 민중항쟁에까지 영향을 미쳐 결국 정권 몰락의 한 원인을 제공했다.

박근혜정부는 2013년 8월 8일에 연봉 3,450만원이 넘는 근로자들의 세금을 인상하는 내용의 세제개편안을 발표했다. '중산층 세금 폭탄'이라는 여론의 질타가 쏟아지자 박 대통령은 8월 12일 "서민경제가 가뜩이나 어려운 상황인데 서민과 중산층의 가벼운 지갑을 다시 얇게 하는 것은 정부가 추진하는 경제정책 방향과 어긋나는 것"이라며 원점 재검토를 지시하였고 정부는 하루 만에 새로운 개정안을 발표하였다.

최근 영국은 세금 때문에 시끄럽다. 트러스 총리가 지난 9월 23일 대규모 감세를 통한 성장정책을 발표했다가 되레 국채가격이 급락하고 파운드화 가치가 37년 이래 최저 수준으로 떨어지는 등 금융시장이 요동치고 당 지지율이 급락하자 결국 발표 열흘만인 10월 3일 상위 1% 고소득자 소득세율 인하 정책을 전격 취소했다. 영국 BBC 방송은 이를 "거대하고 굴욕적인 유턴"이라고 평가했다. 충분한 검토 없이 발표한 감세안으로 트러스 총리는 집권 한 달 만에 치명타를 입게 됐다. 국내외의 거센 비판을 받은 트러스 총리는 계획의 대부분을 철회하고 결국 취임 45일 만에 사임을 발표하여 영국 역사상 최단임 총리가 되었다.(2022년 9월 6일~10월 25일, 50일간 재임)

◆ **세금은 사람들의 행동방식이나 생활양식을 바꾸고 새로운 문화를 만들기도 한다.**

영국 정부는 1696년에 건물의 창문 숫자를 과세표준으로 하는 창호세(Window Tax)를 시행했다. 소득이나 재산이 많을수록 큰 집을 소유하고 있을 것이며 큰 집일수록 창문이 많을 것이라는 판단 아래 창문 숫자에 맞춰 세금을 부과한 것이다. 1712년에는 정권에 대한 비판을 억제하고 군비도 조달하기 위해 신문 한 장당 1페니씩 인지세(stamp tax) 부과를 시작했다.

그러나 납세자들의 반응은 전혀 다른 방향으로 나타났다. 창호세를 피하려고 창문을 폐쇄하면서 사람들의 일조권만 뺏어버리는 역효과만을 가져온 채 결국 이 세금은 폐지됐다. 또한 신문의 크기를 키워 쪽수를 줄여 인지세를 회피했다. 오늘날 신문이 다른 책자보다 훨씬 커지는 계기가 되었다고 한다. 이처럼 정부가 증세정책을 내놓으면 납세자들은 바로 절세대책을 마련해 대응하면서 기대했던 만큼의 세수효과는 없었다.

우리나라에서도 유휴지나 공한지에 과세하는 토지초과이득세가 1990년에 시행되면서 도시에 임시 건물들이 난립하고 빈공간이 사라지는 문제를 야기했다. 미실현 이익에 대한 과세 논란으로 결국 1994년에 헌법불합치 판정을 받고 1998년에 폐지되었다.

◆ **다양한 정책 목적을 달성하기 위한 수단으로 새로운 세금이 부과되는 경우는 비일비재했다.**

그 중 '수염세'가 흥미롭다. 18세기 초 러시아의 절대군주였던 피터 대제는 새로운 문물을 받아들인다는 이유로 귀족들의 옷소매를 짧게 하고 긴 수염을 깎도록 했다. 그런데 귀족들은 '슬라브인의 긴 수염은 하느님이 주신 것인데 황제라도 이것을 깎으라고 명령할 수 없다'면서 전국적으로 저항했다. 피터 대제는 귀족 몇 명과 자기 아들마저 처벌했음에도 저항이 계속되자 방법을 바꿨다. 수염을 기르게 하는 대신에 수염세를 물리게 했다. 효과는 의외로 빨리 나타났다. 세금을 내기 싫어하는 러시아인들이 수염을 깎기 시작한 것이다.

영국은 2003년 교통 체증과 환경문제 해소를 위해 런던 도심으로 들어오는 차량에 대해 교통체증세(Congestion charge)를 부과했다. 이후 도심 교통량이 감소하고 교통체증도 완화되는 효과가 있었다.

담배, 주류, 경마, 도박 등 국민에게 해로운 영향을 끼치는 소비에 대해 부과되는 일명 '죄악세(Sin tax, 악행세)'는 폭넓게 시행됐다. 이는 국민 건강과 밝은 사회를 위한 명분 때문에 조세저항이 적으면서도 상당한 세수를 확보할 수 있어서다. 비만문제를 해결하기 위해 헝가리는 2011년부터 '감자칩세'를 도입했으며, 프랑스와 멕시코 등에서는 '소다세'를 그리고 대만은 '정크프드세'를 도입했다.

◆ **지금까지 살펴본 세금들이 남긴 역사적 교훈은 '국민이 공감하는 세금이 가장 좋은 세금'이라는 점이다.**

조세정책은 이론적 타당성이나 논리적 정당성만으로 성공할 수 없고 국민의 수용성이 뒷받침되어야 한다. '新稅(신세)는 악세'라는 얘기가 있다. 동서고금을 막론하고 새로운 세금이나 증세에 대해서는 우선 강한 거부감을 느끼는 만큼 취지가 좋더라도 정부가 일방적으로 밀어붙이면 실패하기 쉽다. 사전에 충분한 공감대를 형성하는 과정이 필요하다.

또한 지금은 자본과 노동이 자유롭게 이동하는 '국가선택 시대'이므로 조세의 국제경쟁력을 높여가야 한다. 과거에는 세금이 무거우면 저항하거나 탈세 또는 조세회피로 대응했지만, 지금은 다른 국가로 세원이 이동해버린다. 창문세나 수염세를 부담하지 않기 위해 창문을 없애거나 수염을 깎는 것이 아니라 마음대로 창문을 내고 수염을 기를 수 있는 나라로 떠나버린다는 얘기이다. 독불장군식 조세정책은 더 이상 통용될 수 없다.

7. 알아두면 쓸데 있는 세금 경구(알쓸세경) [7]

◆ 세금 가볍게 보지마라!

지난 9월 23일, 영국 트러스 총리는 대규모 감세를 통한 성장 정책을 발표했다가 역풍을 맞았다. 금융시장이 요동치고 당 지지율이 급락하여 정책 발표 열흘만인 10월 3일 상위 1% 고소득자 소득세율 인하 정책을 전격 취소했다. 그래도 수습이 되지 않자 10월 14일 법인세율을 전 정부의 계획대로 19%에서 내년 25%로 올린다고 밝히고 '정치적 동지' 쿼지 콰텡 재무부 장관을 경질했다. 충분한 검토 없이 발표한 감세안으로 트러스 총리는 결국 50일간 재임하고 총리직에서 물러났다.

마피아 중에 가장 악명 높은 알 카포네가 감옥에 간 것은 폭력이나 밀수가 아니라 탈세혐의 때문이었다. 당시 악명 높은 마피아가 세금 때문에 감옥에 갔다는 사실이 널리 알려지자, 미국인들이 앞 다퉈서 체납한 세금을 내기 시작했다고 한다.

동서고금을 막론하고 세금내기를 좋아하는 국민은 없다. 그러나 세금을 정직하게 내는 것이 '노블레스 오블리주(Noblesse Oblige)'를 실천하고 애국하는 길이다. 세금내지 않고 지도층이 되려고 하는 것은 동창회비도 내지 않고 동창회장이 되려는 것처럼 몰지각한 일이다. 그래서 선진외국에서는 기업가나 부자들

---

7) 2022년 10월 18일 조세일보에 게재된 기고글

이 탈세를 하면 치명적인 오점을 남기게 되어 사회에서 도태되기도 한다.

세금이 바로 서야 나라가 바로 선다. 국가는 공평하게 세금을 부과하고, 국민은 세금 내는 것을 보람으로 여기며, 사회는 세금 많이 내는 사람들을 칭송하는 그런 나라를 꿈꾸며 나름 선정한 세금 관련 10대 경구를 소개한다. 이 안에 우리 조세정책이 나아가야 할 방향이 담겨 있다.

◆ **세금 관련 10대 경구(警句)**

① **조세는 우리가 문명사회에 사는 대가로 지불하는 것이다(Taxes are what we pay for a civilized society)** : 미국 국세청 건물에 새겨진 문구

⇒ 올리버 홈즈 미 대법관은 "세금은 문명사회에 사는 대가", 케네디 미대통령은 "세금은 시민권의 연회비(annual price of citizenship)"라고 정의했다. 이제 세금은 정부가 강제로 거두어들이는 박탈의 개념이 아니고 국민들이 국가운영 비용을 세법에 따라 스스로 내는 참여의 개념으로 인식해야 한다. 편익원칙(benefit principle)에 따라 큰 평수와 로열층에 사는 입주민들이 상대적으로 더 많은 관리비를 부담하는 것처럼, 사회에서 많은 혜택을 누리는 사람들이 더 많은 세금을 부담해주어야 한다.

② **세상에서 확실한 건 세금과 죽음 뿐이다** : 벤저민 프랭클린

③ **세금에 대해 불평하는 사람들은 두 종류로 나눌 수 있다. 바로 남자와 여자다.(People who complain about taxes can be divided into two classes : men and women)** : 납세의식이 비교적 높다고 알

려진 미국인들의 세금 유머

④ **국가를 위해 잔다르크는 될지언정 세금은 싫다** : 프랑스 속담

⑤ **가혹한 정치(세금)는 호랑이보다도 더 무섭다(苛政猛於虎)** : 공자

⇒ '新稅는 악세다'라는 얘기가 있다. 세금은 민주시민의 의무이자 권리이지만 새로운 세금이나 증세에 대해서는 우선 강한 거부감을 갖는 것이 현실이다. 조세당국은 국민이 공감하는 세제가 가장 좋은 세제라는 점을 명심하고 취지가 좋더라도 사전에 충분한 공감대를 형성하는 과정을 거쳐야 한다. 정부가 일방적으로 밀어붙이면 최근 영국에서 보듯이 현대판 가렴주구(苛斂誅求)가 되어 실패한다.

⑥ **불환빈 환불균(不患貧 患不均, 백성은 배고픔보다 불공정한 것에 분노한다)** : 송나라 유학자 육상산

⑦ **균공애민 (均貢愛民, 세금을 고르게 하여 국민을 사랑하라)** : 영조가 1734년 호조에 내린 글(절용축력 균공애민 節用蓄力 均貢愛民, 씀씀이를 절약하여 힘을 축적하고 조세를 고르게 하여 백성을 사랑하라)

⇒ 세금의 생명은 공평성이다. 누구나 내기 싫어하므로 능력에 따라 공평하게 부담시켜야 납세 순응도를 높일 수 있다. 사회경제적 목적을 위해 비과세 감면을 확대하거나 세금을 각종 정책수단으로 동원하는 것은 지양되어야 한다. 국세청은 성실납세자에게는 한없이 공손하고, 탈세자에게는 끝까지 추적해서 엄정하게 과세하는 양면의 얼굴을 지녀야 한다.

⑧ **세금 걷는 최고의 기술은 거위가 비명을 적게 지르게 하면서 깃털을 가장 많이 뽑는 것과 같다** : 프랑스 루이 14세 시절 재상 콜베르

⇒ 가랑비에 옷 젖듯이 거두어들이는 세금이 최고의 세금이다. 세금은 기업 경영과 국민 삶에 지대한 영향을 미치므로 조세당국이 무리하게 과세해서는 안된다.

⑨ **행정보다 우월한 조세는 없다(No tax can be better than its administration)** : Richard Bird

⇒ 행정이 뒷받침 될 수 없는 최선의 조세보다는 효과적으로 집행될 수 있는 차선의 조세제도(second-best tax)가 보다 바람직하다. 조세정책이 성공하기 위해서는 「조세제도-세무행정-국민의 납세의식」이 균형 있게 발전되어야 한다.

⑩ **대표 없는 곳에 세금 없다(No tax without representatives)** : 미국 독립혁명 대표 구호

⇒ 세금은 국회에서 정한 법률에 의해서만 부과하거나 징수할 수 있다. 이러한 조세법률주의는 죄형법정주의와 함께 근대적 민주주의의 근간을 이루는 사상이며 제도이다. 따라서 우리가 내는 세금은 최종적으로 국회에서 결정되는 것이므로 국회가 전문성과 투명성을 바탕으로 행정부의 과세권 남용으로부터 국민의 재산권을 보호하고 국민의 법적 안정성과 예측가능성을 보장하는 데 최선을 다해야 한다.

8. 종합부동산세, 좋은 세금으로 만들자![8]

(1) 기구한 운명을 갖고 태어난 세금, 종합부동산세

종합부동산세(이하 '종부세')는 노무현정부 때 과도하게 급등하는 집값을 잡기 위한 목적으로 2005년 1월 5일 국회에서 종합부동산세법이 제정되면서 시행되었다. 종부세는 이처럼 세금 본연의 기능인 세수 확보를 위해 도입된 세금이 아니고, 고액의 부동산 보유에 대해 중과함으로써 부동산의 과도한 보유와 투기수요를 억제하여 부동산 가격을 안정시키기 위한 정책수단으로 도입된 것이다.

그러다보니 시행 이후 지금까지 종부세를 둘러싼 논란이 계속되고 있다. 위헌법률 심판제청이나 헌법소원이 끊임없이 제기되고 있고, 정권이 바뀔 때마다 냉탕 온탕을 오가는 수준의 제도 변경으로 예측성과 안정성이 크게 훼손되어왔다. 특히 도입 당시에는 극히 일부 고액 재산가들에게만 해당되던 종부세가 최근 주택가격 급등으로 똘똘한 아파트 1채를 가진 사람들도 과세대상이 되면서 종부세 논란이 더욱 확산되고 있다.

---

8) 2022년 10월 27일 조세일보에 게재된 기고글

종부세는 정의로운 목적으로 도입된 좋은 세금이지만, 자칫 방만하게 운영되거나 제도가 무력화되면 나쁜 세금이 될 수도 있다. 종부세를 좋은 세금으로 만들기 위해서는 어떤 노력이 필요할까?

(2) 종합부동산세는 헌법 위반인가?

2008년 헌법재판소는 한국의 특수한 여건상 종부세의 당위성과 필요성에 대해 합헌성을 인정하였다. 다만 일부 규정에 대해서만 위헌 또는 헌법 불합치 결정을 내렸다.

<2008년 11월 13일 헌법재판소 결정 요지>

○ 합헌 결정 : △ 동일 부동산에 대한 재산세와 종부세 부과, △ 미실현 이익에 대한 과세와 원본 잠식, △ 국세로 과세, △ 수도권에 대한 평등권 위배, △ 지방재정권 침해

○ 위헌 결정 : 세대별 합산 규정(혼인한 부부 또는 가족과 함께 세대를 구성한 자에게 더 많은 조세를 부과하게 되는 결과 초래)

○ 헌법불합치 결정 : 주택분 종합소득세 과세 규정(주거 목적의 1세대 1주택 보유자로서 일정기간 이상 보유하거나 별다른 재산이나 소득이 없는 자에 대해 일률적으로 고율인 누진세율 적용)

정부와 국회는 헌재 결정을 반영하여 세대별 합산을 개인별 합산으로 변경하고, 만 60세 이상 또는 5년 이상 장기보유 1세대 1주택자에 대한 세액공제 등을 신설하였다.

이후 이명박정부와 박근혜정부 시절에는 종부세 부담이 크게 감소하였지만 2008년 금융위기로 경제가 흔들리면서 집값이 안정되어 종부세 역할이 크게 요구되지 않았다. 그러나 2018년 집값이 다시 빠르게 오르기 시작하면서 문재인정부는 종부세를 강화하였다. 다주택자에 대해 중과하고 공정시장가격 비율도 2018년 80%에서 매년 5%p씩 인상함에 따라 세부담이 크게 증가하였다.

*종부세 징수액 : 2016년 1.3조(국세의 0.5%)→2021년 6.1조(국세의 1.8%)

이는 또다시 부동산 보유에 대한 중과가 거주이전의 자유, 재산권 보장, 직업선택의 자유 등 기본권을 침해하고 공정시장가격 비율을 시행령에서 규정하는 것은 조세법률주의에 위배된다는 내용의 위헌소송으로 이어졌다.

(3) 윤석열정부의 종합부동산세 개편안

종부세는 2022년 대선과정에서도 중요한 쟁점이 되었다. 윤석열 후보는 대통령이 되면 종부세를 전면 재검토해 종부세 폭탄을 없애겠다고 공언했다.

2022년 7월 윤석열정부는 법인세, 소득세, 종합부동세, 증권거래세를 크게 경감하는 첫 세제개편안(총 세수감소액 13.1조원)을 발표했다. 이중 종부세 감소액은 약 1.7조원(23년 1.3조, 24년 4천억)으로 전망된다. 하지만 세법개정안에 대해 여야 간 입장차가 커서 11월 국회 심의과정에서 많은 논란이 예상된다.

<정부 종부세 개편안(개인) : 2023년 시행>

○ 주택 수에 따른 차등과세를 가액기준 과세로 전환하고 세율 대폭 인하(18년 이전 과세체계로 복귀) : 현재 2주택 이하 보유자 0.6%~3.0%, 3주택 이상 보유자 1.2%~6.0%→0.5%~2.7%

○ 전년 대비 세부담 상한 : 현행 150%(다주택자 300%)→150%로 단일화

○ 주택분 종부세 기본공제금액 인상 :
현행 6억원→9억원(1세대 1주택자 11억→12억)

○ 고령자와 장기보유자 상속 증여 양도시까지 종부세 납부 유예(국회 통과, 22년부터 시행)

○ 1세대 1주택 수 계산시 특례 인정 : 일시적 2주택, 상속주택, 지방 저가주택(국회통과, 22년부터 시행)

특히 정부는 의원입법으로 금년에 한시적으로 1세대 1주택자 특별공제액 인상(11억원→ 14억원) 등을 포함하는 종부세 부담 경감 법안을 제출하였으나, 납부유예와 1세대 1주택 수 특례만

금년 9월 국회에서 통과되었다. 특별공제액 인상은 여야가 합의에 이르지 못해 12월에 납부하는 금년도 종부세에는 반영되기 어려운 실정이다.

(4) 종부세 개편 관련 정치권에 드리는 제언

필자는 2005년 종부세 도입부터 지금까지 17년의 과정을 지켜보았다. 종부세가 '좋은 세금'으로 뿌리내리기 위해서는 정치권의 자세 변화가 필요하다.

첫째, 종부세는 확연한 양면성을 지니고 있어 과세대상과 세율 등을 정함에 있어 어느 한쪽에 치우치지 않고 중립적 자세를 갖는 것이 매우 중요하다.

종부세는 투기억제와 주택가격 안정 그리고 지방재정 균형이라고 하는 분명한 정책목적을 가지고 도입된 세금이지만, 소득이나 거래가 아닌 재산보유에 대해 부과하기 때문에 조그마한 세부담 증가에도 바로 조세 마찰과 저항을 가져오는 민감성을 가지고 있다.

따라서 당위성에만 치우쳐 과중하고 방만하게 운영하면 관련 규정의 위헌 다툼과 큰 정치적 부담을 감내해야 한다. 특히 종부세 납세자들이 과거에는 소수 고액재산가에게 국한되었지만, 이제 그 대상이 백만명을 넘어섰고, 이들이 우리 사회 여론주도층이고 한국 경제에 미치는 영향이 지대하므로 가볍게 여겨서는 안 될 것이다.

반면에 여유 있는 계층의 이익을 대변하여 종합부동산세를 무력화시키거나 폐지하려는 시도는 종부세가 추구하는 정의로운 정책 목적을 저버리는 것이므로 정당화되기 어렵고 시민사회와 중산서민의 강한 저항에 직면할 수 있다. 또한 줄어드는 종부세 수입만큼 다른 곳에서 세금을 걷어야 하므로 또 다른 저항과 공평성 문제가 제기되고 지방자치단체에 돌아가는 부동산교부세가 감소하는 문제가 발생한다.

> * 종부세 수입(21년 6.1조원)은 전액이 부동산교부세로 지방에 배분되어 자치단체간 재정격차 완화와 지방재정의 균형발전에 이바지하고 있음.

조세정책은 이론적 타당성이나 논리적 정당성만으로 성공할 수 없고 국민의 수용성이 뒷받침되어야 한다. 정치권이 국민 다수가 공감하는 부동산 세제를 만드는 데에 주력해야 한다.

둘째, 재산과세 개편을 단편적으로 접근해서는 안된다.

먼저 정부가 재산의 취득-보유-처분에 대한 부동산 보유세와 거래세에 대한 종합적인 장단기 개편방안을 제시하고 이를 바탕으로 내년에 여야가 전반적인 과세체계와 세율 조정 등 종합적이고 전면적인 부동산 개편방안을 논의하는 것이 순서일 것이다.

GDP 대비 재산과세 비중이 우리나라는 OECD 평균보다 상당히 높은 수준이다. 이는 거래세 부담이 높은데 기인하며 보유세 비중은 비슷한 수준이다.

> * GDP대비 재산과세 비중 : 한국 3.4%(보유세 1.0%, 거래세 2.4%), OECD 평균 1.6%(보유세 1.1%, 거래세 0.5%)

셋째, 종합적이고 근본적인 종부세 개편은 정부의 장단기 부동산세제 개편방안이 마련되는 내년에 추진하고, 금년에는 여야가 자기 지지층의 이해관계에서 벗어나 현재의 부동산 시장 상황을 반영한 합리적인 합의안을 도출하여 통과시켰으면 좋겠다.

그리해야 종부세가 법적 안정성과 예측 가능성을 확보하여 좋은 세금으로 발전할 수 있으며 여야도 승자 패자 없이 상생관계를 유지할 수 있이다.

그간 종부세에 대해 보수정권과 진보정권은 확연한 입장차를 보여 왔다.

국민의힘(이명박정부, 박근혜정부)은 징벌적 세금이라면서 폐지 또는 대폭적인 세부담 인하를 주장해왔고, 더불어민주당(노무현정부, 문재인정부)은 부동산 보유문화를 바꾸고 투기를 막기 위해 과세를 강화해야 한다는 입장을 견지해왔다. 그간 경험을 보면 과도하게 자기 지지층의 입장만 대변하거나 이념적으로 접근할 경우 중도와 중산층의 지지를 잃게 되어 정치적으로 타격을 입게 된다.

9. 가업상속공제제도의 외도(外道)[9]

(1) 가업상속공제제도의 허(虛)와 실(實)

현행 가업상속공제제도는 피상속인이 생전에 10년 이상 영위한 중소기업이나 중견기업을 상속인에게 물려주는 경우 가업상속 재산가액의 100%(최대 500억원 한도)를 상속세 과세가액에서 공제하여 가업승계에 따른 상속세 부담을 덜어주는 제도이다.

원래 가업상속공제는 대대로 내려오는 집안의 생업을 가족이 승계하지 않으면 기업(사업) 단절을 가져올 정도로 규모가 작거나 사업의 특수성이 있는 경우에 '가업(家業)'의 원활한 승계를 위해 지원하는 제도이다. 1997년에 도입된 이제도는 2008년 이전까지만 해도 이러한 취지에 충실하게 중소기업에 한해 공제액도 1억원을 한도로 지원했으나, 이후 외도가 시작되었다. 업계의 끊임없는 건의를 받아들여 정부와 정치권이 경제 활력 제고라는 명분하에 지원대상은 매출액 4,000억 원의 중견기업에까지, 공제한도는 500억원까지 확대하였다.

이처럼 가업상속공제가 '가업' 승계라는 당초 취지에서 일탈하여 기업의 연속성과 경제 활성화에 초점을 맞추어 지원대상과 규모가 확대되면서 과세 공평성을 해치고, 세금 없는 부의 세습을

---

9) 2022년 11월 17일 조세일보에 게재된 기고글

조장한다는 비판에 직면하게 되었다.

이러한 비판을 무마하기 위해 사전 및 사후 요건을 강화하다 보니 정작 지원을 받아야 할 영세 기업들은 혜택을 받지 못하고, 절세전략(tax planning)이 가능한 일부 기업들만 혜택을 보는 문제를 가져왔다. 또한 일부에서는 중견기업이나 대기업의 경영권 승계는 적용대상에서 제외하고 있어 경제활성화 목적에도 미흡하다는 지적을 하고 있다.

이에 따라 윤석열정부는 가업상속공제의 실효성을 제고한다는 명분으로 대기업급 중견기업으로까지 지원 대상을 확대하고 지원 규모도 두 배 수준으로 올리면서 사전 및 사후관리 요건을 대폭 완화하는 개편안을 국회에 제출했다. 그러나 야당과 시민사회는 조세정책의 생명인 공평성을 무너뜨리고 세금 없는 부의 대물림을 조장하는 부자감세라는 입장을 견지했다.

2022년 윤석열정부의 가업상속공제 개편안

○ 적용대상 기업 확대 : 중소기업 및 매출액 4천억 미만 중견기업 → 중소기업 및 매출액 1조원 미만 중견기업

○ 공제금액 : 현재보다 2배로 확대(최고 500억 → 1,000억원)

　- 피상속인이 10년 이상 영위기업 : 200억원 → 400억원/ 20년 이상 : 300억원 → 600억원/ 30년 이상 : 500억원 → 1,000억원

○ 피상속인 지분요건 완화 : 피상속인(특수관계인 포함)이 비상장기업 50%(상장법인 30%) 이상 10년 보유 → 비상장기업 40%(상장법인 20%)이상 10년 보유

○ 가업승계시 상속세 납부유예제도 신설 : 중소기업에 한해 양도·상속·증여 시까
   지 상속세 납부 유예(가업상속공제방식과 선택)

○ 가업상속 중소중견기업에 대해 20년(10년 거치 10년 분할납부) 연부연납 적용

○ 사후관리 요건 완화 : ① 사후관리기간 7년→5년, ② 업종변경 범위를 중분류 내
   에서만 허용 → 대분류까지 허용, ③ 매년 정규직 근로자 수의 평균이 고용인원
   의 80% 또는 총급여액 80% 유지/그리고 7년 통산 정규직 근로자 수 100% 이
   상 또는 총급여액 100% 이상 → 5년 통산 정규직 근로자 수 90% 이상 또는 '총급
   여액 90% 이상, ④ 가업용 자산의 20%이상 처분 금지 → 40% 이상 처분 금지

(2) 정부 개편안의 문제점

① 일반 상속재산과 기업 상속재산 간에 과세 형평을 크게 저해한다

봉급생활자 등 일반 국민들은 부모로부터 몇 십억 원만 상속받
아도 바로 상속세를 내야 하는데, 기업주가 자녀에게 매출액 1조
원의 기업을 상속하는데도 1,000억원의 상속재산까지 세금을 면
제하는 것은 조세정의를 완전히 깨트리는 것이다.

물론 상속인이 가업상속공제를 적용 받은 재산을 나중에 양도
하는 경우 피상속인의 취득가액을 취득가액으로 하여 양도소득
세로 과세하므로 과세이연적 성격이 있기는 하지만, 다른 상속재
산과의 조세공평성을 크게 저해할 뿐만 아니라 이들 기업인들에
게는 사실상 상속세가 유명무실해지는 결과를 가져온다.

가업상속공제는 '소득 있는 곳에 세금 있다'는 기본원칙을 깨
뜨리는 매우 예외적인 제도이므로, 기업 사주의 자녀가 승계하지

않으면 그 기업(사업)의 단절을 가져올 수 있는 특수한 경우, 즉 '가족 승계가 필요한 중소기업'에 한정해서 적정 수준으로 지원하여 조세 공평성 훼손을 최소화해야 한다.

② 매출액 1조원에 이르는 거대 기업의 경영권 승계는 세금지원이 필요한 '가업'승계로 보기 어렵다

정부 개정안처럼 피상속인이 대표이사로 재직하거나 상장법인 주식의 20% 이상 보유만 하면 매출액 1조원 기업의 상속을 가업승계로 보아 상속세를 감면하는 것은 공감하기 어려운 과도한 지원이다.

이는 가업승계에 대한 지원이라기보다는 기업의 계속성 유지 및 경제활성화라는 명분하에 중견기업 사주 2세들의 세부담 감소에 초점이 맞춰진 편법 지원으로서, 공평성 훼손은 물론이고 세금의 소득재분배 기능을 약화시키고 국민정서상으로도 수용하기 어렵다.

③ 현행 가업상속공제제도는 기업경영을 왜곡시키는 측면도 있다

현행 요건에 의하면 상속인이 가업상속공제를 받기 위해서는 2년 내 대표이사에 취임해야 한다. 따라서 기업들은 가업상속공제를 받기 위한 절세전략(tax planning) 차원에서 자녀를 대표이사로 선임해야 한다. 그러나 기업이 일정 규모를 벗어나면 자질이 없어도 핏줄이란 이유로 경영권을 세습하는 가족승계 보다도, 소유와 경영을 분리하면서 능력 있는 전문경영인이 기업을 운영하는 것이 기업의 지속발전은 물론이고 사회에도 더 기여할 것이다.

④ 일부에서는 독일 등 일부 나라의 사례를 들면서 대상기업과 공제
    금액의 확대를 주장한다

그러나 미국은 2014년 가업상속공제를 전면 폐지하였고, 일본
은 우리처럼 기업의 상속재산에 대해 세금을 면제하는 것이 아
니라 중소기업과 비상장회사에 한정해 상속세 납부만을 유예해
줄 뿐이다.

또한 독일의 경우 2014년 헌법재판소가 대기업과 비사업용 재
산에 가업상속공제를 적용하는 것은 평등권 위반이라는 위헌 제
청을 인정하면서 가업상속공제가 엄격해지고 있으며, 조상 대대
로 목공일이나 사시미집 등 가업을 이어가는 독일과 일본의 가업
승계 문화는 우리와 많이 다르다.

(3) 바람직한 개편방향

① 그간 그때그때 필요에 따라 부분적으로 개정해 온 상속 증여세제
    에 대해 시대정신과 변화를 반영하여 종합적이고 장기적인 개편
    방안을 마련할 때가 되었다

OECD 38개 국가 중 상속세가 없는 나라가 15개국이며, 상속
세를 시행중인 나머지 23개 국가 중 우리나라 상속세율(50%)은
일본(55%)을 제외하고는 가장 높은 수준이다. 우리가 이렇게 높
은 상속세율을 유지하고 있는 데에는 우리 역사와 문화, 소득분
배 상황, 국민적 수용성 능을 종합적으로 감안한 것이다.

최근 정부는 상속세 과세방식을 유산과세에서 유산취득과세로
전환하겠다고 발표했다. 그간 조세환경이 크게 변화한 만큼 차제

에 상속세와 증여세 과세체계에 대한 종합적인 개편방안을 마련하고, 이 틀 속에서 기업승계 지원제도의 합리적 운영방안도 모색되어야 할 것이다.

② 가업상속공제는 당초 도입 취지에 충실하게 기업 사주의 자녀가 승계하지 않으면 그 기업(사업)의 단절을 가져올 수 있는 '가족 승계가 필요한 중소기업'에 한정해서 사전 사후 요건을 유연하게 적용해 활용도를 높일 필요가 있다

이런 점에서 금년에 가업상속공제의 지원 대상과 규모를 정부안처럼 확대하는 것은 적절하지 못하다고 판단된다.

③ 상속기업의 계속성 유지와 경제 활성화를 위한 기업지원은 '가업'상속공제에 편승하지 말고 당당하게 별도의 지원제도를 도입하는 것이 바람직하다

기업가의 끊임없는 창조적 파괴가 경제발전의 원동력이므로, 기업하기 좋은 경제 생태계와 투자하기 좋은 환경을 조성하는 것은 매우 중요하다. 따라서 가칭 '기업승계과세특례(가칭)'와 같은 별도의 지원세제를 검토할 수 있다고 본다. 그러나 중요한 것은 기업 상속에 대한 이러한 특례들은 다른 상속재산과의 과세 공평성을 크게 해치고 사실상 상속세를 유명무실하게 만드는 것이므로 반드시 국민적 논의와 공감대를 거쳐 지원대상과 수준을 결정하여야 할 것이다.

(4) 맺는 말

가업상속공제 확대는 해당 기업들에게는 매우 절실한 문제라는 것을 잘 알지만, 앞으로 우리 아이들이 살아갈 나라는 현재보다 계층간 갈등에서 자유로운, 통합되고 공정한 세상이 되길 바라는 마음이다.

또한 세금은 누구에게나 불편한 것이며 우리가 문명사회에 사는 대가이므로, 우리 사회에서 상대적으로 여유 있거나 많은 편익을 누리고 있는 분들이 상응하는 세금을 부담해주어야 나라가 유지될 수 있다. 특히 상속세는 세수 목적보다도 소득재분배 기능과 세금 없는 부의 대물림을 막기 위한 제도이므로 우리가 현행 상속세제를 폐지하거나 대폭 약화시키지 않는 한 현행 틀 속에서 최대한 공평하게 부담해주어야 납세 순응도를 높일 수 있다.

10. 왜 세법은 어려울까?[10]

(1) 아인슈타인도 풀지 못한 세금 문제

세계적인 천재 과학자 아인슈타인도 자기 세금을 스스로 계산하지 못하고 전문가에게 맡기면서 "소득세야말로 세상에서 가장 이해하기 어렵다", "세무는 전 우주에서 가장 복잡한 것들 가운데 하나다"라는 말을 남겼다.

국민들이 자기 세금을 스스로 계산해서 납부할 수 있는 그런 알기 쉬운 세법은 정말 기대하기 어려운 것일까? 세법이 쉬워지면 세법에 대한 오해로 발생하는 조세 불복이나 세무 행정 비용이 줄어들고 조세 정책에 대한 신뢰도도 높아진다. 그래서 우리나라를 비롯하여 세계 각국의 조세당국은 알기 쉬운 세법을 만들기 위해 많은 노력을 기울여 오고 있다.

특히 기획재정부는 2011년부터 세법을 명확하고 알기 쉽게 새로 쓰는 「조세법령 새로 쓰기 사업」을 추진해오고 있다. 1차 성과로 2013년 6월 부가가치세법이 국회에서 개정되었고, 2018년 2월 국무회의를 통과한 소득세법과 법인세법 개정안도 국회에서 개정된 바 있다.

이러한 노력에도 각국의 세법은 여전히 가장 어려운 법 중의

---

10) 2022년 12월 2일 조세일보에 게재된 기고글

하나이다. 전문가들마저 이해하기 어려운 대목이 많다고 지적한다. 이는 조세정책이 그 역할과 기능을 다하기 위해서는 복잡해질 수밖에 없는 조세제도의 내재적 제약이 존재하고 있기 때문이다.

(2) 세법이 어려울 수밖에 없는 이유

첫째, 우리 사회의 복잡한 삼라만상을 세법에 모두 담아야하기 때문이다

세금은 경제주체들이 국가로부터 받는 편익(응익과세원칙)이나 경제적인 능력(응능과세원칙)의 크기에 따라 부담을 달리해야 한다. 따라서 세법에는 편익과 부담능력을 나타내는 각종 유형의 소득·재산·소비·거래·인허가 등을 빠짐없이 세원으로 규정해야 하므로 복잡해질 수밖에 없다. 특히 우리 경제사회가 개방화·고도화·선진화·과학화되면 될수록 경제사회구조와 세원도 복잡 다양화되어 세법은 더욱 복잡해지고 어려워질 수밖에 없다.

둘째, 공평한 조세제도를 만들려고 하면 그만큼 세법은 복잡해진다

경제적 능력이 큰 사람일수록 더 많은 세금을 내도록 하는 수직적 공평성(vertical equity)과 동일한 경제적 능력의 소유자에게 동일한 세금부담을 지게 하는 수평적 공평성(horizontal equity)을 확보하기 위해서는 실제 발생할 수 있는 여러 상황에 맞게 과세소득 계산방법과 세율체계 등을 상세하게 세법에 규정해야 한다.

셋째, 세금이 각종 경제사회정책 수단으로 활용될수록 세법은 복잡해진다

조세는 재원조달 기능 외에도 소득과 부의 재분배, 거시경제의 안정적 성장, 시장실패의 교정 등 다양한 경제·사회정책적 기능을 수행한다. 이외에도 조세정책은 주택, 환경, 교육, 교통, 균형 발전 등 복지와 지역균형발전 뿐만 아니라 부동산 투기억제, 비윤리적 기업행위 규제, 물가안정 등 반사회적 행위의 규제까지 동원되다보니 조세체계가 복잡해질 수밖에 없다.

넷째, 세법이 어려운 또 하나의 이유는 잦은 세법 개정이다

세법은 변화된 시대상과 경제사회 여건을 즉각 반영해야 하므로 수시로 개정해야 하는 필요성이 있지만 잉크도 마르기 전에 1년에 몇 번씩 땜질식으로 개정하다보니 부작용도 적지 않다. 예를 들면 부동산 관련 세법은 부동산 대책이 나올 때마다 크게 바뀌다보니 세무사나 국세공무원마저 정확한 내용을 숙지하기가 어려울 정도다.

(3) 쉬운 세법이 꼭 좋은 세법은 아니다

세법에서 탈루 없이 모든 세원을 망라하고, 세부담의 공평성이 보장되며 세금이 소득재분배 등 각종 사회정책 수단으로 역할을 하기 위해서는 어느 정도 복잡한 조세제도는 불가피하다. 이런 점에서 쉬운 세법은 좋은 세법이 되기 위한 필요조건이지 충분조건은 아니다.

흔히 이상적인 조세요건으로 조세수입의 충분성(sufficiency),

공평성(equity), 효율성(efficiency), 간편성(simplicity, 확실성·단순성) 등을 손꼽는데 이들 요건은 대부분 하나를 위해 다른 하나를 포기해야 하는 상충관계(trade-off)에 있다. 이 경우 정책담당자들은 세금의 충분성과 공평성을 우선순위에 둘 수밖에 없다.

또한 지금은 분업화된 전문가 시대이다. 세금문제는 세무사·공인회계사·변호사 등 전문가에게 맡기고 기업인, 근로자, 자영사업자 등 국민들은 각자의 자리에서 주어진 책무를 다하는 사회가 생산적이고 효율적인 사회라 할 것이다. 문제는 이들 전문가마저도 세법이 수시로 바뀌고 애매모호한 규정 때문에 세무상담에 어려움이 많다는 점이다.

(4) 정부는 간편하고 쉬운 세법을 만들기 위한 노력을 게을리 해서는 안 된다

현대 조세국가에서 세금은 정부가 부과하는 방식이 아니라 납세자가 자기 세금을 스스로 계산해서 정부에 납부하는 신고납세제도를 채택하고 있어 조세의 간편성·명료성·단순성은 조세당국이 계속 추구하고 지향해야 할 소중한 가치이다. 세법이 쉬워지면 납세협력비용(compliance cost)이 줄어들고 과세관청의 행정비용도 절약할 수 있다.

따라서 현실적으로 여러 제약이 있음에도 조세당국은 알기 쉬운 세법을 말들기 위해 지속적이고 다양한 노력을 다해야 한다. 예를 들면 우리나라는 대륙법계의 전통을 따르고 있어 법률조문이 서술식 문장으로 구성되어 있다 보니 문장이 길고 이해하기가 어렵다. 미국·영국·호주처럼 법령에서 산식이나 흐름도 그리고 도표 등을 적절하게 활용해 입체화할 필요가 있다.

또한 중요한 과세요건 등은 시행령이나 시행규칙에 위임하지 말고 법률에서 투명하고 명확하게 규정하도록 하고, 특히 잦은 땜질식·누더기식 세법 개정을 지양하고, 과세체계와 방법을 걷기 쉬운 징세편의 위주에서 세금내기 쉬운 납세편의 위주로 과감하게 혁신해 나가야 한다. 이를 통해 법령에서 과세여부가 불분명하면 세무공무원은 감사원 감사 등 책임문제가 있기 때문에 '일단 과세'부터 하게 되고 납세자는 불복절차를 밟아야 하는 악순환의 고리를 끊어내야 한다.

1980년에 국제통화기금(IMF)은 '1980년대의 한국세제에 관한 IMF보고서'에서 '한국조세제도는 너무 많은 것을 하려고 하기 때문에 너무나 복잡하다. 당국이 조세제도로 하여금 너무 많은 기능을 수행하도록 요구하고 있다"고 지적하면서 행정가나 일반 국민이 쉽게 이해하도록 조세를 단순화하도록 권고하고 있다. 40여 년이 지난 지금도 여전히 새겨들어야 할 중요 과제다.

11. 고향세, 즐거운 기부 앤 테이크[11]

세밑, 어려운 이웃과 함께 하려는 나눔 활동이 활발하다. 도심 한 가운데 우뚝 서 있는 '사랑의 온도탑' 온도는 코로나19의 어려운 여건에도 쑥쑥 올라가고 있다.

이런 중에 전국 지자체의 기부받기 경쟁이 초읽기에 들어갔다. 10만원을 기부하면 10만원 세금공제와 3만원의 지역특산품 제공 그리고 고향발전에도 기여하는 '일석삼조' 효과의 고향사랑기부 제도가 2023년1월 1일부터 본격 시행되기 때문이다.

(1) 지방재정 확충을 위한 또 하나의 묘책

1960년대 이후 우리 국토계획의 목표는 수도권 과밀해소와 국토균형 발전이었다. '서울은 만원이다'라는 1977년 이호철의 소설 제목이 그 절실함을 잘 나타내주고 있다. 국토의 11.8%에 불과한 수도권에 전체 인구의 절반이상이 거주하면서 수도권 과밀화와 지역 황폐화 그리고 수도권과 지방간 양극화 심화는 심각한 국가적 문제가 됐다.

이런 문제들을 해소하기 위한 방안의 하나로 지난 2021년 9월, 고향사랑기부금에 관한 법률(이하 '고향사랑기부금법' 또는 '고향세법')이 국회 본회의에서 통과됐고 시행이 20여 일 앞으

---

11) 2022년 12월 09일 조세일보에 게재된 기고글

로 다가왔다.

고향세가 도입된 결정적 계기는 2017년 문재인 대선후보의 공약으로 채택되고 이어 문재인정부 100대 국정과제에 포함되면서다. 나는 '더문캠'비상경제대책단장으로 있을 때 지방자치단체간 재정 격차를 완화하여 지역균형발전을 도모하기 위해 이 제도를 대선후보 공약에 포함시켰다.

물론 그 전에도 고향세 도입이 논의된 바 있다. 2007년 문국현 창조한국당 후보가 최초로 제안했고, 2010년에는 한나라당에서도 주민세의 최대 30%를 고향 등에 납입할 수 있도록 하는 방안을 추진한 적이 있다.

그러나 이들 제안은 기부자에 대한 세금 혜택을 거주지 지자체에서 부담토록 해(2008년에 도입된 일본의 고향납세제도 벤치마킹) 수도권 등의 반대로 성사되지 못했다. 예를 들면 서울에 사는 사람이 전남에 기부할 경우 서울시의 지방세 수입이 줄어들게 되는 것이다.

문재인정부는 세액공제 혜택의 90% 이상을 국가 세금에서 부담하도록 설계하여 이런 문제를 해소했다.

(2) 10만원 기부하면 13만원 돌려받고 고향발전에 기여 '일석삼조'

고향사랑기부제를 간단하게 요약하면 다음과 같다.

① 2023년부터 모든 국민(법인은 불가)이 자신의 주소지 이외의 지자체에 500만원까지 기부가 가능하다. 예시) 수원시민은 경기도

와 수원시를 제외한 모든 지자체에 기부 가능

② 기부금 10만원까지는 전액 세금에서 공제받고, 10만원 초과분은 16.5%를 공제받는다. 공제액은 국가(소득세)에서 91%, 거주지역 지자체(지방소득세)에서 9% 부담한다. 예시〉 10만원 기부시 세액공제 10만원. 100만원 기부시 세액공제 24만8,500원

③ 기부를 받은 지자체는 기부금의 30% 한도 내에서 지역특산품 등을 답례품으로 제공한다. 예시〉 10만원 기부자에게 답례품 3만원어치, 100만원 기부자에게 답례품 30만원 어치 제공 가능

④ 지방자치단체들은 이 기부금을 활용하여 주민복리 증진, 지역문화사업, 산업활성화 등 지역발전에 사용할 수 있다. 개인의 자발적인 기부를 통해 지방재정이 확충되고 지역간 재정격차가 완화됨은 물론 지역특산품 등이 답례품으로 제공되므로 지역경제 활성화에도 기여하게 된다.

결과적으로 우리 국민들이 내년부터 고향이나 지역에 기부하면 세액공제와 함께 답례품(1년에 10만원 기부하면 13만원, 100만원 기부하면 548천원=세액공제248.5천원+답례품300천원)을 받으면서 고향발전에 도움을 준다는 자긍심까지 갖게 되고, 지자체는 재정이 확충되는 '일석삼조'의 효과를 기대할 수 있다.

(3) 지자체에 떨어진 특명 "기부자의 마음을 움직여라"

일찍이 이 제도를 도입한 일본의 경우 도입 첫 해인 2008년 기부금이 865억원에 불과했으나 지역특산품을 답례품으로 제공하도록 하는 등 국가와 지자체의 노력에 힘입어 2021년에는 8조여

원으로 약 92배가 증가하는 성과를 거뒀다.

고향사랑기부는 자신이 거주하고 있는 지자체가 아니라면 고향과 상관 없이 전국 지자체 어디에나 기부할 수 있다. 따라서 기부금 유치 경쟁이 치열해진 가운데, 최근 모 설문조사에서는 응답자 66%가 답례품을 보고 기부 지자체를 결정하겠다고 답했다.

그런 만큼 지자체들은 매력적인 답례품 발굴에 열을 올리고 있다.

각종 설문조사에 따르면 우리 국민들은 쌀, 과일, 발효식품, 축산품, 공예품 등 지역특산물이나 지역상품권과 공공시설 이용권을 선호하는 편이다. 이외에도 산소벌초, 지역문화공연 초청권, 지역농가들을 이용한 숙박이벤트, 한달살이 지원 등 특색 있는 답례품 발굴이 이어지고 있다.

* 일본(2021년) : 가장 이용이 많았던 답례품은 육류였고 해산물, 잡화 일용품, 과일류 순. 과거에는 여행권도 인기가 있었으나 코로나19 영향으로 휴지 등 소모품, 조리용품, 캠핑용품 등의 수요가 증가

또한 지자체들이 기부 받은 돈을 어디에 어떻게 활용할지 구체적인 계획을 보고 기부를 결정하겠다는 사람들도 많다. 기부자가 정하는 용도에 사용하는 것도 기부를 촉진하는 방안이 될 수 있을 것이다.

(4) 국가·지자체·국민들의 적극적 참여가 고향세 성공 여부 결정

고향사랑기부제가 활성화되면 어려움을 겪고 있는 지역발전에

많은 도움이 될 것이다. 이 제도가 성공하기 위해서는 무엇보다 정부와 지자체들이 도입 취지와 혜택을 적극적으로 홍보하고 지원하는 것이 중요하다. 그러나 시행이 불과 20여 일 앞으로 다가왔지만 아직도 대부분의 국민들은 이 제도를 잘 모르고 있다. 현행 고향세법이 과도한 유치경쟁의 부작용을 막기 위해 홍보나 모금 방식 등에 많은 규제를 하고 있는데 앞으로 시행 추이를 보아가면서 완화 문제도 검토할 필요가 있다.

행정안전부는 내년 1월 1일부터 종합정보시스템인 「고향사랑 e음」을 운영한다. 전국 243개 광역 및 기초자치단체에서 제공하는 답례품을 편리하게 찾아볼 수 있도록 하고, 기부금 납부방법, 답례품 선택과 배송, 국세청과 연계해 자동 세액공제 처리 등을 지원할 예정이다. 정부의 보다 적극적인 홍보와 지원 노력이 뒷받침되어야 한다.

제도 시행을 앞두고 고향세가 활성화될 것이라는 의견과 별 도움이 안될 것이라는 의견이 병존한다. 나는 전자 입장이다. 기부금 모금 규모가 곧 선출직 지자체장의 역량 평가와 직결될 터라 지자체장들이 앞장서서 경쟁적으로 노력할 것이며, 또 하나는 우리 국민들의 고향에 대한 애틋한 마음과 상부상조의 정신이 어려움에 처해있는 지역에 대한 기부로 이어질 것이라고 믿기 때문이다.

앞으로 고향사랑 기부금 내고 지역특산품 받는 일이 우리사회의 또 하나의 문화이자 재미로 자리 잡았으면 좋겠다. 작은 물방울이 모여 큰 물길을 만들 듯, 우리 국민들의 즐거운 기부생활이 대한민국의 균형발전에 도움이 되길 기대한다.

12. 왜 나는 접대비실명제를 추진했는가?[12]

(1) 프롤로그 : 공직생활 3대 히트작

"평생을 공직자로 살면서 가장 기억에 남거나 보람 있는 성과는 무엇입니까?" 간혹 받는 질문이다. 50년 가까이 공직에 몸담으며 쉼 없이 일했고 많은 성과를 창출했지만 대표 히트작 하나를 꼭 집어 답하기가 쉽지 않다.

대체적으로 질문자나 장소에 따라 상황에 맞게 대답하고는 하지만 3가지 성과는 대체로 언급한다. ①국세청장 시절 (2003~2005년) 도입했던 '접대비실명제', ②건설교통부장관 때 (2007년) 집값 안정을 위해 시행했던 '분양가 상한제'와 '원가공개제' 그리고 ③광주광역시장 시절(2018~2022년)에 한국 경제의 체질을 바꾸고 일자리 창출을 위해 성공시켰던 '광주형 일자리'가 그것이다.

이들 정책의 공통점은 기존의 제도와 관행에서 과감히 벗어나 새로운 가치를 추구하는 혁신적인 조치여서 많은 저항과 갈등 그리고 비난을 극복해야 했고, 시행 후에는 우리 사회에 미친 영향이 적지 않았다는 점이다. 스스로도 50년 공직생활의 3대 히트작이라고 칭할 만큼 애정이 가고 보람과 자긍심을 갖는다.

---

12) 2023년 6월 1일~6월 16일 조세일보에 게재된 기고글

특히 접대비실명제는 한때 내 별명이자 트레이드마크가 될 정도로 20년전 도입 당시만 해도 매우 사회적 파장이 컸던 조치였다. 과거 우리 사회는 연고와 청탁을 바탕으로 한 건전하지 못한 접대문화가 비리와 부패의 온상이었고 혁신을 가로막는 장해 요인이었다.

왜 나는 그토록 접대비실명제 시행에 매달렸는지 그 혁신의 과정을 되짚어보며, 지금 우리 사회가 가야할 이정표를 찾아보고자 한다.

(2) 운명처럼 다가온 국세청장 자리

2003년 2월 25일, 변화를 갈망하는 많은 국민들의 기대를 안고 참여정부가 출범했다. 그로부터 일주일 후인 3월 3일, 노무현 대통령은 차관급 인사에서 나를 첫 국세청장으로 발탁했다. 청와대로부터 사전에 어떤 언질도 없었고 인사이동에 대한 연락이 전혀 없었던 터라 당사자인 나는 언론 발표를 통해 그 내용을 처음 접했다. 기대도 안했던 국세청장 자리는 내게 그렇게 운명처럼 조용히 다가왔다.

대통령과 일면식도 없고 참여정부 인사들과 어떤 인연도 없는 나를 왜 임명했을까? 당시 정찬용 인사수석은 세금에 대한 ′전문성′과 관세청장 시절 보여준 ′개혁성′을 발탁 이유로 발표했지만, 구체적인 임명 배경은 알 수 없었다.

나는 이틀 전 노무현대통령의 3.1절 기념사에서 나름 그 이유를 찾았다. "몇몇 권력기관은 그 동안 정권을 위해 봉사해 왔던 것이 사실입니다. … 이제 이들 권력기관은 국민을 위한 기관으로 거듭나야 합니다. 참여정부는 더 이상 '권력기관'에 의존하지 않을 것입니다."

노 대통령은 이미 당선자 시절에 국정원장, 검찰총장, 국세청장, 경찰청장 등 소위 '빅4' 기관장의 국회 인사청문회와 관련해 일부 반대 의견에도 불구하고 '강행' 함으로써 권력기관 중립화에 대한 강한 의지를 보여준 바 있다.

국세청장으로서 내게 맡겨진 시대적 소명은 분명했다. 바로 권력기관으로 인식되던 국세청을 국민의 봉사기관으로 '혁신'하는 것이었다. 내가 국세청장으로 임명될 당시 국세청 여건은 참으로 어려웠다. 세풍사건과 언론사 세무조사 등의 여파로 국세행정의 중립성에 대한 국민의 신뢰가 크게 훼손되어 있었고, 세금 부조리도 큰 문제였다. 그런 부정적 이미지 때문에 국세청장에 대한 국회 인사청문회제도까지 도입된 것이다.

나는 처음 열린 국세청장 인사청문회를 무사히 통과하고, 2003년 3월 24일 대통령으로부터 임명장을 받던 그날부터 바로 국세행정의 패러다임과 시스템을 바꾸는 강도 높은 세정혁신에 착수했다. 취임 3일 만에 혁신적인 직원들로 '세정혁신추진기획단'을 출범시켰다. 보름만인 4월 8일에는 각계각층의 외부 전문가 30명으로 구성된 '세정혁신추진위원회'를 발족하고 첫 회의를 개최하여 세정혁신의 목표와 방향 그리고 혁신과제를 확정했다. 숨 돌릴 틈도 없이 시작된 개혁의 걸음들이었다.

박원순 아름다운재단 상임이사와 내가 '세정혁신추진위원회' 공동위원장을 맡았다. 이에 대해 친 시장·친 기업이어야 할 국세청이 시민운동가를 공동위원장으로 선임한 것은 문제가 있다면서 말이 많았다. 그러나 내 생각은 달랐다. 국세행정에 대한 국민의 바람이 가을 햇살처럼 맑고 투명하게 있는 그대로 전달되려면 이해관계가 적은 NGO출신이 적임자라고 판단했다. 특히 박변호사는 절제와 중용의 도리를 잘 아는 분이라서 국민과 국세청의 가교역할을 잘해줄 수 있는 적임자로 판단했다.

그러나 보수성이 강한 조직에 15년 만에 외부출신 청장이 취임하고 전면적인 혁신을 추진하자 과거 연고에 의해 세금이나 인사문제를 해결해왔던 기득권층의 저항이 만만치 않았다. 여기에 접대비실명제까지 추진하자 청장이 곧 바뀔 것이라는 루머도 유포되고, 여러 가지 음해와 모함이 오가기도 했다. 혁신의 길에 드리운 어두운 그림자였다.

그럼에도 세정혁신에 대한 대통령의 적극적인 지원과 대다수 국세청 공무원들의 도움으로 나는 2년이라는 짧은 재임기간 동안에 많은 성과를 낼 수 있었다. 과세자료 양성화를 위해 세계 최초로 도입한 현금영수증제도 시행, 20년 이상 유지되어온 특별세무조사 폐지를 비롯한 투명한 세무조사시스템 확립, 납세자들에게 자긍심을 드리기 위한 세금포인트제·모범성실납세자·고액납세기념탑 제도 도입, 청탁과 로비가 통하지 않는 '전자희망인사시스템' 구축, 열병처럼 번지던 부동산 투기와의 전쟁, 접대비실명제 등등... 무엇보다도 값진 변화는 권력기관으로 인식되던 국세청이 국민의 봉사기관으로 새롭게 거듭났다는 점이다.

이러한 세정혁신 성과 중 가장 힘들었던 하나를 꼽으라면 단연 많은 저항과 비난을 감내해야 했던 접대비실명제 시행이었다.

(3) 접대비실명제란?

법인세법에서 얘기하는 접대비란 접대, 교제, 사례 등의 목적으로 지출한 비용으로서 법인이 직접 또는 간접적으로 업무와 관련이 있는 자와 업무를 원활하게 진행하기 위해 지출한 금액을 말한다(제25조). 사업과 관련이 있는 자에게 지출한다는 점에서 사업과 관련 없이 지출하는 기부금과 다르다.

여기에 해당되는 접대비는 다음 한도 내에서 법인의 세금 계산을 함에 있어서 비용으로 인정된다.

> * **접대비 한도**=1200만원(중소기업은 1800만원) + 수입금액이 100억원 이하인 경우 수입금액의 1만분의 20(수입금액이 100억~500억원인 경우 2천만원 + 100억원 초과금액의 1만분의 10, 수입금액이 500억원 초과하는 경우 6천만원 + 500억원 초과금액의 1만분의 3)

접대비실명제란 법인이 1건당 50만원 이상 지출하는 접대비는 사업과 관련하여 지출했다는 것을 입증하는 경우에만 그 법인의 세금을 계산할 때 비용으로 인정해주는 제도다. 즉 접대날짜, 접대금액, 접대장소, 접대목적, 접대 받는 사람의 이름과 소속회사 등을 기록해 5년간 보관하도록 한 것이다. 건당 50만원 미만의 접대비는 법인의 부담을 덜어주기 위해 제외시켰다. 또한 법인세를 낼 의무가 없는 비영리법인이나 개인사업자의 경우에는 적용대상이 아니다.

법인세법 시행령에 접대비실명제 근거 규정을 두고 '접대비 업무관련성 입증에 관한 국세청 고시'를 제정하여 2004.1.1부터 시행했다. 당초에는 재정경제부에 건의해 법인세법 시행령에서 구체적인 내용을 규정하려고 했으나, 경기위축 등을 이유로 반대가 많아지자 재정경제부에 부담을 주지 않기 위해 국세청장인 내가 총대를 멨다.

그전에는 접대비 한도 내에서는 관행적으로 업무 관련성을 묻지 않고 세법상 비용으로 인정했다. 그러나 접대비실명제가 시행되면 접대기록이 남기 때문에 접대하는 사람이나 접대 받는 사람이나 모두 불안하고 불편할 수밖에 없다. 그러니 이곳저곳에서 불만을 넘어 도입 반대의 목소리가 터져 나왔다.

(4) 접대비실명제 도입 배경

나는 국세청장 취임과 함께 국세청을 국민의 봉사기관으로 혁신하기 위한 3대 비전을 발표했다. ▷국민에게 감사하고 봉사하는 공손한 국세청, ▷탈세에 대해 빈틈없이 과세하는 엄정한 국세청, ▷국민이 참여하고 납세자가 신뢰하는 깨끗한 국세청을 제시하고 이를 실현하기 위해 우리 사회에 만연된 잘못된 관행과 구태를 바로 잡기 위한 세정혁신에 박차를 가했다.

세정혁신의 주요 과제로 접대비실명제를 추진한 배경에는 무엇보다도 기업의 업무와 관련 없는 룸살롱이나 골프 접대 등 건전한 사회 통념을 벗어난 고액 향락성·사교성 접대비 지출이 크게 증가하고 있었다는 점이다. 법인의 접대비 지출규모가 1999년 2.8조에서 2003년 5.4조로 4년 만에 거의 2배 가까이 증가했다. 더 큰 문제는 이중 룸살롱 등 고액 호화유흥업소 사용액이 30%(2003년 1.6조)를 차지하고 있었다는 점이다.

접대비를 세법상 비용으로 인정하는 것은 접대금액의 27.5%를 정부가 세금으로 지원하는 것과 같다. 예를 들면 A법인의 접대비 '1억원'을 세법상 비용으로 인정해준다는 의미는 이 중 2,750만원(법인세 25%+주민세 2.5%)은 정부예산에서 부담하고 A법인은 나머지 7,250만원만 부담하는 것을 의미한다. 회사 대표나 임원들이 업무와 관련 없이 개인적으로 쓰는 음성적 고액 접대비까지 정부가 국민세금으로 지원하는 것은 사회정의 차원에서도 용납될 수 없는 것이었다.

또한 접대문화가 바뀌면 비리 청탁 문화는 물론이고 청소년과 가정문제 등 우리 사회의 많은 문제가 자연적으로 줄어드는 긍정적 효과가 있다.

아울러 1997년 IMF 외환위기는 방만한 경영과 음성적 소비적 접대로는 기업과 국가의 경쟁력을 높일 수 없다는 교훈을 남겼다. 글로벌 경쟁시대에는 사교성 접대보다는 해외시장 개척, 기술개발 등을 위한 투자확대와 기업투명성 제고를 통하여 경쟁력을 끌어올려야 했다.(*2004년 국가투명성 순위가 146개 중 47위).

또 다른 배경은 우리 경제의 개방화에 맞추어 글로벌 스탠다드 (Global Standard)를 따른 것이다. 선진 각국은 우리와 달리 접대비를 이미 엄격하게 규제하고 있었다. 정상적인 범위를 벗어나는 고가의 접대는 과세소득 계산시 법인의 비용으로 인정되지 않는 것은 물론이고 부패나 뇌물로 간주한다. 일본(소기업만 일부 인정)과 영국은 접대비 자체를 전액 비용으로 인정하지 않는다.

미국은 75달러 이상 접대시 업무와 관련됨을 입증해야만 비용으로 인정하는 사실상 실명제가 실시되고 있었다.

이런 점들을 종합적으로 감안할 때 접대비는 업무와의 관련성이 확인되는 경우에만 세법상 비용으로 인정해주는 것이 이치상으로나 비용수익대응의 회계원칙 상으로나 너무나 당연한 것이다. 또한 업무관련성을 따지는 것은 법인세법상 국세청의 책무이다. 그런데도 당시에는 세법상 한도 내에서는 업무와의 관련성을 확인하지 않고 비용으로 인정하는 것이 관행이었다. 그러다보니 기업주나 임직원 등이 업무와 관련 없이 친구나 친척 등과 식사하고 골프치거나 선물 사주는 개인적 목적의 지출 금액까지 법인의 비용으로 처리하는 사례가 많았다.

어떻게 하면 업무와 관련 없이 지출하는 접대비를 세법상 비용 대상에서 제외할 수 있을 것인가 고심하다 접대비실명제를 도입하기로 한 것이다.

(5) 저항이 없는 변화는 진정한 혁신이 아니다

2003년 4월 10일, 나는 기자간담회를 열고 "2022년에 기업들의 접대비로 4조7천억원이 비용 처리되었으며, 이 중 룸살롱과 골프접대비가 39% (1.8조)를 차지했다'고 지적하면서 접대비에 대한 규제 필요성을 밝혔다. 물론 이틀 전인 4월 8일 세정혁신추진위원회 1차 회의에서 기업경영의 투명성 제고를 위해 사업과 관련이 적은 향락성 접대비의 제도개선 논의를 바탕으로 한, 의도된 발언이었다.

국세청장이 취임 20일도 되지 않아 접대비에 대한 강력한 혁신의지를 밝히자 말들이 많았다. 일부 언론에서는 룸살롱이나 골프 접대 등의 고액 향락성 사교성 접대비는 모두 앞으로 비용으로 인정되지 않을 것으로 보도했다. 그러자 대한상공회의소와 전국경제인연합회 등 경제계는 물론 일부 언론과 정치권 및 공직사회에서도 반대의 목소리가 터져 나왔다. 이들이 외부로 내건 반대 이유는 경기가 좋지 않은데 소비가 위축되어 경제에 찬물을 끼얹는 조치라는 것이었지만, 실은 과거의 잘못된 관행에서 벗어나는 것이 불편하고 힘들었기 때문이었다.

파장이 커지자 재경부 고위관계자는 5월 1일 출입기자들과 만난 자리에서 "어려운 경제여건과 획일적 규제에 따른 부작용을 감안해 현행 세법이 정한 한도 내에서 사용한 업무관련 접대비는 고액 향락성 접대비라도 인정해주기로 했다"고 밝혔다. 그러자 또 일부 언론에서는 '골프장과 룸살롱 등에서 사용한 고액 향락성·사교성 접대비는 업무와 관련이 없는 것으로 보고 비용으로 인정해주지 않도록 한다'는 국세청의 개혁방안이 법인세법 개정권을 쥐고 있는 재경부의 강력한 반대로 백지화되었다고 기사화했다.

그러나 이 보도는 사실과 달랐다. 나 역시 무조건 고액 향락성 접대비는 비용대상에서 제외하자는 그런 생각보다는 접대비 내역을 확인해 업무와 관련 없는 접대비만을 비용으로 인정하지 않겠다는 뜻이었다. 다만 접대 상대방을 기재하도록 하는 실명제가 시행되면 그런 향락성 고액 접대비는 자연스럽게 크게 줄어들 것이라고 판단하였다.

접대비실명제 도입 문제가 매일 언론에 보도되면서 큰 사회적 이슈로 부각되었다. 대체로 일반 국민과 시민단체 등은 우호적이었지만, 경제계는 노골적으로 반대를 했고, 소위 사회지도층이라는 사람들은 명분 때문에 내놓고 큰소리로 반대하지는 못했지만 음으로 양으로 제동을 걸었다. 주무부처인 재정경제부에서도 사실상 반대하는 기류가 강했다.

또 하나 내가 내심 걱정했던 것은 접대비실명제가 다음해(2004년) 4월에 치러지는 17대 국회의원 선거에 나쁜 영향을 미쳐 국정운영에 부담을 주지 않을까 하는 점이었다.

제기되는 이런 문제들을 해소할 수 있는 유일한 방법은 국민적 지지를 끌어내는 것이라고 판단하고, 2004년 1월 1일 시행을 목표로 다양한 방법으로 접대비실명제 필요성에 대한 국민 홍보를 대폭 강화했다. 아울러 익숙한 것과 결별하는 것이 혁신이고 따라서 저항이 없는 혁신은 진정한 혁신이 아니라는 소신을 갖고 치밀하게 준비해 나갔다.

그렇지만 수많은 저항과 반대 로비가 계속되면서 황야의 발판에 혼자 서있는 것처럼 많이 힘들고 외로웠다. 최단명 국세청장이 될 수 있다는 생각도 들었다. 내심으로는 접대비실명제를 관철하지 못하면 스스로 옷을 벗겠다는 사즉생의 각오를 다졌다.

(6) 백만 원군 노무현대통령

접대비실명제를 지지하는 뜻있는 국민들은 조용하고, 경제단체와 기업들은 연일 반대의견을 표명하는 상황이라서 청와대의 반응이 매우 중요한 상황이었다. 청와대에서 반대입장을 표명한다면 내 의지만으로 밀어붙이기가 어려운 형편이었다.

참으로 다행이었던 것은 온 사회가 접대비실명제를 두고 왈가왈부하는데도 노무현대통령과 청와대는 직접적인 입장을 밝히지 않았다는 점이다. 나는 내심 노무현정부는 혁신정부이기 때문에 청와대는 긍정적으로 평가할 것이라는 기대를 가지고 있었다. 또한 일부에서는 접대비실명제가 대통령과 참여정부의 혁신 철학과 부합하므로 어려움이 있더라도 밀어붙이라는 격려를 보내주었다. 대통령께서는 혁신가답게 오늘의 인기보다는 투명하고 건강한 내일을 보고 접대비실명제에 대한 전권을 국세청장인 내게 맡겨주신 것이었다. 지금 생각해도 감사하고 고마울 뿐이다.

이런 우여곡절을 거치면서 결국 접대비실명제는 기획재정부가 연말에 법인세법 시행령에 근거 규정을 만들어주고 우리 국세청이 2004년 1월 4일 고시를 제정하여 시행하기에 이르렀다. 그러나 시행 이후에도 폐지 요구나 건당 접대금액을 50만원에서 100만원으로 상향해달라는 건의는 계속됐다.

시행하고 며칠이 지나지 않아 접대비실명제에 대한 대통령의 생각을 처음으로 듣는 자리가 마련됐다. 2004년 1월 7일 노무현대통령과 아침 조찬을 함께 했다. 하루 전날인 1월 6일 오전에 1부속실 문용욱 국장에게서 전화로 조찬 연락이 왔다. 접대비실명제 시행 직후라서 질책성 말씀을 주실 수도 있다는 각오를 하고 참석했다. 조찬에는 정찬용 인사수석이 배석했다.

그런데 대통령 첫마디는 매우 의외였다.

"접대비 실명제에 대해 시기가 부적절하다고 얘기하는 사람들이 있는데 잘한 것으로 평가한다"면서 고생했다고 격려해주셨다. 그 얘기를 듣는 순간 진한 감동이 밀려오면서 그동안의 모든 애환이 한꺼번에 해소되는 느낌이었다.

사실 나는 만약 대통령께서 접대비실명제 시행 연기나 완화 지시를 하면 다음 내용으로 대통령을 설득하려고 준비하고 참석했었다.

"대통령님! 작년부터 접대비실명제 시행얘기가 나왔지만 기업의 접대비 규모자체는 크게 감소하지 않아 소비에 미치는 영향은 걱정할 수준이 아닙니다, 그 대신 향락성·사교성 접대가 대중음식점 등의 실속접대로 바뀌면서 접대문화가 크게 개선되고 있습니다. 장기적으로는 성장잠재력을 확충하여 경제에 오히려 기여하는 효과가 클 것입니다. 혁신적인 참여정부가 해야 될 역사에 남는 일입니다. 경제계에서 어려움을 호소하더라도 국세청의 문제로 넘겨주시면 제가 반드시 성공시키겠습니다."

이날 이후 대통령이 외부에 접대비실명제에 대한 입장을 밝히기 시작했다. 2004년 1월 15일, 대통령께서는 언론사 경제부장들과의 오찬 간담회에서 기업들의 접대비 논란과 관련하여 외부적으로는 사실상 처음으로 방향을 제시했다.

"접대비를 쓰지 말라는 것이 아니라 근거 기록을 유지하자는 것이다. 경기에 큰 영향을 미칠 정도로 비중이 큰지 모르겠다. 그러나 기업회계의 투명성이 더 큰 가치 아니냐. 접대방식도 여러 가지가 있을 텐데 건강한 접대, 근거 있는 접대라면 기록이 가능할 것이고 건강하지 않은 접대나 투명하지 않은 접대는 기록이 어려울 것이다. 가치선택의 문제 아니냐. 투명성 건강성에 도움이 된다면 옳은 방향이다"

2004년 2월 23일, 대통령께서는 취임 1주년을 앞두고 제프리 존스 주한 미국 상공회의소 명예회장과 가진 매일경제신문 인터뷰에서 접대비실명제의 필요성을 다시 한 번 강조하셨다.

▶ 존스=접대비 50만원 제한으로 식당과 술집이 어려움을 겪고 있다. 그런데 이는 사실상 규제라기보다 투명성 강화조치다. 어떻게 보는가.

▶ 노 대통령=그렇다. 우선 대통령이 지시한 일이 아니다. (웃음) 국세 청 공무원들이 토론해서 '합시다'해서 시작한 것이다. 새로운 규제가 아니고 초보적 원칙을 하나 더 확보해 나가는 것이다. 원칙 밖에 버려져 있는 것을 원칙의 경계선 안으로 하나 더 끌어들인 거라고 생각한다.

사실 나는 접대비실명제 도입과 관련하여 대통령께 직접 보고를 드린 적이 없었다. 평소 대통령께서 법과 원칙 그리고 혁신을 중시하셨기 때문에 내심 접대비실명제는 대통령이 바라는 정책이라고 생각했다. 그러나 경기위축 등 주변 여건이 접대비실명제 시행에 불리하게 전개되어 가고 있고, 주로 접대를 받는 우리 사회지도층이라는 분들이 취지는 좋지만 시점이 바람직하지 않다고 비판하던 때여서 대통령께서 시기를 조절하거나 좀 유연하게 추진하라는 말씀을 하실 수도 있었다. 그럼에도 대통령이 확실하게 접대비실명제 시행을 지지하는 말씀을 해주시면서 나로서는 소신을 굽히지 않고 시행할 수 있게 되었다. 또한 대통령의 공개 지지발언으로 접대비실명제는 빠르게 안착되어 갔다.

그러나 또 한 번의 위기가 닥쳤다.

김진표 부총리에 이어 2004년 2월 11일 취임한 이헌재 부총리 겸 재정경제부 장관이 취임 첫날 산하기관장들과의 상견례 자리에서 '건전하고 투명한 접대문화의 정착'이라는 접대비실명제 도입 의도는 좋을지 몰라도 경제가 어려운 시기에 시행하는 것은 적절하지 못했다'면서 국세청장을 질책했다는 내용이 언론에 크게 보도됐다.

이에 대해 참여연대 등에서는 '업무 관련성도 밝히지 못할 정도의 향락성 접대비를 계속 방치하고 탈세도 모른척하면서 어떤 방법으로든 경제만 살리면 된다는 식의 위험스런 사고'라고 비판하는 목소리를 냈다.

그러나 경제계와 반대편에서는 추진력이 강한 이헌재 부총리가 그렇게 비판했으니 접대비실명제가 폐지되거나 기준금액을 100만원으로 올리는 제도개선이 있을 것이라는 기대와 함께 다시 반대하는 목소리를 내기 시작했다. 이와 함께 정치권 일부에서도 '접대비실명제는 이중규제다', '분산 편법결제 늘었다', '부작용이 많다' 는 등등의 지적을 계속했다.

그러나 나는 흔들리지 않고 뚝심 있게 시행해 나갔다. 이미 대통령이 바른 방향이라고 손까지 들어주었을 뿐만 아니라 세정개혁 차원에서 시민사회와 함께 마련한 제도를 시행한지 2개월도 되지 않아 손대는 것은 정책의 일관성과 신뢰성을 훼손하고 참여정부의 개혁의지 후퇴로 비춰질 수도 있었기 때문이었다.

다만 일부에서 접대 영수증 쪼개기 등 편법사례로 시행의 효과도 미미하다는 지적에 대해서는 확실한 경고가 필요하다는 판단 하에 적극적으로 대응했다.

또 하나 힘이 된 것은 시행한지 얼마 되지 않았는데도 긍정적인 효과가 나타나기 시작한 점이다. 실명제가 시행된 2004년 1월~3월 접대비 사용실적을 보니 반대 측의 주장과는 달리 전반적인 소비감소에도 불구하고 접대비는 작년 같은 기간에 비해 0.6% 감소하는데 그쳤다. 대신 룸살롱 등 호화유흥업소에서의 카드사용은 크게 감소(법인카드 18% 감소)하였으나 일반대중 음식점에서의 법인카드 지출액은 오히려 11.1%나 늘어나는 실

---

13) 한겨레 2004년 7월 7일

속접대의 긍정적 효과가 나타나고 있었다.

(7) 시행 5년 만에 이명박정부 접대비실명제 폐지

2008년 2월 노무현정부에서 이명박정부로 바뀌자 기획재정부는 접대비실명제 폐지를 본격적으로 추진했다. 급기야 2008년 12월 18일 기획재정부는 접대비 실명제를 2009년부터 폐지하는 업무추진계획을 이명박대통령에게 보고했다.

폐지 이유로는 기업의 영업활동 규제를 완화하고 소액분할 결제와 기업간 카드교환 사용 등 변칙 운용으로 부작용에 비해 효과가 적다는 것이었다. 바람직한 성과들이 나타나면서, 다수 국민은 물론 정부와 정치권에서도 접대비실명제 시행에 대해 긍정적이었음에도 경제 살리기를 이유로 기획재정부가 폐지에 앞장선 것이다.

그들은 우리 사회의 정의와 공정에는 관심이 없고 오직 임기 중에 경제만 활성화되면 된다는 편협된 사고를 보였다. 경기를 살린다는 명분하에 고액재산가, 고소득자, 대기업에 대한 대대적인 감세를 단행하면서 접대비실명제까지 폐지한 것이다.

이명박정부는 2009년 1월 28일 법인세법시행령 제42조의2(접대비관련 지출 증빙 등)를 삭제하는 개정안을 국무회의에서 통과시켰다. 근거규정이 삭제되면서 접대비 실명제에 관한 국세청 고시도 시행 5년 만에 폐지되고 말았다.

이는 경제위기를 맞아 허리띠를 더 졸라매야 할 기업들에게 접대를 권장하는 한심한 정책으로서 투명하고 건강한 사회를 포기하고 접대공화국으로 회귀하자는 잘못된 정책이었다. 또한 접대비실명제란 그들의 주장처럼 기업에 대한 규제가 아니라 접대비의 사용내역을 회계적으로 기록하라는 지극히 당연한 요구일 뿐이었다.

또한 접대비실명제가 정착되면 기업의 탈세를 막을 수 있음은 물론, 기업지출의 낭비가 없어지고 거래관행도 투명해져 오히려 경제의 효율성이 높아지고 우리 사회의 건강성도 확대된다. 선진국의 기업문화와 접대비에 대한 조세정책만 봐도 투명경영과 건전한 소비문화 정착이 진정한 기업과 경제의 살리기가 될 수 있음을 그들도 충분히 알 수 있었을 텐데, 왜 그런 결정을 해야만 했는지 지금도 잘 이해가 가지 않는다.

(8) 접대비실명제 5년 시행 효과

접대비실명제는 5년이라는 짧은 기간 동안 시행되었지만 경제계는 물론 공직사회 등 우리사회 전반에 빠르게 새로운 접대문화와 사회기풍을 정착시키는 긍정적인 효과를 남겼다.

우선 세법상 인정되는 접대비 증가율이 크게 감소했다. 접대비 실명제 이전인 1999년부터 2003년까지 4년간 기업의 접대비 지출이 약 82%(2.8조→5.1조) 증가한 반면, 2003년부터 2007년까지는 25%(5.1조→6.4조)만 증가했다. 더 긍정적인 효과는 접대문화가 건전한 모습으로 빠르게 전환됐다. 룸싸롱 등의 향락업소에서의 고액접대가 일반음식점 등의 실속형 업무접대나 문화접대(공연관람권 등)로 빠르게 전환되고 있는 것으로 나타났다.

〈접대비 규모〉

연도	'99년	'03년	'04년	'05년	'06년	'07년
접대비	2.8조원	5.1조원	5.4조원	5.2조원	5.7조원	6.4조원

*'99~2003년 82% 증가 → '03~'07년 25.4% 증가

또한 기업의 윤리경영이 확산되면서 기업주나 임직원 등이 개인적으로 쓴 비용을 법인의 비용으로 변칙 처리하는 관행이 전반적으로 축소됐다. 과거 일부에서 접대비를 생활비로 쓰거나 비자금 조성수단으로 이용했으나 이러한 폐단들이 줄어들고 사회전반의 투명성 제고에 기여했다.

접대비실명제는 영리법인을 대상으로 시행한 것이지만, 이를 계기로 공직사회 등 공공부문에서도 건당 50만원 이상의 업무추진비는 상대방을 밝히도록 하는 긍정적 효과를 가져왔다. 기획예산처는 2004년도 세출예산 집행지침에서 업무추진비를 집행할 경우 집행목적·일시·장소·집행대상 등을 증빙서류에 기재하여 사용 용도를 명확히 하고, 특히 건당 50만원을 초과하는 금액을 집행할 경우에는 주된 상대방의 소속 및 성명을 반드시 기재토록 하였다.

일부에서 지적한 50만원 미만으로 분할결제 하는 등의 법인카드 편법 사용은 오랜 잘못된 관행이 정상궤도로 바뀌는 과정에서 나타나는 불가피한 일시적 현상으로 긍정적인 효과에 비하면 큰 문제가 되지 않았다.

(9) 접대비실명제 부활을 위한 노력들

정권이 바뀌었다고 공정과 정의에 대한 개념과 가치가 달라지는 것이 아닐 텐데 기획재정부가 접대비실명제 폐지를 추진하자 나는 착잡한 심정을 금할 수가 없었다. 기획재정부는 내가 20년 이상 근무해서 고향이나 다름없는 곳이라서 더욱 속상했다. 내가 국세청장 때 도입한 제도라서가 아니라 시대흐름과 국제추세에 거꾸로 가는 정부가 안타까워서였다.

부패와 비리의 원인이 되는 음성적 접대와 로비를 없애 기업 체질을 강화하고 투명한 사회를 만들고자 도입한 제도이고, 선진국들은 이미 우리보다 훨씬 강한 접대비 규제를 하고 있어 국제기준에도 부합하는 것이었다. 이를 더욱 발전시키지는 못할지언정 폐지한다는 것이 도대체 이해가 되지 않았다.

또한 접대를 주로 누가 받는가? 정치인, 공무원, 대기업 임원들이다. 나라경제가 어렵고 중산서민들의 가계가 갈수록 어려운 이때, 책임감을 느끼고 솔선수범해 허리띠 졸라매고 뛰어야 하는 사람들이다. 그런데 이 사람들 접대받기 편하라고 접대비 실명제 없앤다는 것이 말이 되는가.

어려운 여건에서도 혁신 차원에서 접대비실명제를 시행하여 접대규모도 줄고 접대문화도 바뀌는 등 나쁜 관행이 전반적으로 축소되었는데, 앞으로 접대비실명제가 정부 방침대로 폐지되면 이러한 악습들이 다시 되살아날 것이 걱정됐다.

당시 내 신분은 국회의원으로 바뀌어 있었다. 2004년 국세청장으로서 접대비실명제를 시행했던 나는 이후 청와대 혁신관리

수석→행정자치부장관→건교부장관을 거쳐 2008년 4월에 치러진 18대 국회의원에 당선되어 야당 국회의원으로 활동하고 있었다.

내가 할 수 있는 길은 두가지였다. 하나는 접대비실명제 폐지는 잘못된 정책이라는 것을 국민들에게 알려 정부 스스로 결정을 뒤집도록 하는 방법이었다. 우리 아이들에게 투명하고 건전한 사회를 물려주기 위해 꼭 필요한 제도이니 국민들이 이 소중한 제도를 지켜주도록 호소하는 방법이었다. 두 번째는 국회가 입법권을 가지고 있으므로 국회에서 접대비실명제를 부활하는 법률 개정안을 통과시키는 길이었다.

〈대국민 홍보 강화〉

우선 기획재정부가 대통령에게 접대비실명제 폐지를 보고(2008.12.18)한 내용이 보도되자, 나는 바로 12월 21일 '또 다시 접대공화국으로 회귀하자는 것인가?'라는 보도자료 배포를 시작으로 정부정책의 문제점을 낱낱이 지적하면서 폐지 방침을 즉각 철회할 것을 촉구했다. 사실상은 국민에게 호소한 것이었다.

① 접대비실명제는 기업의 영업활동이나 자율성을 규제하는 것이 아니고 원칙을 세워 우리도 선진국처럼 기업 경영의 투명성을 높여 기업체질을 강화하자는 것이다. 원칙 밖에 있던 비정상적 관행을 정상으로 바로 잡은 것이다.

기업은 접대 금액이 50만원 이상인 경우에도 자율적 판단에 따라 지출할 수 있다. 다만 업무 관련성을 입증하지 못하는 경우 세법상 비용으로만 인정되지만 않을 뿐 기업의 접대비 지출 자체를 규제하는 것이 아니다.

사업과 관련된 지출만 비용으로 인정하는 것은 국제적으로 엄격하게 적용되는 회계학과 세법의 기본원칙이다(비용수익 대응의 원칙). 삼계탕집에서 쇠고기를 원료로 사용했다고 신고하는 경우 비용으로 인정해주지 않는 것과 같은 이치이다. 이런 취지에서 보면 50만원 미만의 접대비도 실명제를 실시해야 하나 업계의 부담을 덜어주기 위해 비교적 고액접대만 대상으로 한 것이다.

② **접대비는 술 먹고 밥 먹고 선물 사주고 골프 치는데 쓰이는 돈인데, 개인 목적으로 쓰이는 이런 접대비까지 국민세금으로 지원해줄 수는 없지 않는가?**

접대비 '1억원'을 세법상 비용으로 인정해준다는 의미는 이 중 2,750만원(법인세 25%+주민세 2.5%)은 정부예산에서 부담하고 기업은 나머지 7,250만원만 부담하는 것을 의미한다.

③ **업무와 관련 없는 접대비를 비용으로 인정하지 않는 국제기준 (global standard)을 따른 것이다.**

일본과 영국은 접대비 자체를 인정하지 않고 있으며 미국은 80달러 이상 접대하면 접대상대방과 접대목적 등을 입증해야 한다. EU 각국도 접대비에 대해 우리보다 훨씬 엄격하게 규제하고 있다.

④ **세계 각국이 경제위기를 극복하기 위해 가능한 모든 대책을 강구하고 있지만 접대비를 늘려 소비를 부추기려는 국가는 한국 정부를 제외하고는 없다.**

원칙과 정도를 벗어나는 일이기 때문이다. 기업경영 투명성과 기업체질 강화라고 하는 시대 흐름과 국제 추세에 역행하기 때문이다. 경제위기 상황에서 고액향략성 접대받기가 불편하다고 허리띠를 더 졸라매야할 기업들에게 접대를 권장하는 한심한 정책이다.

⑤ **회사돈을 개인접대 목적으로 사용하는 것은 부패이고 과도한 접대를 받는 것은 뇌물인데, 이를 정부가 조장하는 것은 투명하고 건강한 사회를 포기하는 것이다.**

한편에서는 검찰 등 사정기관이 청탁성 접대나 로비를 수사하면서 다른 한편에서는 이를 촉진하는 모순된 정책을 쓰고 있다.

방탕한 접대문화와 잘못된 유흥문화는 비리부패, 가정파괴, 청소년문제 야기 등 심각한 사회문제를 야기해왔다. 우리 기업들이 글로벌 경쟁에서 이겨내기 위해서는 새로운 기술과 상품 개발에 투자하고 투명성을 높여야 하는데 정부가 음성적 접대나 청탁을 부추겨 기업의 체질을 약화시키고 있으니 이 얼마나 한심한 정부인가?

⑥ **접대공화국으로는 기업 및 국가경쟁력을 높일 수 없다.**

글로벌 경쟁시대에는 접대 경쟁이 아닌 새로운 기술, 새로운 상품, 새로운 시장 개발 등을 위한 투자 확대와 투명성 제고를 통해 경쟁력을 올려야 한다. 과거 IMF 외환위기 때 신기술이나 윤리경영을 실천했던 혁신적 기업들은 중소기업이라도 살아남았지만, 분식회계로 이익을 부풀려 접대나 청탁에 의존하던 기업들은 다 도산했다.

⑦ 불건전한 접대를 통해 경기를 살리려는 것은 체중을 줄이기 위해 줄담배를 피우라는 것처럼 매우 위험한 처방이다.

소비는 가계에 의해 주도되고 기업은 투자의 주체가 되어야 한다. 기술개발하고 투자하는 데 돈을 써야 하는 기업에게, 소비를 늘리기 위해 음성적 접대를 부추기는 것은 기업도 국민경제도 모두 병들게 하는 단견이다. 기업이 접대비실명제를 거부하는 것은 허약한 사람에게 보약을 주니까 써서 먹지 않겠다고 고집부리는 격이다. 말로만 윤리경영 외치지 말고 행동과 실천이 뒤따라야 한다.

⑧ 정부는 소액분할 결제와 같은 변칙운용을 내세우면서 접대비 실명제를 폐지한다고 발표했는데, 이는 '구더기 무서워서 장 못 담그는 격'이다.

분할결재 등은 오랜 관행이 정상궤도로 바뀌는 과정에서 나타나는 불가피한 현상으로서 제도가 정착되어 가면서 크게 줄어들고 있다. 또한 접대비 신용카드 사용내역이 국세청 전산망을 통해 시간대별 사용자별 업소별로 파악되므로 편법 접대비 사용은 정부의지만 있으면 얼마든지 단속이 가능하다.

〈접대비실명제 부활을 위한 법인세법개정안 발의〉

접대비실명제 폐지를 막기 위해 동분서주했지만, 정부는 야당 국회의원의 호소나 국민의 바람과는 상관없이 오직 단기적인 경제 활성화에만 꽂혀 있었다. 결국 정부는 2009년 1월 28일 법인세법시행령 제42조의2(접대비 관련 지출 증빙 등)를 삭제하는 내용의 개정안을 국무회의에서 통과시켰다. 이제 국회의원으로서 내가 할 수 있는 것은 법으로 의무화하는 길밖에 없었다.

따라서 나는 폐지된 접대비실명제를 법인세법에 규정하여 의무화하기 위해 2009년 7월 31일 법인세법 일부개정법률안을 대표 발의(16명의원 발의)했다. 개정안은 법인세법 제25조에서 "대통령령으로 정하는 건당 일정금액 이상의 접대비는 접대 상대방 등 업무관련성을 입증하는 지출증빙을 기록·보관"하도록 하는 내용이었다.

그러나 내가 속해 있는 민주당이 소수야당이라서 국민적 지지를 바탕으로 정부여당을 설득시키지 않으면 통과될 수 없는 상황이었다.

나는 2009년 12월 11일 열린 국회 예산결산특별위원회에서 이재오 국민권익위원회 위원장과 김황식 감사원장 등에게 접대비실명제 폐지의 문제점과 재시행에 대한 질의를 했다. 이재오위원장은 제도를 개선하겠다고 약속했고 김황식원장은 내 의견이 옳다고 답변하였다.

<이용섭위원> 접대비실명제는 기업이 접대를 할 때 건당 50만원 이상이면 업무와 관련되었다고 하는 것을 입증할 때 세금혜택을 주는 제도입니다. 그러면 접대비는 뭐냐, 그것은 딱 네 가지입니다. 술 사주고 밥 사주고 선물사주고 골프치는 돈입니다.

그래서 이걸 규제하는 것이 사회정의에 맞겠다 해서 2004년도에 업계의 많은 반대가 있었음에도 불구하고 도입을 했습니다. 그러나 예상했던 부작용은 크지 않았습니다. 많은 긍정적 효과가 있었습니다.

우선 숫자로 보면 접대비증가율이 99년에서 2003년까지 82%였습니다.

그런데 이 제도를 도입하고 2003년부터 2007년까지 증가율은 25%, 3분의1로 떨어졌습니다.

그리고 기업 윤리경영이 확산되고 기업 체질이 강화되었습니다. 예술의 전당과 같은 문화접대가 많이 늘었습니다.

이런 이유 때문에 업무와 관련 없는 접대비를 비용으로 인정해주는 나라는 선진국의 어느 나라도 없습니다. 일본은 기본적으로 우리와 문화가 비슷하지만 접대비 자체를 인정하지 않고 있습니다. 미국은 75불, 그러니까 우리 돈으로 10만원정도 되면 육하원칙에 의해서 다 증빙을 해야 됩니다.

이렇게 좋은 제도를 도입해서 5년 동안이나 시행하고 있는데 어찌된 일인지 이 정부는 금년 1월달에 이 제도를 폐지했습니다. 이걸 위원장님은 어떻게 해석하시고 어떻게 평가하십니까?

<국민권익위원장 이재오> 접대비를 폐지할 때는 기업의 부담을 줄이고 경제운용에 좀 탄력적인 그런 점을 생각해서 폐지한 것 같습니다.

<이용섭위원> 전혀 관련이 없습니다. 기업의 접대비를 막는 게 아니고 기업은 10억이든 100억이든 마음대로 쓸 수 있습니다. 다만 세금혜택을 받으려면 회사업무와 관련해서 썼다는 것을 증명하라는 얘기입니다. 회사 돈을 가지고 자기 친구들하고 동창들하고 밥 먹고 술 먹고 쓰는데 정부가 지원해줘서는 안되지 않습니까?

기업이 접대비를 1억을 썼는데 그것을 비용으로 빼준다는 얘기는 2500만원은 정부가 지원해준다는 얘기입니다.

이것은 감사원장님하고 법무부장관님도 같이 들어주십시오. 회사 돈을 개인접대 목적으로 쓰는 것은 부패입니다. 그렇지 않습니까. 여기에 지원해줄 수는 없는 것 아닙니까?

그리고 과도한 접대를 받는 것은 뇌물입니다. 공무원이 돈 50만원만 받아도 처벌을 받지 않습니까? 그런데 어떻게 접대는 100만원을 받고 200만원을 받아도 처벌도 없고 또 세금에서 지원까지 해준다고 하는 것은 말이 안되지 않습니까?

또 검찰은 청탁하고 로비했다고 수사하면서, 정부 다른 한쪽에서는 접대하고 로비하라고 거기 세금 지원해준다는 것은 저는 아무리 봐도 이해가 가지 않습니다. 접대공화국으로는 기업도 나라도 경쟁력을 올릴 수 없다고 생각합니다.

잘 아시는 것처럼 방탕한 접대문화, 잘못된 유흥문화가 비리부패의 원인이 되고 가정을 파괴하고 청소년 문제 등 심각한 문제를 야기하고 있습니다. 저는 이 정부가 접대비실명제를 새롭게 시행하라는 것도 아니고 과거 정부에서 시행해서 잘 정착되고 있는데 왜 그것을 폐지해가지고 거꾸로 역행하려고 하느냐는 얘기지요.

그래서 본 위원이 (접대비실명제 시행) 법안을 지금 국회에 제출해 놨습니다. 여기에 대해 다시 한 번 제 얘기를 듣고 느끼신 점을 말씀해주시고요.

또 검찰을 거느리고 있는 법무부장관님, 사회 기강을 담당하고 있는 감사위원장님도 소신을 얘기해주셨으면 합니다.

<국민권익위원장 이재오> 지금 존경하는 이용섭위원님 말씀에 거의 전적으로 공감합니다. 그렇지 않아도 저희 위원회에서 법을 고쳐야 될 것인지 아니면 저희 위원회가 제도개선 권고를 통해서 이것을 바로잡아야 할 것인지를 지금 심각하게 검토하고 있습니다.

특히 기업이 법인카드로 공직자에게 골프 접대를 해 줄 경우에 골프접대를 받는 공직자들의 소속과 성명을 기재하는 그런 것까지도 저희들이 내부적으로 제도 권고를 검토하고 있는 중입니다.

그래서 이것이 법률로 고쳐야 될 것이면 저희들이 법률을 입안할 것이고, 이것이 단순히 제도로 권고해야 될 사항이면 관련 부처와 협의해서 방금 이용섭위원님께서 말씀하신 그 정신을 살려서 접대비 문화가 부패 문화로 타락하지 않도록. 지금 부패가 경제발전의 발목을 잡고 있다고 하는 것에 대해서 전적으로 공감은 하고 있습니다.

그래서 이용섭 위원님께서 말씀하시는 취지가 훼손되지 않도록 저희 위원회에서 적극적으로 검토하겠습니다. (발언시간 초과로 마이크중단)

<법무부장관 이귀남> 접대비의 세금 공제 문제에 대해서는 제 소관이 아니라서 말씀드리기가 부적적하고요. 다만 회사 돈을 개인 목적으로 접대하는 것은 횡령죄가 된다는 점을 말씀드리겠습니다.

<감사원장 김황식> 위원님 말씀이 근본적으로는 옳다 이렇게 생각을 합니다. 저희가 업무할 때 많이 참고를 하겠습니다. (국회 회의록에서 발췌)

이재오 국민권익위원장은 12월 20일에도 기자와의 인터뷰에서 ´접대비 실명제´ 부활에 대해 "경제발전과 공직사회 청렴도에 도움이 되는 만큼 검토해보겠다"고 재차 확인했다. 이 위원장은 "실명제로 경제가 위축되는 것은 아니며 부패의 소지를 없애자는 것"이라며 이같이 강조했다. 특히 이 위원장은 접대비 실명제 실행과정에서 드러난 공무원과 기업의 편법과 관련해 "(편법으로 실명제를 악용하는 부작용이 있더라도) 실명제라는 제도가 있는 것과 없는 것은 다르다"면서, ´한두 번은 그렇게 편법으로 할 수 있겠지만 매번 그렇게 하기는 어렵다´고 재도입 의사를 확고하게 내비쳤다.

이는 앞서 12월 11일 국회 예결특위에서 (접대비 실명제 재도입을) 심각히 검토하고 있다는 이재오위원장의 발언 이후 기획재정부장관이 14일 국회 예결특위에서 "폐지된 지 1년도 지나지 않아 다시 부활시키는 것은 정책의 일관성과 신뢰도에서 바람직하지 않다"고 반대 의사를 밝힌 데에 대해 자신의 입장을 재차 강조한 것이었다.

그러나 접대비실명제는 부활되지 못했다. 접대비실명제 부활이 필요하다는 정부 내 이러한 인식이나 입장들은 경제활성화를 위해 폐지해야 된다는 기획재정부의 반대로 결국 성사되지 못했다, 또 야당의 수적 열세에 따라 내가 대표발의한 법인세법 개정안도 국회에서 통과되지 못했다.

(10) 법령에서 접대비실명제는 폐지됐지만, 접대문화가 과거로 후퇴하지 않도록 제도개선이 꾸준히 이어졌다.

역사는 작용과 반작용, 도전과 응전의 과정을 반복하면서 발전한다.

콩나물에 물을 주면 시루 아래로 다 새버리는 것처럼 보이지만 콩나물은 그 물을 먹고 자란다. 2004년부터 시행된 접대비실명제는 시행 5년 만에 폐지되었지만, 우리 사회의 건강 씨앗이 되어 적지 않은 긍정적 효과를 남겼다.

우선 접대하는 기업 측이나 접대 받는 측 모두가 호화향락성 접대나 고액 접대를 꺼리면서 접대문화가 건전해졌다. 또한 접대비실명제가 정부기관의 업무추진비는 물론이고 공기업과 준정부기관 등 공공기관의 업무추진비에 계속 적용되면서 건전 접대문화가 사회 전반으로 확산되어 갔다.

> **<2023년 예산 및 기금운용계획 집행지침 중 발췌>**
>
> "업무추진비를 집행하고자 하는 경우에는 집행목적·일시·장소·집행대상 등을 증빙서류에 기재하여 사용 용도를 명확히 하여야 하며, 건당 50만원 이상의 경우에는 주된 상대방의 소속 및 성명을 증빙서류에 반드시 기재하여야 한다. 각 기관은 업무추진비의 적정한 사용을 위해 '클린카드'를 발급받아 활용하여야 한다"
>
> *클린카드는 유흥업종, 위생업종(미용실, 마사지, 지압원 등), 레저업종(골프장, 노래방, 헬스클럽 등), 사행업종(카지노 등) 등에서는 사용이 제한된다.

이러한 지침은 공기업과 준정부기관에도 동일하게 적용된다.

이처럼 접대비실명제에 영향을 받은 예산운용지침의 실명제 규정이 세법상 접대비실명제 폐지 이후에도 계속 시행되면서 국민 세금이나 기업자금이 음성적인 접대나 개인적으로 사용되는 경우가 크게 축소되고 우리 사회가 한 단계 더 투명해지고 건강해지는 전기가 됐다.

또한 접대비실명제 규정 자체는 삭제되었지만, 대신에 세법령에서는 개인적인 목적으로 사용이 어렵도록 제도가 보완되어갔다. 접대비실명제가 이런 제도 도입의 마중물 내지는 가교 역할을 한 셈이다. 즉, 법인세법 제25조와 시행령 제41조에서는 3만원(경조금의 20만원)을 초과하는 접대비는 신용카드, 현금영수증, 세금계산서, 원천징수영수증을 사용하여 지출하는 경우에만 비용(손금)으로 인정하도록 규정하고 있다.

따라서 국세청이 마음만 먹으면 조사를 통해 누구에게 언제 어떻게 접대했는지를 확인이 가능하게 된 것이다.

2008년 세계금융위기를 비롯해 각종 위기에도 우리 기업들이 버틸 수 있던 것은 접대비실명제 시행 등을 거치면서 실천해 온 윤리경영, 투명경영, 건전경영이 효과를 내고 있기 때문이다. 어려울수록 원칙과 기본에 충실해야 위기를 기회로 전환시킬 수 있다.

그리고 어찌 보면 접대비실명제에 대한 논란과 시행 경험이 '부정청탁및 금품등수수의금지에관한법률(소위 김영란법)'이 도입(2016년 9월 28일 시행)될 수 있었던 사회적 기반을 닦아놓았다고 해도 과언이 아닐 것이다.

또한 접대비실명제는 1968년부터 50년 이상 사용돼 온 '접대비' 명칭이 내년부터 '기업 업무추진비'로 바뀌는 데에도 기여를 했다. 기획재정부는 기업의 통상적·정상적 업무활동에도 불구하고 '접대비'라는 명칭이 부정적인 이미지를 갖고 있어 2024년부터는 '업무추진비'라는 이름으로 사용하도록 지난 해 세법을 개정했다. 이미 공공부문에서 사용되고 있는 '업무추진비'로 통일한 것이다. 다만 접대비 명칭만 업무추진비로 바뀔 뿐 그 적용범위나 증빙서류 등 세금 처리는 현행과 동일하다.

과거에는 유흥이나 로비 등 잘못된 접대문화가 드러나면서 접대비가 부정적인 활동에 쓰이는 돈으로 인식되었으나, 접대비실명제를 계기로 접대문화가 많이 개선된 현실과 업계의 건의를 감안한 것이다.

(11) 에필로그

노무현정부 5년을 관통하는 정신은 '혁신'이다. 대통령은 언젠가 나에게 '혁신으로 맺은 우리의 인연이 국가발전에 기여할 수 있도록 좋은 성과를 내달라'는 당부를 하셨다.

나는 국세청장 재임 중 이룬 혁신성과 덕분에 이후 청와대 첫 혁신관리수석비서관을 거쳐 행정자치부장관과 건설교통부장관 그리고 국회의원으로서 중요한 국가 업무를 수행할 수 있는 영광을 가졌다. 특히 접대비실명제는 말도 많고 저항도 많았던 터라 이 때문에 중도하차할 수 있다는 주변의 염려도 많았다. 그러나 이에 흔들리지 않고 '생즉사 사즉생'의 자세로 밀어붙인 것이 전화위복이 되었다.

이때 얻은 별명이 '담쟁이' 청장이었다. 이후 나는 담쟁이 장관, 담쟁이 국회의원으로 불려졌고, 한 때 공직사회에 혁신의 아이콘으로 통했다. 도종환 시인의 시 「담쟁이」에 그 의미가 잘 담겨져 있다. 이후 이 시는 내가 가장 애송하는 시가 되었다.

"저것은 벽 / 어쩔 수 없는 벽이라고 우리가 느낄 때 / 그때, / 담쟁이는 말없이 그 벽을 오른다 / 물 한 방울 없고, / 씨앗 한 톨 살아남을 수 없는 / 저것은 절망의 벽이라고 말할 때 / 담쟁이는 / 서두르지 않고 앞으로 나아간다 / 한 뼘이라도 꼭 여럿이 함께 / 손을 잡고 올라간다 / 푸르게 절망을 다 덮을 때까지 / 바로 그 절망을 놓지 않는다 / 저것은 넘을 수 없는 벽이라고 / 고개를 떨구고 있을 때 / 담쟁이 잎 하나는 / 담쟁이 잎 수 천 개를 이끌고 / 결국 그 벽을 넘는다"

나는 2005년 3월 11일 퇴임식을 가졌다. 국세청 합창단과 우리 직원들의 '아침이슬' 송가를 들으면서 2년의 국세청장직을 마무리했다.

　"긴 밤 지새우고 풀잎마다 맺힌 진주보다 더 고운 아침이슬처럼…나 이제 가노라 저 거친 광야에 서러움 모두 버리고 나 이제 가노라"

　청장으로 재임하면서 늘 아름답고 명예롭게 퇴진하고 싶었는데, 박수 받으면서 떠날 수 있도록 도와주신 노무현대통령님 그리고 우리 국세청 직원들께 감사드린다.

13. 역대 조세정책 사령탑의 세밑 회동[14]

◆ 지난 30여년 동안 국가 조세정책의 실무 사령탑이었던 역대 기획재정부 세제실장들이 계묘년 새해를 앞두고 2022년 12월 27일 송년 오찬 모임을 가졌다. 법인세율에 대한 여야 간 이견 때문에 내년도 예산안이 정기국회 종료일을 보름이나 넘겨 통과된 직후라서 나름 의미 있는 자리였다.

세제실의 역사를 보면 1948년 재무부 사세국으로 출발하여 1966년 2월 재무부 세제국으로 개편되었으며, 이후 세금의 역할이 커지면서 1990년 9월 세제실로 확대 개편되었다. 내가 1979년 국세청에서 세제국으로 전입할 때만해도 1국 4과였으나 지금은 1실 5국 15과로 크게 확대되었다. 우리 경제가 빠르게 성장하면서 조세제도와 세금정책의 역할이 그만큼 중요해진 것이다. 지난 32년 동안 세제실 명칭은 그대로 유지되었으나 부처 명칭은 재무부에서 재정경제원→재정경제부→기획재정부로 바뀌었고, 23명의 세제실장을 배출했다. 이 날 모임에는 이 중 15명이 참석했다. 평일 오찬이라 몇몇 현직들이 참석 못한 점을 감안하면 거의 모두가 참석한 것이다.

◆ 세제실장 모임이나 세제실 전·현직이 모이는 세제동우회가 코로나19와 같은 특별한 상황을 제외하곤 매년 몇 차례씩 함께

---

14) 2022년 12월 30일 조세일보에 게재된 기고글

자리할 수 있는 것은 아마도 동질성(homogeneity)이 강한 조직의 특성 때문일 것이다.

10여년 전까지만 해도 세제실은 지금과는 달리 내부 공직자들에게 별로 인기가 없었다. 업무는 어렵고 일은 많은데 비해 힘이 없었기 때문이었다. 그러다보니 가두리 양식장처럼 한번 세제실에 들어오면 다른 곳으로 나가지 못하고 과중한 업무에 함께 시달리면서 동고동락을 하다 보니 가족과 같은 끈끈한 귀속감이 자연스럽게 생겼다.

"국세청은 기획재정부 세제실이 관장한다."

김대기 대통령 비서실장이 지난 7월 24일 행정안전부 내 경찰국 신설의 당위성을 강조하면서 한 말이다. 이른바 3대 권력기관(검찰청·경찰청·국세청) 중 하나인 국세청을 견제 또는 통제하고 균형을 잡아주는 역할을 기재부 세제실이 하고 있다는 의미로 들려 자칫 세제실이 국세청을 좌지우지하는 것처럼 오해할 수 있으나 그렇지 않다. 기재부 세제실은 조세정책 수립 및 관련 법령안 제·개정과 조세수입 예측 등 조세정책을 총괄하는 정책 수립 부서이고 국세청은 이를 집행하는 외청이어서 업무적으로 밀접한 관계가 있는 것은 사실이나, 국세청은 독립적인 인사·조직·예산권을 갖고 있으며 세무조사를 비롯해 주요 업무 등도 독립적으로 운영한다.

◆ 세제실장 출신들은 나라 곳간지기로서 휴일도 반납한 채 밤샘 작업을 하는 등 고생을 많이 했지만, 2000년대 초반까지만 해도 장관급 등 중요 직위로 승승장구하는 보답도 받았다. 초대 세

제실장 김용진(前과학기술부장관), 2대 이근영(前금융감독위원회 위원장), 3대 강만수(前기획재정부장관), 4대 윤증현(前기획재정부장관), 5대 남궁훈(前한국은행 금융통화위원), 6대 김진표(現 국회의장) 그리고 7대 세제실장인 필자(前광주광역시장)를 포함하여 대부분이 국가 중요한 자리에서 중요한 일을 할 수 있는 영광을 가졌다.[15]

이처럼 한 분야의 전문가인 세제실장들이 국가 중요 직위에 오르고 또 맡겨진 일을 성공적으로 완수할 수 있었던 것은 세법에는 삼라만상이 다 들어가 있고 조세정책은 산업과 금융 등 경제사회 전반에 대한 지식을 필요로 하는 종합예술일 뿐만 아니라 매우 정교함과 치밀함을 요구하는 업무 특수성 때문일 것이다.

그러나 조세정책이 차지하는 역할과 중요성이 날로 커지고 있음에도 오히려 최근에는 후배들이 국가 중요 직위에 과거처럼 발탁되지 못하고 있는 아쉬움이 있다. 과거에는 정부 전문가 그룹인 세제실이 조세정책을 주도했으나 지금은 세금 지식이 보편화되고 정치화되면서 주도권이 국회로 옮겨가면서 세제실의 위상도 과거만 못하기 때문이라는 의견들이었다.

◆ 이런 맥락에서 일부 참석자들은 세제실 직원들의 전문성과 조직에 대한 귀속감이 예전 같지 않다는 안타까움을 지적했다. 후배들은 '라떼(나 때) 이야기'를 안 좋아하겠지만, 우리 때만해도 해도 세제실에서 공직 대부분을 근무하다 보니 조세 전문가라

---

15) 8대~24대 세제실장 : 최경수, 김영룡, 이종규, 김용민, 허용석, 이희수, 윤영선, 주영섭, 백운찬, 김낙회, 문창용, 최영록, 김병규, 임재현, 김태주, 윤태식, 고광효

는 자긍심과 사명감 그리고 조직에 대한 애정이 깊었으나 요즘은 세제실이 선호 부서가 되다보니 다른 부서와 이동이 빈번하게 이루어지고 있어 이를 기대하기 어렵다는 것이다.

물론 과거와 달리 교류가 활발하다보니 전문성은 다소 약해진 반면에 정책 시야가 넓어졌다는 긍정적인 평가도 있지만, 세금정책은 고도의 전문성이 요구되므로 전문가 육성이 반드시 필요하다. 지난 해 60조가 넘는 역대 최악의 세수추계 오차로 올해 초 세제실장이 경질되고 감사원 감사까지 받는 일은 과거에는 있을 수 없었던 일이고 전문성과 무관치 않다는 지적에 귀를 기울여야 할 것이다.

◆ 이날 모임에서는 이번 예산국회에서 쟁점이 되었던 법인세율, 종합부동산세, 반도체산업 감면 등 현안에 대한 애기도 나눴다. 내가 놀란 것은 우리는 공직생활 내내 세금이라는 한솥밥을 먹으면서 지냈는데도 보는 시각이 매우 다양하다는 점이었다. 이러니 이해관계가 다른 여야가 의견 차이를 보이는 것은 어찌 보면 당연하다는 생각이 들었다. 다만 우리 정치권의 고질적인 문제는 자기 당의 이익과 지지층의 입장에만 매몰되어 국가 발전과 국민 이익 관점에서 타협하고 합의하는 통합의 정치를 철저하게 무시하고 있다는 점이다.

윤석열대통령은 대선후보 시절 한국세무사회의 '세무사 드림봉사단 발대식'에 참석해 "저는 세금을 내는 분들이 분노하지 않는 나라를 만들겠다"면서 "세금을 거두는 것도 중요하지만 신중하게 잘 쓰도록 해 세금이 아깝지 않은 유능한 정부가 되도록 하겠다"고 밝혔다. 그러나 금년 8월에 발표한 정부 첫 세제개편안과 예산안을 보면 공정·형평·효율 측면에서 부족한 점이 많다. 5월에 정부가 들어섰기 때문에 절대적인 준비기간이 너무 짧았다고 하니, 앞으로 조세정책과 예산편성을 지켜볼 일이다.

◆ 우리는 재임 중 때로 세금밖에 모르는 융통성 없고 답답한 세금쟁이라는 혹평까지도 감수하면서 '세금이 바로 서야 나라가 바로 선다'는 일념으로 외부의 부당한 압력에 흔들리지 않고 외롭게 조세원칙을 지켜냈다. 오늘날 한국 재정이 이렇게 건전성을 유지할 수 있는 것도 따지고 보면 이러한 노력의 결과란 점에서 우리는 자긍심과 보람을 느낀다.

이제 이틀이 지나면 계묘년 새해가 밝아온다. 준비된 누군가에게는 축복의 해가 될 것이고 그렇지 못한 누군가에게는 의미 없거나 불운의 해가 되기도 할 것이다. 세제실 전·현직 가족들 모두 새해에도 더욱 건강하면서 큰 성취이루는 한해가 되기를 기원한다. 우리는 내년 2월 세제동우회와 7월 세제실장 모임에서 다시 만나기로 하고 아쉬운 발걸음을 돌렸다.

14. 실무 사무관의 좌충우돌 해외출장기[16]

◆ 80년대 초반, 지구 한 바퀴 돌다.

오늘은 후배들에게 무용담(?)으로 들려줬던 '라떼(나 때) 시절' 이야기 하나를 풀어보려 한다.

내가 난생처음 해외에 나간 것은 1981년 3월이었다. 당시 재무부 국제조세과에서 사무관으로 근무하던 때라 호주와 '이중과세방지협약(이하 조세조약)' 체결을 위해 캔버라에서 열린 제3차 실무자 회담에 한국 측 대표로 참석했다. 이때 이후 나는 우리 기업의 해외 진출을 지원한다는 사명감으로 4년여 동안에 무려 15차례나 해외출장을 다니면서 6대주를 돌았다.

이 때만해도 국민들이 해외 나가기가 매우 어려웠던 시절이었고, 공무원들도 해외 출장이 매우 드물었다. 따라서 주변으로부터 외국 자주 다녀서 좋겠다는 얘기를 많이 들었지만 실은 매우 힘든 일이었다. 당시에는 지금처럼 업무 일부를 외주 주던 때도 아니었기 때문에 실무 사무관인 내가 모든 일정을 짜고, 비행기 표를 예약하고, 조세조약 회담 자료를 여러 상황에 대비하여 일일이 영문으로 작성해야 했다. 지금 생각해보면 영어도 익히고 넓은 세상을 경험할 수 있는 좋은 기회였다.

이처럼 해외 출장을 자주 다니다 보니 에피소드가 제법 있는

---

16) 2022년 11월 22일 조세일보에 게재된 기고글

데, 1984년 6월의 로마 사건(?)은 나의 가장 큰 실수이면서 행운이었다.

◆ 84년 6월, 한·나이지리아 조세조약 2차 회담하러 라고스 출장

조세조약은 일반적으로 양국간 ①교섭→②실무자 회담→③가서명→④서명→⑤비준→⑥비준서 교환 절차를 거쳐 효력을 발생한다. 실무자 회담 및 가서명까지는 재무부(국제조세과)에서 담당하고 서명부터는 외무부에서 담당했다. 실무자회담은 통상 2회 이상 양국에서 교대로 개최되는데, 회담 대표는 외무부장관이 '정부대표및특별사절의임명과권한에관한법률'에 의해 대개 재무부 세제국장(또는 세정차관보)을 수석대표로 하여 재무부와 외무부 직원 3~5명을 임명한다.

한국과 나이지리아간 조세조약 체결을 위한 제2차 실무자 회담은 나이지리아 제1의 도시 라고스에서 개최되었는데, 우리나라 대표단은 한○○국제조세과장을 수석대표로 하여 나와 김○○ 국제조세과 사무관 그리고 외무부 직원 1인 (나이지리아 한국대사관 근무) 등 4명이었다. 통상 수석대표는 세제국장이 맡는데, 거리도 멀고 우리나라와 경제관계가 그렇게 긴밀하지 않은 아프리카 국가라서 과장이 수석대표로 가게 되었다.

우리 출장 일정(6.1~12)은 서울에서 라고스까지 직항이 없어 프랑스를 거쳐 라고스에 도착하여 2차 회담을 끝내고 로마와 방콕을 거쳐 서울로 돌아오는 일정이었다. 장시간 비행과 현지 더위 그리고 열악한 환경에도 2차회담을 무사히 마치고 로마에 도착할 때까지만 해도 우리의 출장은 성공적이었다.

◆ "어! 왜 지퍼가 열려있지?"

    우리는 6월 8일(금) 레오나르도다빈치 공항에 도착하였다. 로마에서 1박하고 다음날인 6월 9일(토) 11시 30분 비행기로 방콕으로 가는 일정이었다. 나는 이번이 12번째 해외출장이고 과거에도 로마에 온 경험이 있어 공항에서 한과장과 김사무관에게 이곳은 소매치기가 매우 심하니 각별히 조심하라는 당부까지 했다. 그런데 내가 당할 줄이야...

    다음날 아침 식사를 일찍 끝내고 나니 1시간 정도 시간이 남았다. 그래서 우리는 근처에 있는 성 베드로성당 주변으로 산책을 나갔다. 이른 아침이라서 사람이 별로 없었는데 한 곳에만 사람들이 웅성웅성 모여 있어 가보았다. 관광지다 보니 하얀 반팔 티셔츠에 이름을 새겨 판매하는 노점상이었다. 우리는 각자 아이들의 이름을 새겨 넣은 티셔츠를 기념품으로 사고 서둘러 호텔 방으로 돌아왔다.

    그런데 이게 웬 일인가?

    3사람의 여권과 비행기 표 그리고 출장 여비를 넣어둔 조그마한 가방을 내가 목에 메거나 들고 다녔는데, 손가방에서 여권이 저절로 떨어지는 것이었다.

    "어! 왜 가방 지퍼가 열려있지?" 순간 불안감이 엄습해왔다.

    같이 있던 두 사람도 걱정이 돼서 나를 쳐다보았다.

    점검해보니 2시간 뒤에 탑승해야 할 비행기 표가 없어진 것이다. 여권과 현금이 남아있는 것은 그나마 불행 중 다행이었다.

    지금은 비행기 표가 없더라도 항공사 계산대에서 인터넷으로 예약 확인만 되면 재발급이 가능하고 탑승에 문제가 없다. 하지만 38년 전에는 사정이 달랐다. 로마에는 대한항공 지점이 없어 파리지점에 전화를 걸어 상황을 설명했더니, 서울이 토요일 오후라 업무담당자들이 모두 퇴근해서 다음 월요일이 되어야 필요한 조치가 가능하다는 답변이었다. 대사관에도 연락해보았지만 뾰족한 방법이 없었다. 이런 일이 처음이라서 나 자신도 무척 당황스러웠다. 그렇다고 무작정 월요일까지 로마에서 기다릴 수는 없었다. 로마공항에 가서 방법을 찾아봐야겠다는 생각으로 우리 일행은 서둘러 택시를 탔다.

로마 시내에서 공항까지 35㎞, 50분 동안 택시를 타고 가는 내내 무거운 침묵만 흘렀다. 나는 마음 속으로 내 실수를 수없이 자책하고 또 자책할 뿐, 한과장과 김사무관에게 한마디도 할 수가 없었다.

공항에 도착해보니 우리가 탈 방콕행 비행기(태국 항공사)는 노조파업으로 인해 오후 5시 경으로 출발이 연기되어 있었다. 이곳저곳을 다니면서 장시간 아무리 사정을 해도 대한항공에서 확인 조치를 해주지 않으면 비행기 표 없이 탑승할 수 없다는 것이었다. 다시 대한항공에 이런 사정을 얘기해보았지만 월요일이 돼야 가능하다는 똑같은 답만 돌아왔다.

◆ 하느님이 보우하사 로마 경찰관 만세!

다른 방도가 없어 우리는 다시 로마시내로 돌아와서 조그마한 호텔방 하나를 잡아 3명이 들어갔다. 두 사람은 침대에 눈 감고 누워버렸다. 얼마나 속상했겠는가? 그렇다고 나마저도 자포자기하고 함께 누울 수는 없었다. 뭔가 실마리라도 찾아볼 생각으로 말없이 호텔방을 나와 아침에 갔던 그 길을 다시 걸었다.

행여 길가에 떨어져 있지 않을까, 아니 그랬으면 좋겠다는 간절한 생각으로 땅만 쳐다보며 걸었다. 아침에 티셔츠를 팔았던 노점상은 흔적 없이 사라진 상태였다. 눈앞이 캄캄하기만 하던 그 순간, 저쪽에 경찰관이 보였다. 경찰에게 협조라도 구해볼 심산으로 그 쪽으로 가려고 하는데, 오히려 경찰관이 반가운 표정으로 나에게 다가와 매우 서툰 영어로 말을 걸었다.

"You are Korean?"

"In the morning, you pickpocket here?"

"Come here"

경찰관은 내 손을 잡고 근처 공중전화박스로 가서 어디엔가 전화를 걸어 나를 바꾸어주었다. 전화기 너머 상대방은 다음 요지로 영어를 쏟아냈다.

"여기는 로마경찰청 외국인 담당부서다. 오늘 아침에 성 베드로성당 근처에서 당신이 만난 경찰관이 소매치기 범인을 잡았다. 훔친 비행기표를 돌려주기 위해 당신을 찾았지만 만나지 못해 그 비행기표를 우리 부서에서 보관 중이다. 여기 와서 직접 확인해 보고 찾아가기 바란다."

세상에나! 이런 기적 같은 일이 일어나다니.

나는 당장 생명의 은인과도 같은 경찰관과 함께 순찰차를 타고 로마경찰서로 달려가 외국인 담당부서를 찾았다. 문을 열고 들어갔더니만 책상 위에 비행기표가 애타게 주인을 기다리고 있었다. 직원은 내 여권으로 신원을 확인하고 비행기표를 돌려주었다.

◆ 또 다른 미션! 방콕행 비행기를 잡아라!

그 때 시간이 오후 3시쯤, 잘하면 방콕행 비행기를 탈 수 있을 것 같아 경찰서 직원에게 전후 사정을 설명하고 비행기를 탈 수 있도록 도와달라고 간청했다. 그는 긴급출동 경찰차를 내주면서 호텔까지 나를 데려다주도록 조치를 취해주었다.

나를 태운 경찰차는 비상 사이렌을 켜고 신호등까지 무시하면서 호텔로 달렸다. 비행기표를 손에 꼭 쥐고 로마 시내를 달리던 그 때 그 기분은 말로 다 설명하기가 힘들다. 아마 로마 시내를 이렇게 달린 한국 사람은 일찍이 없었을 것이다.

호텔 방문을 박차고 의기양양하게 큰 소리로 외쳤다.

"과장님! 비행기표 찾았어요. 빨리 공항으로 가시게요!"

믿겨지지 않는 상황에 한 과장은 "정말이야?" "어떻게 찾았어?" 질문을 쏟아냈지만, 답할 시간이 없었다. 일단 공항으로 가는 것이 급선무였다.

"시간이 없으니 택시 타고 가면서 얘기할게요"

우리는 다시 택시를 타고 부리나케 레오나르도다빈치 공항으로 향했다.

하지만 오후 5시가 다되어 도착했고, 우리가 탈 방콕행 비행기는 탑승을 마치고 이륙 준비 중이었다. 서둘러서 다른 태국행 항공편을 알아보니 오후 6시쯤에 태국 다른 도시로 가는 비행기(가루다 인도네시아 항공)가 있었다. 우리는 그 비행기를 타고 태국에 갔다가 6월 12일 예정대로 무사히 서울로 돌아왔다.

◆ 고통스러운 추억일수록 더 아름답다고 했던가?

태국행 비행기 안에서 조금 여유가 생기자 한과장이 김사무관을 조용히 질책하는 것이었다.

"김사무관! 잃어버린 비행기표를 찾겠다고 주무사무관이 나서면 같이 나가서 찾아봐야지 의리 없이 그렇게 누워있으면 되는 거야?"

책임은 전적으로 나에게 있는데 그런 얘기를 들었으니 김사무관 입장에서는 기분이 많이 상했을 것이다. 그런 김사무관에게 내가 던진 한마디는 그를 더욱 아프게 했으니...

"김사무관! 소매치기는 누구나 당할 수 있지만, 잃어버린 물건을 그것도 로마에서 다시 찾는 것은 누구나 할 수 있는 일이 아닙니다."

이 황당한 경험은 나에게 여러 교훈을 주었다. 그 날 이후 해외여행 때 지갑 같은 조그마한 손가방은 나에게서 사라졌고, 물론 그 후 유사한 실수도 없었다. 훗날 해외 출장 시 후배 공직자들이 이런 저런 실수를 할 때 '사무관 시절'의 아찔한 경험을 생각하며 웃고 이해해주는 너그러운 상사가 될 수 있었다.

아쉬웠던 점은 비행기표를 찾아주었던 그 고마운 경찰에게 충분히 사례를 했어야 했는데 그러지 못했던 같아 미안한 마음이다. 그 일 이후 고마운 분들에게는 그때그때 감사한 마음을 표현하려고 노력하지만, 타고난 성격 때문인지 여전히 마음 뿐 표현이 부족하다.

끝으로 38년 전 일을 기억에 의존해 쓰다 보니 일부 날짜와 시간 등이 정확하지 않을 수도 있음을 양해해주기 바란다.

참고문헌

강원택, '의외로 사람들이 잘 모르는 정치', 북멘토, 2022.

김용신, '정치 개혁과 기득권 해소를 위한 정책과제', 국회사무처, 2016.5.

김자영, '수명 다한 소선거구제, 기득권 양당 개편 나설까(선거구제개편)',
    시사오늘(시사온), 2022.8.25.

김종갑·이정진, '선거제도 개선방향', 국회입법조사처, 2018.2.6.

김종갑·허석재, '국회의원 선거제도 개편논의와 대안의 모색', 국회입법조사처,
2020.9.1.

김형준, '고비용 저효율 정당 구조 해소 요원한가', 憲政, 2022년 9월호.

대한민국시도지사협의회, '정책공감 7전8氣', 푸블리우스, 2022.

박만원, '선거제도개혁의 마지막 퍼즐', 매일경제, 2023.10.17.

양재호, '루소, 한국 정치를 말하다', 21세기북스, 2023.

이용섭, '벽오동은 겨울에도 푸르다', 세경사, 2016.

이용섭, '인생도 역사도 만남이다', 세경사 2022.

조선일보, '[사설]거대 양당 독점과 대립의 정치 낳은 선거제도 바꾸자', 2023.1.3.

주명룡, '승자독식 바꾸자 기성정치!', 좋은 땅, 2023.

채진원, '제왕적 대통령제와 정당', 푸른길, 2022.

KBS 명견만리 제작팀, '명견만리', 인플루엔셜, 2016.

정치가 바뀌면 세상이 바뀐다.

초판 1쇄	2023. 11. 19.
저 자	이용섭
발행인	전민형
발행처	푸블리우스
등 록	2018년 4월 3일 (제2023-000194호)
주 소	서울시 마포구 월드컵로8길 45-8 3198호(서교동, 양성빌딩)
전 화	02)927-6392
팩 스	02)929-6392
이메일	ceo@publius.co.kr
ISBN	979-11-89237-27-1